Hazrat Inayat Khan

Die Gathas - Weisheit der Sufis
Lehren für seine Schüler

Hazrat Inayat Khan (1882 – 1927)

Hazrat Inayat Khan

DIE GATHAS
Weisheit der Sufis

Lehren für seine Schüler

Verlag Heilbronn

Titel der englischen Originalausgabe:
"The Wisdom of Sufism"
© Element Books Limited, Shaftesbury, 2000
© Text: International Headquarters of the Sufi Movement
ISBN 1 86204 700 6
[Uebers.: Karima Sen Gupta]

Die Deutsche Bibliothek – CIP-Einheitsaufnahme

Khan, Hazrat Inayat:
Die Gathas – Weisheit der Sufis; Lehren für seine Schüler /
   Hazrat Inayat Khan. – Heilbronn:
Verl. Heilbronn, 2001
   Einheitssacht.: The wisdom of sufism <dt.>
   ISBN 3-923000-97-9

Verlag Heilbronn
Postfach 3641, D-74026 Heilbronn

Verkehrsnummer 14894
ISBN 3-923000-97-9
© 1. Aufl. by Verlag Heilbronn
Alle Rechte vorbehalten

Gestaltung: Wajad E. Grünwald, Hagen

Gesamtherstellung:
Druckerei Wolf, D-74604 Öhringen

Inhalt

Vorwort 7
Einleitung 10
Vorwort zur deutschen Ausgabe 13

Aberglaube, Bräuche und Volksglaube 18
Etekad, Rasm u Ravaj

Einsicht 56
Kashf

Symbolik 96
Naqsh Bandi

Atem 138
Pasi Anfas

Ethik 172
Suluk

Alltagsleben 212
Taqwa Taharat

Metaphysik 248
Tasawwuf

Worterklärungen 296

Vorwort

Entsprechend der griechischen und arabischen Etymologie bedeutet das Wort Sufi ‚Weisheit' oder ‚Reinheit'. Beide Begriffe weisen ganz klar auf ein und dasselbe Ideal hin. Weisheit ist nur möglich, wenn das Bewusstsein (mind) von vorgefassten Ideen, der Last der Dogmen und einem unruhigen Gewissen gereinigt ist. Vom Ursprung des Sufismus kann man auch sagen, dass er genau so uralt ist wie die Begriffe von Weisheit und Reinheit, die zu allen Zeiten die Inspiration für hingebungsvolle Anbetung waren. Sufismus ist weder eine Sekte, noch eine theologische Theorie. Sufismus ist eine offene Tür, eine Haltung der aufrichtigsten Sympathie gegenüber allen Glaubensrichtungen. Als Essenz aller religiösen Ideale wurde der Sufismus von weiten kulturellen und religiösen Strömungen während verschiedener Perioden der Geschichte verwendet, ohne seine eigene Identität zu verlieren.

Wenn man das Wort Sufismus ausspricht, hat ‚ismus' eine Tendenz, das Verständnis von Weisheit zu begrenzen, die in Wahrheit jenseits aller Grenzen ist und nicht mit nur einem Glaubensbekenntnis identifiziert werden kann; denn es gibt so viele Beschreibungen der Weisheit, wie es Suchende auf dem Pfad gibt. Weisheit mag vielleicht erkennbar sein, aber sie ist weder berührbar und noch weniger Gegenstand einer Definition. Darum gibt es für den wahrhaft Weisen nur die Realität der Weisheit an sich, jenseits aller spekulativen Interpretationen.

Sobald jemand versucht, abstrakte Begriffe zu definieren, wird er in das Labyrinth seiner eigenen Gedanken geraten, die auf spekulative Beschreibungen zurückfallen. Er wird seine eigenen Illusionen aufbauen, die sich mit vielen angenommenen verbinden, und zusammen mit zahlreichen anderen Eindrücken und Einflüssen wird er sich seine Weltanschauung bilden. Wenn er dann versucht, seinen Glauben und sein Verständnis in Worte zu bringen, neigen diese dazu, von den ursprünglichen Ideen abzuweichen, die an sich schon willkürliche Begriffe waren. Das Ergebnis von all dem wird dann oft als die eine und einzige Wahrheit dargestellt.

Für den Sufi gleicht die Mannigfaltigkeit der religiösen Namen und Formen Schleiern, die das Phänomen des Geistes der Führung verhüllen, der sich auf allen Ebenen der Evolution manifestiert. Dies erklärt, warum eines der grossen Ideale der Sufis im Erwachen einer breiteren Weltanschauung besteht, mit tieferer Einsicht in die tragischen Missverständnisse, die ernsthafte Anhänger der verschiedenen kulturellen und philosophischen Traditionen trennen.

Alle Religionen sind in ihrem Ursprung Göttliche Inspiration, aber wie das Bild des Wassers sich verändert, wenn es in verschiedenfarbige Gläser gegossen wird, so nimmt die Göttliche Inspiration das Gedankenbild desjenigen an, der sie in menschlichen Gedanken zu formulieren versucht. Dann nennen wir eine Religion Hinduismus, eine andere Buddhismus und noch eine andere Zoroastertum, während andere Judentum, Christentum, Islam genannt werden, wie auch viele andere religiöse Bezeichnungen, die in der Welt im grossen Ganzen bekannt oder unbekannt sind.

Der Definition nach ist ein Sufi eine religiöse Seele, dessen Wesen von auferlegten Theorien befreit ist, und der sich vollkommen bewusst ist, dass das Leben nicht notwendiger Weise das ist, was man denkt, das es sei. Für einen Sufi wird das Leben nicht nur auf der Ebene der physischen Erfahrung gelebt und nicht nur auf der Ebene der Gedanken und Gefühle, sondern auch und sehr wesentlich auf einer noch höheren Bewusstseinsebene, auf der das Selbst keine Grenze mehr ist, die die Wirklichkeit von der Illusion trennt. Auf dieser Bewusstseinsebene gibt es keine Begrenzungen und Gegensätze, noch irgendeinen Platz für dualistische Spekulation über das Subjekt der Gottheit. Wenn man Gott zu erklären versucht, formt man nur ein individuelles Konzept, begrenzt durch die Grösse der eigenen Gedankenwelt.

Ein anderes Thema, das in den Sufi-Lehren gefunden wird, ist die Alchimie des Glücks, die, wie wir es von Märchen wissen, in der Anwendung einer magischen Formel besteht, um unedles Metall in Gold zu verwandeln. Diese mystische Legende symbolisiert in schöner Weise das Grundprinzip der Inneren Schule der Sufis, bei dem grosse Beachtung der Schulung des Ego auf dem dornigen Pfad, der als Kunst der Persönlichkeit bekannt ist, geschenkt wird und auf dem die falsche Identifikation und das illusorische Bestreben nicht länger ein Hindernis sind bei der Entdeckung der Göttlichen Gegenwart, die wie eine Perle im eigenen Herzen verborgen ist. Dies erfordert beständige Anstrengung, um den Charakter zu einem lebendigen Beispiel der Weisheit umzuformen, sodass er zu einem Glücksbringer für die Brüder und Schwestern aller Religionen wird.

Glück, das unser Geburtsrecht ist, auch wenn wir uns dieses Privilegs nicht immer bewusst sind, gibt es nur bis zu dem Masse, wie wir zur Quelle des Glücks für andere werden. Wir finden es, indem wir versuchen, das Gute in anderen zu schätzen und das zu übersehen, was uns stört, wenn es nicht in Übereinstimmung mit unserem eigenen Denken ist, und indem wir versuchen, den Standpunkt des anderen zu erkennen, selbst wenn er unserem eigenen entgegengesetzt ist, und auch indem wir versuchen, uns selbst auf den Rhythmus all jener einzustimmen, denen wir begegnen und deren Gegenwart uns eine Lehre vermitteln kann.

Hazrat Inayat Khan brachte uns die Botschaft der geistigen Freiheit und enthüllte damit die wahre Natur der Spiritualität als untrennbar von der Freiheit in Gedanken und Gefühl. Eine andere grosse Lehre unseres Meisters ist die Einheit der religiösen Ideale, die ein befreit Sein von Gefühlen wie ‚meine Religion' als Gegensatz zu ‚deiner Religion' einschliesst. Die Religion unserer Zeit ist dazu bestimmt, die Religion des Herzen zu sein, und da es viele Herzen gibt, gibt es auch viele religiöse Ideale, die aus ein und derselben Quelle stammen, in der Weisheit und Reinheit vorherrschen. Wenn die Tore zum Tempel des Herzens geöffnet sind, erwacht die Demut, weil sie sich von Angesicht zu Angesicht mit dem lebendigen Gott im Innern findet.

Die Botschaft von Liebe, Harmonie und Schönheit gleicht einem Göttlichen Strom der spirituellen Entwicklung, der durch unser tägliches Leben fliesst. Dieses Erwachen zu Reinheit und Weisheit ist die wahre Essenz von all dem, was unter dem Begriff ‚Sufi' verstanden wird.

Hidayat Inayat-Khan

Einleitung

Mit den Gathas bietet die Sufi-Bewegung den Lesern eine spirituelle Kostbarkeit an. Zu Beginn ihrer Arbeit waren die Gathas nur für die *murids* bestimmt, den Schülern der Inneren Schule der Sufi-Bewegung. Verschiedene Themen wurden in kurzen Abschnitten studiert, die allmählich zur mystischen Essenz des Themas führten. Auf diese Art schuf Hazrat Inayat Khan Gathas, die Juwelen der Schönheit und Wahrheit sind. Sie sind sehr klar, und doch erfordern sie tiefes Nachdenken, um ihre Bedeutung für unser tägliches Leben zu enthüllen.

In dieser revidierten Ausgabe der Gathas, zuerst 1982 veröffentlicht, werden die Lehren auf die gleiche offene persönliche Art erklärt, in welcher der Meister sie seinen Schülern lehrte. Sie enthalten sieben Hauptthemen, die im Überblick auf der Hauptinhaltsseite angegeben sind. Es gibt drei Gathas zu jedem Thema mit je zehn folgenden Lehren. Jede Gatha gibt eine konzentrierte Einsicht in Aspekte des Lebens, die für unsere moralische, religiöse und spirituelle Entwicklung wichtig sind. Wir könnten sagen, dass sie aus der Sufi-Botschaft verdichtete Äusserungen der Weisheit für die persönliche Reflexion und Meditation des Suchenden auf dem geistigen Pfad destillieren.

In ‚Aberglauben, Bräuche und Volksglauben' (*Etekad, Rasm u Ravaj*) beginnen die Gathas mit einer Untersuchung der Weisheit, Intuition und dem psychischen Gesetz, die in vielen alten Gebräuchen und Volksglauben enthalten sind. Nach einer allgemeinen Erklärung von Aberglauben und Volksglauben gehen sie tiefer in deren Bedeutung, z.B. bei den griechischen Mysterien und Orakeln ein und fahren mit der Diskussion über die mystische Bedeutung der Gebräuche bei wichtigen Lebensereignissen, wie Geburt, Hochzeit und Beerdigung fort, gefolgt von dem Einfluss der Zahlen, Planeten und Wochentagen.

Weisheit führt in allen Aspekten des Lebens zur Einsicht, durch

Einsicht können wir unsere Herzen für die Lektionen des Lebens öffnen, die uns zur Weisheit führen. Die Gathas über ‚Einsicht' (*Kashf*) beginnen mit Themen wie dem Blick des Sehenden, Bewegung, Ausdruck und Eigenschaften des Gemüts (mind). Sie gehen mit der Untersuchung psychologischer Themen wie der Sprache des Gemüts, Ausgeglichenheit im Leben, Intuition weiter und fahren mit mystischeren Themen wie der Kraft des Wortes, dem Widerhall der Vergangenheit und Gelassenheit.

Symbolik war eine alte und subtile Art, um Weisheit zu lehren. Dies wird poetisch in der ersten Gatha über ‚Symbolik' (*Naksh Bandi*) ausgedrückt, ‚es ist Sprechen ohne zu sprechen, Schreiben ohne zu schreiben. Vom Symbol kann gesagt werden, dass es ein Ozean in einem Tropfen ist.' Jede Gatha erklärt ein anderes Symbol in einer sehr erleuchtenden Weise. Sie enden mit der Symbolik religiöser Vorstellungen und einer mystischen Interpretation von Geschichten aus verschiedenen religiösen Traditionen.

Die Entwicklung des ‚Atems' (*Pasi Anfas*) kann äusserst hilfreich sein, um dem Ideal näher zu kommen, dass uns in den Gathas vorgestellt wird. Der Atem spielt eine wichtige Rolle beim Training, das in der Inneren Schule der Sufi-Bewegung gegeben wird. Die Gathas über den Atem erklären viele Aspekte des Atems, die eine grosse mystische Bedeutung haben. Wir betrachten zum Beispiel seine Kanäle und seinen Rhythmus, die Richtung und Feinheit des Atems und das Ideal, sich eines jeden Atemzugs bewusst zu sein; ferner einige Wirkungen durch seine Entwicklung, wie Inspiration, Gedanken Lesen und Magnetismus, all dies findet seinen Höhepunkt im Geheimnis des Atems.

Weisheit und Reinheit werden ständig in unseren Beziehungen zu anderen Menschen getestet. ‚Ethik' (*Suluk*) ist von essentieller Bedeutung auf dem spirituellen Pfad. Die Gathas zu diesem Thema – auch Kultivierung des Herzens genannt – weisen tiefe psychologische und mystische Einsicht bei der Entwicklung der Persönlichkeit und der Schulung des Ego auf. Die Ergebnisse dieser Schulung fördern Eigenschaften, wie Freundschaft, Respekt und Bescheidenheit bei der Entwicklung einer schönen Persönlichkeit.

Wie Hidayat Inayat Khan, der Sohn von Hazrat Inayat Khan und gegenwärtiges Oberhaupt der Sufi-Bewegung, im Vorwort zu diesem Buch erklärt, bedeutet Sufismus sowohl Weisheit als auch

Reinheit. Sie sind miteinander verbunden, in dem Weisheit entsteht, wenn das Bewusstsein (mind) gereinigt ist. Die Gathas über das ‚Alltagsleben' (*Taqwa Taharat*) helfen uns, viele wichtige praktische Aspekte der Reinheit zu entwickeln, beginnend mit der Reinheit des Körpers, des Atems und der Ernährung, bis sie zur Reinheit des Bewusstseins führen. Dann gehen sie tiefer in Themen, wie Herzensreinheit, Ausstrahlung des Gesichts, Unschuld und Ekstase.

Die Essenz der Gathas findet ihren Höhepunkt in den abschliessenden Lehren über Metaphysik (*Tasawwuf*). Hier werden verschiedene Eigenschaften diskutiert, die den Schüler zu vertieftem Verständnis und Lebenserfahrung führen können. Beginnend mit Themen wie Glaube, Hoffnung und Geduld erklären sie Willenskraft, Denken, Abhängigkeit von Gott und Spiritualität, und fahren in grosser philosophischer Tiefe mit Themen wie Lebenseinstellung und dem göttlichen und menschlichen Willen fort.

Es gibt subtile Verbindungen zwischen den Gathas über die verschiedenen Themen mit der gleichen Nummer in derselben Serie. Hazrat Inayat Khan war sich der Bedeutung eines umfassenden Fortschritts auf allen Wegen und in allen Aspekten des Lebens bewusst, sodass eine tiefere Einsicht in jedes einzelne Thema zu einem grösseren Verständnis des ganzen führen würde. In den Klassen der Inneren Schule wurden Gathas über verschiedene Themen mit derselben Nummer zusammen studiert. In dieser Ausgabe sind die Lehren über ein Thema zusammengefasst, um einen klareren Überblick zu vermitteln.

Wir haben die Worte Hazrat Inayat Khans in dieser Ausgabe so genau wie möglich wiedergegeben, wie wir sie in der ersten vervielfältigten Ausgabe der Gathas vorgefunden haben, die in den Archiven des Sufi International Headquarters bewahrt wird. Diese vervielfältigte Ausgabe wurde zu Lebzeiten Hazrat Inayat Khans mit seiner Zustimmung und unter seiner Kontrolle hergestellt. Im Laufe der Zeit wurden mehrere vervielfältigte Ausgaben benutzt, die sich leicht voneinander unterscheiden. In einzelnen Fällen, in denen ein neuer Gedanke später zugefügt wurde, ist er in dieser Ausgabe enthalten. Diese Worte werden als authentisch betrachtet.

Hazrat Inayat Khan gab den Gathas nicht immer Titel. Was die Themen ‚Einsicht', ‚Atem' und ‚Alltagsleben' betrifft, wurden diese Titel kaum gefunden. Für ‚Ethik' existieren nur zwei Titel: "Die

Entwicklung der Persönlichkeit" und „Die Schulung des Ego". Die meisten Titel der Gathas über „Aberglaube, Bräuche und Volksglaube", „Symbolik" und „Metaphysik" sind authentisch. Die anderen wurden später in der ersten Ausgabe 1982 gegeben.

H. J. Witteveen
September 1999

Vorwort zur deutschen Ausgabe

Die Gathas stammen aus der ersten Hälfte der zwanziger Jahre. Hazrat Inayat Khan hat sie als Vorträge im kleinen Kreis seiner Murids gehalten. Sie wurden niedergeschrieben und seither in den Sufi-Zentren als Lehrbriefe für die grundlegende spirituelle Schulung verwendet. Östliche und Kultur und Spiritualität waren damals in der westlichen Welt weitgehend unbekannt. Manches von dem, was uns heute durch die Flut östlichen Gedankenguts der letzten zwanzig Jahre schon fast selbstverständlich ist, wusste damals nur eine ganz kleine Elite. So konnte Murshid Inayat Khan viele der esoterischen Grundbegriffe, wie z. B. Chakras, nur andeuten und umschreiben, um verstanden zu werden. Ebenso verstehen sich wissenschaftliche und politische Bezugnahmen immer auf diese Zeit. Wenn Murshid den grossen Krieg erwähnt, ist damit der erste Weltkrieg gemeint. So sind wohl einzelne Textbestandteile zeitgebunden, aber die geistige Essenz seiner Lehren ist zeitlos und heute noch genau so aktuell, ja, vielleicht ist manches noch aktueller als damals, weil seitdem viele religiöse Vorstellungen und geistige Ideale verloren gegangen sind. Trotz oder vielleicht wegen des übergrossen esoterischen Angebots unserer Zeit suchen immer mehr Menschen nach spiritueller Anleitung und sind doch verunsichert, wo sie sie finden können. Vielleicht vermögen die Gathas von Hazrat Inayat Khan, ihnen einen Weg zu einer vertieften geistigen Schulung zu öffnen. Die Sufi-Schulung ist zunächst eine Lebenshilfe, durch die wir unsere Blockierungen und Begrenzungen erkennen und überwinden lernen sollen, um dadurch unsere Alltagsprobleme besser zu bewältigen. Dann erst werden wir offen sein für die echte spirituelle Erfahrung.

Wir sollten die Gathas nicht wie irgendein Buch lesen, sondern uns eine Zeit der Stille dafür nehmen, nur wenige Abschnitte lesen, vielleicht darüber meditieren, sie auf uns einwirken lassen und versuchen, sie in Beziehung zu unserem eigenen Leben zu setzen, überdenken, was sie für uns ganz persönlich bedeuten können.

Noch einige Worte zur deutschen Übersetzung, die ich mit einem Zitat von Anthony de Mello beginnen möchte:

"Wenn wir schliesslich den Mystikern glauben, dann ist die Wirklichkeit das *Ganze,* während Worte und Begriffe nur *Bruchteile* von ihr sind. Deswegen ist es auch so schwierig, etwas von einer Sprache in die andere zu übersetzen, denn jede Sprache beleuchtet die Wirklichkeit von einer anderen Seite. So lässt sich zum Beispiel das englische Wort ‚home' nicht ins Französische oder Spanische übersetzen. Mit ‚home' verbinden sich Assoziationen, die nur der englischen Sprache eigen sind. So hat jede Sprache unübersetzbare Worte und Ausdrücke, denn wir packen die Wirklichkeit in kleine Wortpäckchen und fügen etwas hinzu oder ziehen etwas ab, wobei sich der Gebrauch dieser Wörter dauernd ändert."*

Im englischen Originaltext von Hazrat Inayat Khans Werken findet sich sehr häufig das Wort ‚mind'. Dieses Wort hat im Englischen eine grosse Anzahl von Bedeutungen, wie Bewusstsein, Gemüt, Verstand, Gedächtnis, Sinn, Psyche, Denken und Fühlen, u.a. Es ist kaum genau ins Deutsche übersetzbar, denn alle diese Begriffen drücken immer nur einen Teil dessen aus, was das Wort ‚mind' im jeweiligen Satzzusammenhang bedeutet. Darum habe ich bei der Übersetzung ‚mind' in Klammern hinter den von mir gewählten Ausdruck gesetzt. Etwas Ähnliches gilt für die englischen Worte ‚faith' und ‚belief', die beide im Deutschen Glaube bedeuten, aber doch feine Unterschiede enthalten.

Dies zeigt, dass eine Übersetzung bei aller Bemühung immer nur eine Annäherung an den originalen Text sein kann.

Karima Sen Gupta

---

* Aus: Anthony de Mello, *Wo das Glück zu finden ist* © Verlag Herder, Freiburg, 8. Auflage 2000

Dem Einen entgegen,

der Vollkommenheit der

Liebe, Harmonie und Schönheit,

dem Einzig Seienden,

vereint mit den Erleuchteten Seelen,

die den Meister,

den Geist der Führung verkörpern.

Teil I

Aberglaube, Bräuche und Volksglaube
Etekad, Rasm u Ravaj

Gatha I

1. Volksglaube und Aberglaube
2. Glaube
3. Bräuche (1)
4. Bräuche (2)
5. Hanuman
6. Glocken und Gongs
7. Vom Brauch, auf die Gesundheit von Freunden zu trinken
8. Vom Ursprungs des Brauch der Absonderung der Frau
9. Vom Brauch der Absonderung der Frau (1)
10. Vom Brauch der Absonderung der Frau (2)

Gatha II

1. „Esst mein Fleisch und trinkt mein Blut"
2. Höflichkeitsbräuche
3. Hochzeitsbräuche
4. Das Pferd
5. Die griechischen Orakel
6. Die griechischen Mysterien (1)
7. Die griechischen Mysterien (2)
8. Die griechischen Mysterien (3)
9. Vom Banshee
10. Die Psychologie des Schattens

Gatha III

1. Trinksprüche
2. Hochzeitsbräuche in Europa
3. Beerdigungsbräuche
4. Schwanengesang
5. Bräuche in Indien bei der Geburt eines Kindes
6. Aberglaube in Bezug auf Wochentage in Indien
7. Ungünstige Zahlen
8. Das Geheimnis des Omens
9. Der Einfluss der Zeit
10. Planetarische Einflüsse

Gatha I

I.1. Volksglaube und Aberglaube

Jedes Land scheint gewisse Überlieferungen zu haben, die von den Gläubigen als Volksglaube betrachtet werden, von den Ungläubigen aber als Aberglaube bezeichnet werden. Es gibt Überlieferungen, denen gewisse Lebenserfahrungen zugrunde liegen und andere, die der Intuition entspringen. Sie werden von denen geglaubt, die geneigt sind zu glauben, jedoch von denen belächelt, die ihrer Bedeutung verständnislos gegenüberstehen, und ebenso von denen, die sich nicht die Mühe machen wollen, im Volksglauben die innere Wahrheit zu erfassen. Es ist leicht, sich über etwas lustig zu machen, aber es braucht Geduld, Überzeugungen zu ertragen und zu tolerieren, die nicht die eigene Vernunft ansprechen. Aber es ist schwierig, die Wahrheit aus solchen Überlieferungen herauszuschälen; denn es braucht mehr als nur Verstand, um zu den Tiefen des Lebens zu dringen. Die Urheber dieser Überlieferungen konnten ihre Gründe dafür natürlicherweise nicht jedermann erklären; denn der Mensch ist zwar fähig, etwas zu glauben, ist aber nicht unbedingt auch fähig, eine analytische Erklärung darüber zu verstehen.

Es gibt Naturen, die bereitwillig sind, etwas zu glauben, das ihrem Wohl dient, wenn es von jemandem stammt, dem sie vertrauen, aber es ist ihnen zu mühsam, tiefer in die Materie einzudringen. Für einige ist es sogar besser, *nicht* nach der Analyse für eine Überlieferung zu suchen, denn der Glaube daran ist ihnen hilfreich, während eine Erklärung sie nur verwirren würde. Erst ein gewisser Grad der Entwicklung befähigt den Menschen, einen bestimmten Glauben zu verstehen. Man soll niemanden etwas erklären wollen, was er nicht verstehen kann; denn anstatt ihm zu helfen, schadet man ihm mehr.

In solchen Volksglauben, die sich mit der Zeit zu Gebräuchen wandeln, können viele psychische Gesetze nachgewiesen werden. So bieten die Volksbräuche Indiens eine wahre Fundgrube von Erkenntnis. Indien ist ein Land, in dem der Volksglaube seit Jahrtausenden nahezu unverändert geblieben ist und manches daraus zu Gebräuchen wurde. Auf den ersten Blick muss ein

Verstandesmensch, solange er nur die Oberfläche sieht, annehmen, dass das indische Volk voller Aberglauben sei. Die ganze Lebensführung scheint darauf begründet, nicht nur in religiöser Hinsicht, sondern auch in häuslichen Angelegenheiten. Im Alltagsleben der Inder steht jede Bewegung, die sie machen, jedes Wort, das sie sprechen, irgendwie in Beziehung zu einer alten Überlieferung.

Gewiss sollte man vermeiden, ein zu grosses Interesse am Aberglauben zu hegen, denn je mehr man sich damit beschäftigt, desto mehr kann man darin versinken. Wohin auch ein abergläubischer Mensch schaut, bekommt er Eindrücke von Furcht, Zweifel und Argwohn, was leicht zu Verwirrung führt. Für den Weisen ist jedoch die Missachtung des Aberglaubens nicht befriedigend, denn durch seine Weisheit vermag er ihn zu verstehen, - und verstehen ist besser, als sich darüber lustig zu machen, und auch besser als ihn zu glauben. Der Abergläubische befindet sich sozusagen im Wasser und weiss, dass er im Wasser ist. Der Spötter dagegen befindet sich im Wasser, ohne es zu ahnen. Durch das Verstehen der Überlieferungen wird der Mensch fähig, im Wasser zu schwimmen, und durch das Darüberstehen wandelt er auf dem Wasser. Wer alles versteht und entsprechend handelt, meistert das Leben.

I. 2. Glaube

Den Ausdruck 'Glaube' (belief) braucht man für eine Vorstellung, die man hat, ohne sie begründen zu können. Sind solche Vorstellungen allgemeiner Art, nennt man sie Aberglaube, sind sie dagegen sakraler Art, werden sie Glaube genannt.

Oftmals verwechselt der Mensch Glauben mit Wahrheit. Viele, die ihren Glauben nicht richtig verstehen, betrachten ihn nicht als e i n e Wahrheit, sondern als d i e Wahrheit, und verwerfen infolgedessen jeden anderen Glauben, der von ihrer eigenen Wahrheit abzuweichen scheint. In Wirklichkeit ist weder ein Glaube die Wahrheit, noch die Wahrheit ein Glaube. Wenn ein Mensch in seiner Entwicklung zur Erkenntnis der Wahrheit gelangt ist, dann ist sie für ihn nicht mehr ein Glaube, sondern eine Gewissheit.

Vorstellungen sakraler Art sind im Bereich des Religiösen wie die Stufen auf dem Weg zum Ziel, das man die Wahrheit nennt. Wenn man bei einem Glaubensbekenntnis stehen bleibt, so hält es einen fest, so wie man es selber festhält. Weder vermag der Glaube dann einen Menschen zu fördern, noch kann er sich weiter entwickeln. In vielen Fällen wird der Glaube, der den Menschen gleich Schwingen empor tragen sollte, zum Bleigewicht, das ihn auf der Erde festhält. Jeder Glaube ist im Anfang ein Schritt ins Dunkel, doch je mehr sich der Mensch dem Ziel nähert, wird er Schritt für Schritt immer mehr erleuchtet. Darum gibt es für den Gläubigen immer eine Hoffnung, während es für den Ungläubigen hoffnungslos ist.

Es gibt Menschen, die fähig wären zu glauben, und sogar fähig, ihren Glauben zu verstehen, die aber aus dem einen oder anderen Grund nicht gewillt sind zu glauben und einen Glauben zurückweisen, ehe ihnen das Verständnis dafür aufgegangen ist. Der weise Weg im Leben würde darin bestehen zu versuchen, ein Schüler zu werden, - Schüler eines Lehrers als auch Schüler aller Wesen; dann wird man schliesslich ein Schüler Gottes werden. Weiser wäre es auch, die Wahrheit eines Glaubens zu ergründen, anstatt ihn einfach aufzugeben. Ebenso sollte man geduldig und tolerant mit dem Glauben anderer umgehen, bis man von ihrem Standpunkt aus, die Wahrheit darin erkennen kann. Wenn der Mensch etwas nur von seinem eigenen Standpunkt aus betrachtet, sieht er es nur mit einem Auge, während das andere geschlossen bleibt. Volle Sicht hat man nur, wenn man von beiden Standpunkten aus schaut, wie gegensätzlich sie auch sein mögen. Solches Bestreben bringt die Dinge ins Gleichgewicht und vermittelt eine richtige Vorstellung. Um ein Gebäude zu sehen, muss man es von der Strasse aus betrachten, anstatt drinnen zu stehen, wenn man die Aussenseite sehen will.

Beim Verstehen von Glaubensvorstellungen muss man fähig sein, im eigenen Denken neutral zu werden. In dem Masse, wie einem dies gelingt, wird man fähig, einen Glauben im richtigen Sinne zu verstehen. Wer auf die Äusserung eines anderen hin sagt: „Das ist nicht, was ich glaube", zeigt seine Schwäche, nämlich die Unfähigkeit, den Glauben des andern von dessen Standpunkt aus zu betrachten. Wissen entsteht aus der Bereitschaft zu lernen, und wenn wir dies im Leben ablehnen, geschieht es aus Mangel an Bereitschaft. Es ist nicht von Belang, aus welcher Quelle das Wissen zu kommen scheint, - in Wirklichkeit stammt alles aus einer Quelle. Sobald das

Bewusstsein (mind) zu einem freien Empfänger wird, strömt die Erkenntnis ungehindert ins Herz.

Eine gewisse Wahrheit ist in jedem Glaubensbekenntnis verborgen, die oft von grösserem Wert ist, als es den Anschein hat. Etwas glauben, ohne es zu verstehen, ist ein erster Schritt der Erkenntnis entgegen, während das Zurückweisen eines dargebotenen Glaubens einen Rückschritt bedeutet. Wenn jemand mit seinem Glauben zufrieden ist, befindet er sich in einem angenehmen Seinszustand, ideal ist es jedoch, den Glauben zu verstehen.

I. 3. Bräuche (1)

Von altersher gab es in verschiedenen Ländern viele Bräuche, die eine psychologische Bedeutung haben, dennoch weiss kaum jemand etwas davon. Bräuche in der Art einander zu grüssen, nach der gegenseitigen Gesundheit zu fragen, selbst Gewohnheiten wie das Reden vom Wetter entspringen einem psychologischen Grund. Dies zeigt, dass in früheren Zeiten das Leben der Menschen im Osten wie im Westen mehr von Magie erfüllt war als heutzutage. Infolge des überhandnehmenden materiellen Lebens und der Unkenntnis der jenseits des Materiellen liegenden Dinge hat die Welt sozusagen jenen magischen Zauber verloren, der einst das Erbgut der Menschheit war.

Neuerdings erst hat die Wissenschaft einige psychologische Wahrheiten im menschlichen Leben entdeckt. Die Methode, der die Wissenschaft bei der Ergründung dieser Wahrheiten folgt, ist der des Mystikers entgegengesetzt. Der Forscher will den Berg vom Tal aus besteigen. Der Mystiker versucht, auf dem Weg der Meditation den Gipfel zu erreichen und von dort her die ganze Schönheit des Gebirges zu überblicken. Natürlich ist daher der Horizont vor den Augen des Mystikers unvergleichlich viel weiter als der Horizont des Wissenschaftlers. Der Forscher vermag die Dinge, klar, deutlich und in allen Einzelheiten zu sehen, während der Mystiker eine allgemeine Vorstellung von den Dingen hat. Oft ist die Wahrnehmung des Mystikers vage verglichen mit der analytischen Untersuchung des Wissenschaftlers. Allein während der Mystiker die Dinge durchschaut, kann der Wissenschaftler nur die Oberfläche erkennen.

Infolge der grösseren Aktivität des westlichen Lebens ändern sich alle Dinge im Westen schneller, während sich die Veränderungen im Osten viel langsamer vollziehen. Daher findet man im Osten noch viele Bräuche alten Ursprungs, die für die Entwicklung der Orientalen in psychischer Hinsicht bezeichnend sind. Selbst ganz gewöhnliche Sitten, wie das Hände Schütteln, sich vom Sitz erheben, um jemanden zu empfangen, sich verbeugen, mit der Hand winken oder in die Hände klatschen, haben ihre psychologische Bedeutung. Wenn zwei Menschen sich die Hand geben, wird Magnetismus zwischen ihnen ausgetauscht, und ein Ausgleich der Lebenskräfte stellt sich zwischen ihnen ein. Derjenige, dem es an Kraft, Energie oder Magnetismus fehlt, gewinnt, und die überfliessenden Kräfte des andern werden für einen besseren Zweck gebraucht.

Wenn man sich erhebt, um einem andern seine Achtung zu erweisen, oder einige Schritte entgegengeht, um jemanden zu empfangen, wappnet man sich, um den Kräften des Entgegenkommenden standhalten zu können. Durch das Aufstehen und einige Schritte gehen reguliert man den Puls und bringt die Zirkulation in Ordnung, wodurch man sich psychisch und moralisch zur Verteidigung rüstet, falls der Herannahende ein Gegner sein sollte, und ist bereit, ihm harmonisch, - psychisch, geistig und moralisch auf derselben Ebene - zu begegnen, wenn er sich als ein Freund erweist.

Den Kopf zu einer Verneigung beugen, belebt nicht nur die Zirkulation im Kopf, sondern auch die magnetische Strömung, weil der Kopf der wichtigste moralische und geistige Faktor im Menschen ist. Man wird stets feststellen können, dass jemand, der sich bereitwillig verneigt, von nachdenklichem Wesen ist, während jemand, der den Kopf hoch trägt und ein Verneigen meidet, sich häufig als töricht erweist.

Das menschliche Leben hängt vom Rhythmus ab, vom Rhythmus im Atem, im Puls, im Schlagen des Herzens und im Pulsieren im Kopf. Unregelmässigkeiten im Herzschlag oder Puls zeigen Gesundheitsstörungen an. Es ist die Regelmässigkeit des Rhythmus, die den Menschen in einem fürs Leben tauglichen Zustand erhält. Wenn die Leute einem Redner, Sänger oder Schauspieler Beifall klatschen, ist das ein Ansporn für ihn, seinen psychischen, geistigen und moralischen Rhythmus beizubehalten.

Selbst das Winken mit der Hand beim Abschied von einem Freund hat dieselbe Bedeutung, er möge in einer guten Verfassung bleiben und sich des Lebens erfreuen.

Wenn jemand gähnt, ist es im Osten Brauch, dass ein Freund, der neben ihm steht, in die Hände klatscht oder mit den Fingern schnalzt. Gähnen verlangsamt naturgemäss den Rhythmus, er fällt sozusagen ab, - das Händeklatschen oder das Fingerschnalzen des Freundes fordert zum Beibehalten des vorherigen Rhythmus auf. Verschiedene Völker haben verschiedenen Bräuche. Ungewohnte Bräuche kommen einem nicht nur fremdartig und sinnlos, sondern oft auch lächerlich vor. Es ist die Aufgabe des Weisen, die Dinge zu durchschauen, und diese Art der Betrachtung nennt man Einsicht.

I. 4. Bräuche (2)

Es gibt verschiedene Bräuche des Grüssens, und in jedem Brauch ist ein Hinweis, der die psychische Bedeutung erklärt, die dahinter steht. Die Hindus grüssen, indem sie die Handflächen aneinander legen, was als ein Zeichen der Vollkommenheit gilt, weil die rechte Hand die positive, die linke die negative Kraft darstellt, und wenn positiv und negativ zusammengefügt werden, summiert es sich zur Vollkommenheit. Das Bildnis Buddhas, das von Millionen Menschen in der Welt verehrt wird, stellt ebenfalls Vollkommenheit dar, das Sitzen mit gekreuzten Beinen, aneinander gelegten Handflächen, geschlossenen Augen zeigen, dass die positiven und die negativen Kräfte vereint wurden.

Das Grüssen der Chinesen besteht im Falten der Hände, wobei jeder die gefalteten Hände des andern berührt, was heisst, dass die Vollkommenheit der Kraft von beiden sich treffen solle. Aus dem gleichen Grund schütteln die Araber die Hände mit beiden Händen, denn nur eine Hand zu geben, würde bedeuten, nur die Hälfte seines Magnetismus zu geben. Wenn man beide Hände gibt, beweist dies, dass man nichts zurückhält.

Die Perser legen die Hand aufs Herz, was die freundschaftliche Gefühle andeutet, die aus der Tiefe des Herzens kommen, dass der Gruss nicht nur oberflächlich ist, sondern aus wahrer Gefühlstiefe kommt.

Bei sehr vielen Menschen aus den verschiedensten Teilen der Welt ist es Brauch, sich beim Grüssen zu umarmen. Dies hat zweifellos eine grosse psychische Bedeutung. Die beiden Arme sind die beiden Richtungen der magnetischen Kraft, der positiven und der negativen, und in der Brust liegt das Zentrum dieser beiden Kräfte. Der Brauch will es, dass sie sich deutlich zweimal umarmen, einmal von rechts und einmal von links. Das ist auch ein Austausch von *Prana*, der wahren Lebensenergie, deren Zentrum sich in der Brust befindet. In Persien und in Indien gibt es einen Brauch, wonach eine jüngere Person, die eine ältere grüsst, den Kopf zur Brust neigt, während die ältere sie bei den Armen nimmt und aufrichtet, als hätte die jüngere Liebe, Licht und Leben erbeten, was die ältere ihr gibt und sie aufrichtet. Dies weist auch auf ein Gefühl der Bescheidenheit und Demut von der einen Seite und auf Hilfsbereitschaft und Ermutigung von der anderen Seite. Bräuche wurden manchmal sehr übertrieben, doch wenn das Gefühl echt ist, kann kein äusserer Ausdruck je eine Übertreibung sein.

Bei Menschen mit Religion und Kultur gab es in allen Perioden der Zivilisation den Brauch des Handkusses. Dieser Brauch entsprang einem natürlichen Instinkt des Lebens. Das Tier möchte in alles hineinbeissen, was gut riecht, und alles, was ein Kleinkind interessiert, wandert zuerst in den Mund. Dies zeigt, dass die Lippen der empfindsamste Teil am Menschen sind und fähig, Leben zu geben und zu nehmen, was man mit Magnetismus bezeichnen kann. Daher wird die grösste Zärtlichkeit, die man einem andern im Gruss erweisen kann, durch den Handkuss ausgedrückt. Diesen Brauch kann man auf der ganzen Welt antreffen, im Osten und im Westen.

Wenn eine Skizze vom Geist des Menschen entworfen werden soll, kann man ihn als Sonne mit fünf Strahlen zeichnen: einer gerade nach oben, je zwei an den Seiten nach oben und zwei nach unten gerichtet. Das Ganze bildet den fünfzackigen Stern. Der Kopf des Menschen, die beiden Arme und die beiden Beine bilden den äusseren Ausdruck dieser Strahlen. Wenn der Hindu die gesegneten Füsse eines Heiligen berührt, wird er von dem Gedanken geleitet, dass er zunächst in den Bereich dieser beiden Strahlen gelangen möchte, da die drei andern dann ganz von selbst auf ihn fallen, sobald der Heilige ihm die Hände auf den Kopf legt und sein Haupt neigt, um ihm zu segnen, wobei er auf den Scheitel des von ihm Gesegneten blickt.

I. 5. Hanuman

Im Orient gibt es den Brauch, dem als Affen dargestellten Gott Hanuman Öl darzubringen. Das Götterbild wird während der Anbetung mit Öl übergossen. Diese Sitte kann man auch bei indischen Hochzeiten sehen, wo junge Mädchen Kopf, Schultern, Arme und Hände, Knie und Füsse von Braut und Bräutigam mit Öl einreiben. Den Brauch der Ölung findet man auch in einigen Kirchen, z.B. in der katholischen Kirche. In Russland war es Sitte, am Tage der Krönung die Stirn des Zaren mit Öl zu salben.

Das Salben mit Öl hat die Bedeutung des Weichmachens. Leder, Eisen oder Stahl werden durch Öl geschmeidiger, bzw. reibungsloser. Das Ölen, wie es in Indien geschieht, ist ein psychologischer Hinweis für Braut und Bräutigam, dass Hände und Füsse eines jeden bereit sein sollen, dem andern zu dienen, dass sie sich nicht starr zueinander verhalten sollen, dass irgendwelche Härten in ihren Wesen gemildert werden sollten, weil Harmonie den Segen eines Heims ausmacht. Es lehrt auch, dass es der Versöhnlichkeit bedarf, um Freunde zu werden und in Freundschaft zu leben; der Partner ist nicht so fügsam und nachgiebig, wie man es sich in der eigenen Vorstellung ausgemalt hat.

Das Idol des Hanuman weist auf die primitive Natur im Menschen hin, und das Ausgiessen des Öls während der Verehrung Hanumans enthält eine Lehre für den Anbeter. Wie hoch unsere Entwicklung auch sein mag, so bleibt doch die Beachtung und Berücksichtigung unserer primitiven Natur unerlässlich, denn alles ordnet sich selbst im weiten Plan der Natur. Wenn ein Mensch mit gefalteten Händen in Demut vor dem Bild eines Affen steht, dann ist darin eine Lehre für ihn enthalten: So wie das Leben beschaffen ist, fehlt ihm etwas mit all seiner Entwicklung, wenn er der primitiven Natur im Menschen keine Beachtung schenkt. Christus hat gelehrt: „Widerstrebet dem Bösen nicht", und „Wenn dir einer den Rock streitig macht, so gib ihm auch den Mantel". Das lehrt uns das gleiche, dass das Leben schwierig wird ohne Beachtung und Berücksichtigung der primitiven Natur. Durch Unwillen nimmt man an ihr teil, durch Widerstand giesst man Öl ins Feuer. Man sollte sie in sich selbst und beim anderen durch Weisheit, Geduld und Sanftmut mildern.

Die Stirn des Königs mit Öl zu salben bedeutet, dass er einen ungezwungenen Ausdruck haben sollte, keine gerunzelten Augenbrauen und kein mürrisches Gesicht. sondern eine lächelnde Stirn, wie ein persischer Ausdruck lautet. Arme und Reiche müssen alle mit ihren Sorgen und Schwierigkeiten zum König kommen können, und sein Blick sollte sie trösten und ihnen Linderung verschaffen. Die grosse aus diesem Brauch zu folgernde Lehre besteht darin, dass die wesentlichste Erziehung im Leben darin besteht, seine Gefühle, seine Gedanken, Worte und Handlungen zu mässigen, damit sie uns selbst innere Ruhe vermitteln, und wir eine Atmosphäre des Wohlbefindens um uns schaffen, die allen wohl tut, die mit uns in Berührung kommen.

I.6. Glocken und Gongs

Das Geheimnis des religiösen Gebrauchs von Glocken und Gongs in Kirchen und Tempeln liegt in einer bedeutenden Wissenschaft der Hindus, dem *Mantra Yoga*. Diesen Brauch haben verschiedene Religionen gemeinsam, da Glocken in den christlichen Kirchen, in den Hindutempeln und in den buddhistischen Pagoden geläutet werden. Viele meinen, es sei ein Ruf zum Gebet, aber vom mystischen Standpunkt aus ist es mehr als das. In der Vorstellung des Mystikers bedeutet es, sein Herz zum Mitschwingen zu befähigen, damit jede Stimme, die sich von der Erde erhebt oder vom Himmel herabkommt, ihren Widerhall darin finde.

Der Sufi bereitet sich durch die Übungen von *Fikar* und *Zikar* vor, sein Herz fähig werden zu lassen, diese Resonanz - sei sie irdischen oder himmlischen Ursprungs - zu erzeugen. Wenn die Zentren des Körpers und die Fähigkeiten des Bewusstseins (mind) bereit sind, diese Resonanz zu erzeugen, dann reagieren sie auf jeden Klang. Jedes Mal, wenn die Glocken geläutet werden, finden sie ihren Widerhall im Herzen des Mystikers, - dann beginnt jedes der Zentren seines Wesens, an Gott zu denken und Gott zu spüren.

Schwingungen sind ein grösseres Stimulans als Wein. Der Wein berauscht das Gehirn, aber Schwingungen bringen das Herz zur Ekstase. Deshalb nennen die Sufis sie ‚Wein'.

Der Brauch, Blumen in die Gotteshäuser zu bringen, wie auch die Sitte, Weihrauch an den Stätten der Andacht zu verbrennen, findet sich in fast allen Religionen und zu fast allen Zeiten. Auch Farbe und Schönheit haben eine Kraft, üben einen Einfluss auf das Bewusstsein und den Körper aus, und diejenigen, die sich an der Schönheit der Farbe und der Zartheit einer Blume erfreuen können, erfahren eine Hilfe auf dem Weg über die Augen. Ihre Wirkung öffnet das Herz, das dann für den Segen von oben empfänglich wird. Dies zeigt, dass man von der Schönheit der Erde benutzt werden kann, um des himmlischen Segens teilhaftig zu werden.

Der Duft von Blumen und Weihrauch hat eine noch tiefere Wirkung, weil Farbe und Schönheit sich nur vermittels der Augen im Herzen widerspiegeln, während Duft und Weihrauch durch den Atem aufgenommen werden, das Herz berühren und es zu spiritueller Erhebung fähig machen.

Doch nichts hat einen grösseren Einfluss auf die Seele des Menschen als der Klang. Daher werden in allen Kirchen Hymnen angestimmt, Gebete gesprochen und Lieder gesungen, - alles, um den Geist im Innern zum Leben zu erwecken, damit es der Seele möglich wird, für die Vollkommenheit Gottes empfänglich zu werden.

I. 7. Vom Brauch, auf die Gesundheit von Freunden zu trinken

Dieser Brauch hat eine psychologische Bedeutung. Wein vermag Sorgen und Ängste des Lebens zu mildern und einem das Gewahrsein der äusseren Lebensumstände zu nehmen, und dies allein kann man die rechte Vorbedingung für die Konzentration nennen. Wer sich nicht konzentrieren kann, wird bei einer Betrachtung seiner seelischen Verfassung feststellen, dass er entweder Sorgen hat oder um etwas bangt, oder dass er sich seiner Lebensumstände sehr bewusst ist. Dies hält ihn von der Konzentration ab.

Alle, die im weltlichen, künstlerischen oder spirituellen Lebensbereich etwas Grosses erreicht haben. sind durch die Kraft der Konzentration an ihr Ziel gelangt. Durch Konzentration vermag jemand aus der Armut zu Wohlstand gelangen. Vermöge der Konzentration erfindet jemand Dinge, die die Welt noch nie gekannt hat. Mit Hilfe der Konzentration kann man im Leben die erstrebte Stellung erreichen. und es ist Konzentration, durch die man in die unsichtbare Welt eindringt.

Daher beruht die Sitte, auf jemandes Gesundheit zu trinken auf der psychologischen Vorstellung, einen Wunsch im Geist (mind) festzuhalten, solange man sich im Zustand der Konzentration befindet, damit während dieser Zeit der Gedanke an die Gesundheit des Freundes vorherrschend sei.

Es gibt den Brauch, mit den Gläsern anzustossen, was als ein Freundschaftsversprechen aufgefasst wird. Es kann in folgender Weise symbolisch definiert werden: Die Schale ist das Symbol des Herzens, denn im Herzen ist Raum, um die göttliche Liebe, den heiligen Wein, aufzunehmen. So bedeutet es, dass die Herzen sich einen, wenn die Gläser sich berühren. Nach mystischer Sichtweise heisst dies, dass zwei zu eins werden.

I. 8. Vom Ursprung des Brauchs der Absonderung der Frauen

Der Brauch, die Frau von der Aussenwelt abzusondern, hat seinen Ursprung im mystischen Denken. Es gab im Osten mystische Orden von Menschen, die in der Einsamkeit meditierten und abgesondert von der Welt lebten. Die Anziehungs- und Einflusskraft, die sie in solcher Weltabgeschiedenheit entwickelten, war geradezu ein Wunder. Sie gab ihrem Blick und ihren Worten Kraft und durchdrang ihre Atmosphäre.

Dieser Brauch der Absonderung wurde dann von Königen und hochgestellten Persönlichkeiten nachgeahmt. Sie pflegten sich auf zwei verschiedene Arten zu verschleiern, wenn sie ausgingen. Bei der einen zogen sie von hinten her eine Bedeckung über den Kopf, die so gemacht war, dass sie vorn über die Stirn hinunterhängen und die Augen zur Hälfte bedecken konnte. Bei der anderen verhüllten sie das Gesicht mit einem Schleier, der an einer Art Umhang befestigt war, den sie sich über den Kopf legten. Die Propheten Israels trugen dies, und auf alten Bildern von jüdischen Propheten sieht man den Kopf immer mit einem Umhang bedeckt.

Bei den Hindus gab es viele Yogi-Gemeinschaften, wie auch buddhistische Orden, deren Mitglieder eine Kopfbedeckung trugen. Dieser Schleier, - *miqna* genannt, - den auch Könige gebrauchten, wurde mit der Zeit im Osten zur Gewohnheit, und Damen von hohem Rang trugen den *yashmak*, wie er auf Türkisch heisst. Mehrere tausend Jahre lang war es bei den Priestern der Parsen Sitte, während des Gottesdienstes das Haupt mit einem Turban und einem Umhang zu bedecken. Die Frauen der Parsen haben lange Zeit die Gewohnheit beibehalten, den Kopf mit einem weissen Tuch zu verhüllen, was heutzutage jedoch weniger befolgt wird. In Indien ist es bei den Hindus wie bei den Muslimen Sitte, das Antlitz von Braut und Bräutigam mit einem Schleier aus Jasminblüten zu verdecken.

Hinter all diesen verschiedenen Arten der Verschleierung von Kopf und Gesicht findet sich eine mystische Bedeutung. Nach Auffassung der Sufis besteht die menschliche Gestalt aus zwei Teilen: dem Kopf und dem Leib, - der Leib zum Handeln, der Kopf zum Denken. Da der Kopf zum Denken bestimmt ist, ist seine Ausstrahlung viel stärker als die des Körpers; die Haare sind in physischer Form gleichsam die Strahlen dieser Ausstrahlung. Es findet ein ständiges Ausströmen von Licht statt, dass man im Leben des Menschen wahrnehmen kann. Jede Tätigkeit - Sehen, Atmen, Sprechen - verbraucht viel von dieser Strahlung im Leben.

Durch das Bewahren dieser Ausstrahlung entwickelt der Mystiker in sich jene Einfluss- und Anziehungskraft, die vom Durchschnittsmenschen verschwendet wird. Zum Beispiel hilft das Schliessen der Augen, wie es bei den Mystikern üblich ist, nicht nur bei der Konzentration und der Ruhe des Bewusstseins (mind), sondern es hält auch die Ausstrahlung zurück, solange die Augen geschlossen sind.

Diese Bräuche halfen Königen und Befehlshabern, Macht und Einfluss zu entwickeln, und wurden von den Damen der Gesellschaft als Mittel zur Pflege von Schönheit und Anmut geschätzt. Daraus lernen wir, dass ein der Aussenwelt nur wenig ausgesetztes Leben, sei es durch Abgeschiedenheit, Schweigen oder einem vollkommenen Zustand der Ruhe mit geschlossenen Augen, gefalteten Händen und gekreuzten Beinen einen grossen Einfluss hat.

I. 9. Vom Brauch der Absonderung der Frau (1)

Der Brauch der Mystiker, sich von der Aussenwelt abzuschliessen, findet sich nur noch in mystischen Orden, die Abschliessung der Frau dagegen ist im Osten noch vorherrschend. Hat ein Brauch in einer Gesellschaftsschicht einmal Wurzel gefasst, so kann er sicher nach Belieben gebraucht oder missbraucht werden. Zweifellos ist Eifersucht, die der menschlichen Natur innewohnt, ein Beweis der Liebe, aber sie kann zur Ursache einer grossen Anzahl von Verbrechen werden. Von jeher hat der Mann die Schätze, an denen ihm am meisten lag, mit allen erdenklichen Umhüllungen geschützt, und da es die Frau ist, die er am meisten liebt, hat er aus Unwissenheit sich bemüht, sie auf die gleiche Weise zu hüten, wie alle anderen Dinge von Wert und Bedeutung. Zudem wurde in seiner Hand dieser Brauch der Absonderung zu einem Mittel, das ihm ermöglichte, seinen Haushalt nach Gutdünken zu kontrollieren.

Indessen ist es nicht wahr, dass dieser Brauch auf die Lehre des Propheten Mohammed zurückzuführen ist. In den Aufzeichnungen gibt es nur zwei Stellen, wo Äusserungen von ihm darüber zu finden sind. In der einen wird berichtet, er habe gesagt: „Wenn unter den Bauern seines Landes gewisse rohe Tänze stattfinden, müssten die Frauen geziemend bekleidet sein." In der anderen heisst es, er habe den Frauen seines Haushalts, als sie heimkehrten, nachdem sie ihn und seine Soldaten während eines Kampfes gepflegt hatten und sich nachher scheuten, auf das Schlachtfeld zu blicken und sich den Feinden zu zeigen, keinen anderen Rat geben können als den, ihre Gesichter zu verschleiern, falls sie auch nach dem wieder hergestellten Frieden sich nicht sehen lassen wollten.

In Indien kennt man den Brauch, dass alte Frauen ihr Gesicht verhüllen, die Witwe es bedeckt und die Braut es verschleiert. Dies hat eine gewisse psychologische Bedeutung. Jede Seele hat das Bedürfnis, ihren Kummer zu verbergen. Wenn die Witwe ihr Gesicht verhüllt, verbirgt sie ihr Leid vor anderen. Der Schleier, den man vor dem Gesicht der alten Frau sieht, liegt darauf wie ein Schild, der ihre Gemütsbewegungen beschützen soll, denn im Alter werden diese sichtbarer, weil man weniger Selbstbeherrschung hat, um sie vor anderen zu verbergen. Das Herz, wenn es weich geworden ist, wird von der leisesten Berührung bewegt, wie zart sie auch sein mag. Über dem Antlitz der Braut soll der Schleier ihre Anmut und ihren Magnetismus behüten; gleichzeitig ist der schönste Schmuck im menschlichen Wesen die Bescheidenheit, in welcher Form sie auch zutage tritt.

I. 10. Vom Brauch der Absonderung der Frau (2)

Sowohl vom physischen wie vom okkulten Standpunkt aus ist die Frau beeindruckbarer als der Mann. Die Aufgabe der Frau als Mutter ist von grösserer Bedeutung als die des Mannes, welche Position er auch inne habe. Mit ihrem Denken und Fühlen formt die Frau den Charakter des Kindes, und da sie für äussere Eindrücke empfänglich ist, haben diese immer einen Einfluss auf ihr Kind.

Während der Zeit der Schwangerschaft muss man sehr behutsam mit ihr umgehen, da jedes an sie gerichtete Wort die Tiefe ihres Wesens berührt und in der Seele des Kindes widerhallt. Wenn während dieser Zeit ein Wort sie verbittert oder plötzlich verärgert, kann im Kind ein bitteres oder mürrisches Wesen entstehen. Besonders während dieser Zeit ist die Frau für alle Eindrücke - schöne wie hässliche - sensibler und empfänglicher. Alles Eindrucksvolle berührt ihre Seele tief. Eine Farbe, Blitz, Donner, Sturm - alles macht einen Eindruck auf sie. Die Lebensumstände, Elend oder Freude wirken sich bei ihr mehr aus als bei anderen. Auf diesen Überlegungen beruhte im Osten die Sitte der Absonderung der Frau und besteht in manchen Gemeinschaften immer noch.

Doch gibt es zweifellos noch eine andere Seite zu beachten, nämlich die, dass Heim und Staat nicht zwei voneinander unabhängige Dinge sind. Das Heim ist das verkleinerte Abbild des Staates, und wenn die Frau im Haus ein so wichtige Rolle spielt, warum sollte ihr im Leben ausserhalb des Hauses nicht eine ebenso wichtige Rolle zufallen? Ohne Zweifel schieben diese alten Sitten, selbst wenn sie eine psychologische Bedeutung haben, dem Fortschritt der Allgemeinheit oft einen eisernen Riegel vor. Die verschiedenen Religionen des Ostens, die Hindus, Parsen und Muslime - haben für die Frauen, auch für die Dienerinnen monatliche Ruhetage vorgesehen. Das Leben in der Welt ist ein ständiger Kampf und hart für jemanden mit zartem Empfinden und zurückhaltendem Wesen. In diesem Kampf ist die Stellung der Frau ungünstiger als die des Mannes. Er raubt ihr viel von ihrer weiblichen Feinheit und Zartheit des Gefühls.

Der Mann ist abhängiger von der Frau als die Frau vom Mann. Vom ersten Augenblick an sucht jedes Kind, sei es Junge oder Mädchen, das in dieser Welt die Augen öffnet, den Schutz der Frau. Die Frau ist als Mutter, Schwester, Tochter, Freundin, Gattin, in jedweder Form die Quelle seines Glücks, Wohlbefindens und Friedens. Auf welche Weise der Mann es auch zum Ausdruck bringen mag, sei es in dem rohen Brauch der Abschliessung wie im Osten oder auf mancherlei andere Weise, immer ist es die erste Pflicht eines rücksichtsvollen Mannes, die Frau vor den harten Schlägen zu schützen, die auf jede in dieser selbstsüchtigen Welt lebende Seele fallen.

Gatha II

II. 1. „Esst mein Fleisch und trinkt mein Blut"

In der Bibel steht ein bemerkenswerter Satz, wo Christus sagt: „Esst mein Fleisch und trinkt mein Blut." Was meint er mit diesen Worten? Erstens meint er damit, dass ein lebendes Wesen am meisten seine Nahrung liebt, dass es das isst, was es am liebsten hat. Es ist erwiesen, dass in grausamen Zeiten oder in Hungersnöten die Menschen ihre eigenen Kinder gegessen haben, dass Nahrung ihnen sogar lieber war als ihre eigenen Kinder. Christi Worte bedeuten demnach, 'Finde heraus, was es ist, das du an so an mir liebst, dass es zu deinem Unterhalt, zu deiner Nahrung werden möge. Nicht dies, mein Fleisch und Blut ist es; dies würde nicht genügen, deinen Hunger zu befriedigen. Es gibt einen anderen Teil meines Wesens, der im Überfluss vorhanden ist und meine zahllosen Anhänger sättigen kann. Ehe du daher mein Fleisch und Blut zu essen versuchst, suche herauszufinden, auf welcher Ebene ich wirklich existiere, und was mein wahres Wesen ist.'

Die Lebensgeschichten aller grossen Heiligen zeigen, dass nicht nur ihre Gegner und Widersacher, sondern auch ihre nächsten und liebsten Freunde sich als ihre schlimmsten Feinde erwiesen. Es gibt sogar ein Geschöpf, dass seinen Gefährten so sehr liebt, dass es ihn auffrisst.

Nun zu der Frage, was Christus meint, wenn er von seinem Fleisch und Blut spricht. Sein Fleisch ist das Wissen von Gott, und sein Blut ist die Liebe Gottes. Denn es liegt im Wesen der Liebe zu beleben, sozusagen den Kreislauf anzuregen, und es liegt im Wesen des Wissens, den Menschen zu stärken, ihn sicher zu machen, was durch das Fleisch versinnbildlicht wird. Das eine ohne das andere wäre naturwidrig. Fleisch ohne Blut oder Blut ohne Fleisch entspricht nicht dem normalen Zustand. Was dem Körper und der Seele Gesundheit verleiht, ist beides zusammen, Fleisch und Blut. Durch den religiösen Gebrauch des Sakramentes von Brot und Wein wird dieses Geheimnis symbolisch ausgedrückt.

II. 2. Höflichkeitsbräuche

In alten, aristokratischen Zeiten gab es einen Brauch, wonach man beim Verlassen einer Respektsperson einige Schritte rückwärts zu gehen hatte. Diesen Brauch findet man im Osten sogar noch heute und gelegentlich auch im westlichen Teil der Welt. Er war nicht nur eine Formsache, sondern hatte einen psychologischen Hintergrund. Wenn zwei Menschen sich im Gespräch gegenüberstehen, bildet sich zwischen ihnen ein Strom der Sympathie, der seinen Weg hauptsächlich durch den Atem und durch den Blick nimmt. Dabei ist unvermeidlicherweise der eine der Gebende, der andere der Empfangende. Sowie man sich den Rücken zukehrt, wird der Strom unterbrochen. Die Vorstellung der damaligen Menschen war es, diesen Strom, den sie für wertvoll hielten, solange wie möglich zu bewahren.

Es gab noch einen anderen Höflichkeitsbrauch in alter Zeit, der an einigen Orten heute noch existiert, indem man das Knie beugt, um jemanden Achtung zu erweisen. Auch dies hatte einen psychologischen Grund: jeder Einfluss von Liebe, Zuneigung, Sympathie oder Segen strömt durch den Blick, durch den Atem oder durch Worte; wäre nun der Empfänger grösser als der Spender, würde der Einfluss in den Boden gehen, anstatt ihn zu berühren. Besonders hat der Einfluss des Blicks, der einen mit Sympathie und guten Wünschen umgibt, meistens eine Abwärtsrichtung, und für den Atem gilt das gleiche.

In der Begrüssung, bei der man sich mit einem Knie auf den Boden niederlässt, drückt das auf dem Boden ruhende Knie die Bereitschaft aus, Befehle entgegenzunehmen, und das aufrechtstehende die Bereitschaft, sich auf den Weg zu machen, um sie auszuführen.

Aber abgesehen von ihren psychologischen Einflüssen waren verschiedene Höflichkeitsformen eine Folge des menschlichen Fortschritts auf dem Gebiet der Kultur. Doch Fortschritt in jeglicher Richtung gleicht den Wellen der See - sie steigen und fallen - so auch die Sitten. Unsere Zeit scheint eine Zeit des Zurückflutens der Wellen zu sein. Indessen Handeln ist eines, und das Verstehens des Handelns ein anderes. Ob man eine gewisse Sache macht oder nicht macht, ist eine andere Frage, aber im Begreifen aller Dinge, liegt der Sinn des Lebens.

II. 3. Hochzeitsbräuche

Indien, das Land der Mystik und Philosophie, hat in allen seinen Bräuchen Symbolik. Selbst bei einer Hochzeitsfeier ist alles symbolisch, was als Sitte oder Ritual ausgeführt wird. Die Braut und der Bräutigam tragen auf der Hand ein in Perlen gesticktes Herz. Während der zehntägigen Dauer der Hochzeitsfeierlichkeiten tragen sie safranfarbige Gewänder; bei der Trauungszeremonie sind sie an Kopf, Schultern, Ellbogen und Kinn gesalbt, auch an ihren Knien und Füssen. Der Bräutigam trägt in all diesen zehn Tagen ein Schwert in der Hand. Am letzten Tage der Hochzeit sind sowohl die Braut wie der Bräutigam mit einem aus Jasminblüten gemachten und Rosen geschmückten langen Schleier verhüllt und werden nach dem Schluss der Hochzeitsfeier entschleiert.

Die Bedeutung dieses Blütenschleiers ist, dass ein neuer Lebensabschnitt für sie beginnt. Sie sind nicht mehr dieselben wie vorher; neue Verantwortlichkeiten, neue Hoffnungen und ein neues Leben beginnen für sie. Der Sinn des Schwertes in der Hand des Bräutigams liegt darin, dass er die Ehre und Würde seiner Familie, seiner Frau bewahren soll, dass er bewaffnet sein soll, um die Ehre und Würde der Verbindung, die Braut und Bräutigam vollzogen haben, zu verteidigen. Das Herz auf der Hand weist darauf hin, dass beide ihre Handlungen von ihren Herzen leiten lassen sollen. Die Salbung bedeutet, dass Hände, Füsse und Kopf eines jeden von ihnen bereit sein sollen, dem andern zu dienen, wenn die Gelegenheit sich bietet, dass sie nicht eigensinnig sein sollen, wenn ihre Dienste verlangt werden.

Die Safranfarbe wird im Osten als die Farbe von allem Glück betrachtet. Sie ist ein königliches Zeichen. Liebesbriefe werden in Safranfarbe geschrieben. Die Hochzeitseinladungen werden in dieser Farbe geschrieben, denn sie stellt das Licht dar. Licht im Himmel und Gold auf der Erde, beide sind gelb. Darum wird Gelb allen anderen Farben vorgezogen, weil sie als gutes Omen für besondere Anlässe im Leben gilt.

II. 4. Das Pferd

Das Pferd wurde zu allen Zeiten als ein glückbringendes Tier betrachtet, denn es verkörpert Energie, Kraft, Aktivität und Leben. In der griechischen Kunst nahm das Pferd einen hervorragenden Platz ein, ebenso bei den alten Persern. Im Altertum gebrauchte man an den Königshöfen des Orients *Chama*, Fächer aus Rosshaar, der Pferdekopf diente als Motiv zur Dekoration der Paläste, und zu Beginn jeder Veranstaltung wurde etwas über das Pferd gesprochen. Bei indischen Komödianten besteht noch heute der Brauch, als erstes Programm eine Pferdeimitation zu bringen. Pferdegeschichten sind immer interessant. Sportler wie Geistesarbeiter, die doch in ihren Liebhabereien so verschieden sind, stimmen in der Bewunderung des Pferdes überein.

Der Prophet Mohammed hat das Pferd als eines der wünschenswerten Güter des Lebens eingeschätzt. Der interessanteste Teil des *Ramayana* ist die Geschichte von *Lahu*, dem Sohn *Ramas*, der *Kalanki*, das ideale Pferd, erlangen will. Im *Mahabharata*, dem heiligen Buch der Hindus, ist *Krishna* der Wagenlenker *Arjunas*. *Hassan* und *Hussein*, die grossen Märtyrer des Islam, deren Gedenktag von Alters her Jahr um Jahr gefeiert wird, werden mit ihren schönen Pferden namens *Duldul* dargestellt.

Das Pferd ist das Symbol des Gemüts (mind). Die Beherrschung des Gemüts gleicht dem Reiten eines zugerittenen Pferds. Wenn es nicht beherrscht werden kann, gleicht es einem störrischen Pferd. Wenn der Reiter die Zügel nicht fest in der Hand hält, gleicht es einem wilden Pferd, das in der Wildnis umherstreift. Weiter ist das Pferd ein Symbol des Lebens, indem es dessen Energie, Aktivität und Schönheit ausdrückt. Bei aller Stärke und Energie ist es harmlos, nützlich, intelligent und sensibel im Gegensatz zu Esel. Das Pferd war der Gefährte im Krieg und der Stolz der grossen Krieger. Die Einheit, die sich zuweilen zwischen der Seele des Reiters und dem Geist des Pferdes einstellt, ist wunderbar.

Das Hufeisen wird in allen Ländern für glückbringend gehalten, denn es erinnert an das Pferd und vermittelt den Eindruck seiner Kraft, Aktivität, Lebendigkeit und Schönheit.

II. 5. Die griechischen Orakel

Die alten Griechen richteten oft Fragen an ein Orakel, die von einer Frau beantwortet wurden, zuweilen in Form einer klaren Antwort, manchmal jedoch war die Bedeutung verhüllt. Es war das gleiche, was heute eine spiritistische Sitzung genannt wird, bei der ein Medium antwortet. Das Interesse daran war zu allen Zeiten in verschiedenen Formen lebendig. Von allen okkulten und mystischen Erscheinungen haben die medialen Fähigkeiten für viele Menschen eine besondere Anziehungskraft. Für diese Aufgabe wurde oft eine Frau gewählt, weil die Sensitivität der Frau die des Mannes stets übertrifft. Sensitivität ist das Geheimnis der Intuition im menschlichen Wesen. Meistens wurde eine unverheiratete Frau für diesen Zweck gewählt, weil in ihr mehr Empfänglichkeit für Intuition gefunden wurde. Die Frage war für einen Gott bestimmt, der durch eine besondere Eigenschaft charakterisiert war, z.B. als Gott der Dichtkunst, der Sonne oder irgendeines anderen Lebensbereichs.

Das Geheimnis dieser Orakel besteht darin, dass die Priester durch ihre hypnotische, suggestive Kraft jene besondere Kraft des inneren Geistes weckten, bei dem alles Wissen ist, besonders bezüglich der Eigenschaft, mit der er identifiziert wurde. Gott ist im Herzen eines jeden Menschen, nur sollte Er, damit Er erwache und sich erhebe, angerufen werden. Dann wird Er sozusagen aus dem Herzen einer sensitiven Frau geboren, deren Innerstes leicht angerührt werden kann.

Gott hat viele Eigenschaften, Er hat viele Ohren und viele Zungen, mit denen Er spricht, und durch jede Erscheinungsform antwortet Er, wann immer ein Mensch Ihn zu erreichen vermag. Spiritualisten nennen Ihn einen Geist, aber selbst durch den Geist eines Individuums, sei es tot oder lebendig, antwortet Gott, wenn Er angerufen wird. Diejenigen, die mit spiritistischen Sitzungen spielen, würden dies augenblicklich aufgeben, wenn sie wüssten, dass Gott immer antwortet, wenn man Ihn anruft.

II. 6. Die griechischen Mysterien

Das Wenige, was von den griechischen Mysterien bekannt ist, wurde sehr unterschiedlich interpretiert. Einige nahmen an, dass es sich um landwirtschaftliche Lehren handelte, die im Geheimen erteilt wurden. Andere hielten sie für einen von den Priestern Jahrhunderte lang aufgeführten Mummenschanz. Was man mit Sicherheit weiss, ist das hohe Ansehen, in dem sie gehalten wurden und die strenge Verschwiegenheit, die sie begleitete. Das Wort Mysterium bedeutet Verschwiegenheit, und eingeweiht werden, hiess „verschwiegen gemacht zu werden".

Der Zugang zu den kleinen Mysterien war leicht. -Zehntausende waren eingeweiht. Die Tempel, in denen die Riten vollzogen wurden, standen unter dem Schutz des Staates. Dort wurde das Leben der Götter aufgeführt, in deren Namen die Mysterien gefeiert wurden, wozu man sich besonders der Musik bediente. Die Mysterien wurden abgehalten, um die Angst vor dem Tod zu nehmen und die Gewissheit vom Fortleben der Abgeschiedenen zu geben. Von den Eingeweihten glaubte man, dass sie nach dem Tode glücklich seien, während die anderen ein trostloses Leben im Jenseits erwartet, das sie an ihre Gräber bindet.

Das vorbereitende Training für die grossen Mysterien war sehr streng. Man musste sich dem Fasten unterziehen, Enthaltsamkeit aller Art üben, extreme Hitze und Kälte ertragen. Die Kandidaten schwammen tagelang im Wasser und mussten durchs Feuer laufen. Das Training dauerte oft mehrere Jahre. Nach der Einweihung war am Anfang lauter Dunkelheit, Angst und Schrecken, dann wurde ein herrliches Licht gesehen und leuchtende Gestalten kamen dem Eingeweihten entgegen.

Er erlebte schon auf Erden den Zustand der Seele, die sich vom Körper losgelöst hat. Ein griechischer Schriftsteller sagt: „Hier endet alle Belehrung, man erschaut das Wesen der Dinge." *Apuleius*, der alle Einweihungen der Mysterien erhalten hatte, sagte: „Ich schritt zur Grenze zwischen Leben und Tod, ich ging durch die vier Elemente hindurch, ich stand an *Proserpinas* Schwelle, zur Zeit der tiefsten Mitternacht sah ich die Sonne im höchsten Glanz scheinen, ich sah die grösseren und die geringeren Götter und ihnen nahe, huldigte ich ihnen." Vom Eingeweihten wurde gesagt, dass er schon zu Lebzeiten unter die unsterblichen Götter aufgenommen und zu einem der ihren gemacht werde.

II. 7. Die griechischen Mysterien (2)

Sie waren eigentlich eine Sufi-Einrichtung, obwohl man sie nicht so nannte, denn man findet genau das Gleiche heute noch in den Sufi-Schulen in Indien und Persien.

Die niederen Mysterien waren *ilm-e rabbani*, das Mysterium der Götter, mit anderen Worten: das Mysterium der verschiedenen Eigenschaften Gottes. Denn durch eine gewisse Anzahl von Wiederholungen eines bestimmten Namen Gottes wird eine besondere Wirkung hervorgebracht, die zu einem gewünschten Ergebnis führt. Vor dem Islam wurden verschiedene Namen Gottes als verschiedene Gottheiten angesehen, die unter verschiedenen Namen bekannt waren und durch ihre unterschiedlichen Eigenschaften und Charakteristiken identifiziert wurden. Indem man die Namen der verschiedenen Götter anrief, erreichte man sein Ziel im Leben, so wie heute von den Sufis w*azifas* praktiziert werden.

Die Musik, der sich die alten griechischen Kenner der Mysterien als Mittel zur spirituellen Entwicklung bedienten, wird im gleichen Sinne von den Sufis der *Chishtia*-Schule gebraucht. Sie halten Qawwali-Veranstaltungen, *samâ* genannt, ab, an denen man zur Erweckung der emotionalen Natur, auf der das Geheimnis der Offenbarung beruht, Musik spielt und singt.

II. 8. Die griechischen Mysterien (3)

Fasten, Abstinenz und dergleichen mehr wurde gelehrt, um die Willenskraft zu entwickeln, die zur Selbstdisziplin führt und das Geheimnis aller Meisterschaft ist; durch diese Kraft gelangt man zum inneren Königreich. Wenn der Mensch einmal das innere Selbst berührt hat, schwindet die Illusion dahin. Die Todesangst wird durch das Bewusstsein der Sterblichkeit verursacht. Solange man von seinem unsterblichen Selbst nicht weiss, hat man Angst vor dem Tode. Ist die Unsterblichkeit der Seele einmal erkannt, und ist diese Erkenntnis nicht bloss eine Vorstellung, sondern zu einer Überzeugung geworden, dann erhebt man sich über die Todesangst. Dieses Wissen wird vollends erreicht, wenn ein Adept imstande ist, seine Seele von seinem Körper zu lösen. Diesen Zustand nennen die Yogis *samadhi* und die Sufis n*ayat*.

Jede Seele, die den Pfad der Einweihung betritt, macht ihre ersten Schritte im Dunkeln, wie *Ghazzali* sagt: „Das geistige Streben gleicht dem Abschiessen eines Pfeils in die Dunkelheit." Wenn man sich dem Ziel nähert, kommt ohne Zweifel das Licht, wie der Koran sagt: „Gott ist das Licht des Himmels und der Erde." Wenn die Schau schliesslich klar geworden ist, bedarf es keiner weiteren Unterweisung. Man erlangt Einsicht in die verborgenen Naturgesetze, und alle Dinge scheinen dem Sehenden von ihrem Wesen, ihrer Natur und ihrem Geheimnis zu erzählen. Diese Erkenntnis hebt die Grenze zwischen Leben und Tod auf. Sobald man sein wahres Wesen, die Seele, berührt, erhebt man sich über die Elemente, die diese sterbliche Hülle - den Körper und das Bewusstsein (mind) - geformt haben, damit sie der Seele als Werkzeug ihrer Erfahrung diene.

Der Mensch, der sich seiner Seele bewusst ist, steht über aller Materie, und auf diese Weise siegt der Geist über die Materie. In allen Lebensumständen, die Dunkelheit und Verwirrung schaffen, sieht der sich seiner Seele bewusste Mensch das Licht und für ihn sind alle Menschen geringeren oder höheren Grades der Entwicklung nur verschiedene Formen der göttlichen Immanenz.

So wird der Mensch, der die Tiefe des Lebensmysteriums ergründet hat, gottbewusst. Sobald er sein begrenztes Selbst nicht mehr vor Augen hat, erfährt er jenen Zustand, von dem Christus sprach: „Seid vollkommen, wie euer Vater im Himmel vollkommen ist."

II. 9. Vom *Banshee*

Es gibt einen weitverbreiteten Glauben, dass in gewissen Familien ein bevorstehender Todesfall stets auf die gleiche Weise angekündigt wird. In der einen sieht ein Familienmitglied vor dem Todesfall einen bestimmten Vogel, in einer anderen läuten die Kirchenglocken, ohne angeschlagen worden zu sein, wieder in einer anderen erscheinen eine oder mehrere Fliesen des Kirchenbodens nass, während alle anderen trocken sind, wobei die Anzahl der nassen Fliesen der Anzahl der Todesfälle entspricht.

In Irland sind solche Warnungen besonders häufig und erscheinen oft in Form des sogenannten *Banshee*, eines gellenden Schreies, der nur von den Mitgliedern der betreffenden Familie gehört wird, für andere aber unhörbar ist. Dies weist auf die Tatsache hin, dass das Leben nicht auf eine bestimmte Form beschränkt ist, sondern sich in allen Dingen offenbart.

Der Tod eines Individuums ist nur scheinbar der Tod eines Menschen, der auf seine Umgebung und seine Angehörigen eine gewisse Wirkung ausübt. Innerlich jedoch reicht der Einfluss vom Tode eines Einzelnen bis an die Grenzen des Weltalls. Kein Ding und kein Wesen bleibt davon unberührt. Nur wird dies jenen mehr offenbar, die durch den Tod eines nahestehenden Menschen tiefer berührt werden. Für sie nimmt die Todesankündigung eine wahrnehmbare Form an, die den Verwandten und Nachkommen mitgeteilt werden kann. Diese besondere Form wird dann in der betreffenden Familie zum Alarmzeichen des Todes und bleibt es für längere Zeit, bis schliesslich in jener Familie jemand geboren wird, der es als Aberglauben ablehnt.

Daraus lernt man, das sich das Leben von Natur aus offenbart, der Mensch aber aus seinem Wesen heraus verblendet wird. Kein Geschöpf dieser Welt ist so vom äusseren Leben absorbiert wie der Mensch, sodass er trotz seiner grösseren Erkenntnisfähigkeit von allen Geschöpfen am wenigsten weiss. Es gibt Vögel, die vor dem Tod warnen. Hunde, Katzen und Pferde spüren den nahenden Tod ihres Freundes, eines Nachbarn oder ihres Herrn. Wenn der Mensch für das Wissen offen ist, das das Leben ständig enthüllt, dann vermag sein Körper und sein Geist (mind) mit seinen intuitiven Zentren und seiner Wahrnehmungsfähigkeit am besten das Geheimnis und den Sinn des Lebens zu begreifen.

II. 10. Die Psychologie des Schattens

Bei den Hindus gab es einen alten Glauben, der heute sogar in Indien als Aberglauben gilt. Jeder Brahmane vermied es sorgfältig, dass der Schatten eines *Shudra* oder Kastenlosen auf ihn, seinen Altar, seine Nahrung, seine schwangere Frau oder sein neugeborenes Kind fiel. Jetzt haben sich die Zeiten geändert, und natürlich ist dieser Glaube scheinbar sinnlos geworden, doch lag in ihm tatsächlich ein okkulter Sinn verborgen. Ein Schatten wird durch den Körper eines Menschen geworfen, der den Rücken der Sonne zukehrt, dieser Lebensspenderin für Pflanzen, Menschen und Tiere, für alles, was da ist, und deren direkte Strahlen allem neues Leben bringen. Orte, wo die Sonne selten hinscheint, seien sie eben oder gebirgig, werden von allen möglichen Krankheiten heimgesucht. Eine Persönlichkeit, die einem anderen Menschen 'im Licht steht' und ihn hierdurch in seiner Entfaltung hindert, kann als Beispiel hierfür dienen. Der Unterschied zwischen dem wahren und dem falschen Lehrer - beide hat es von jeher in der Welt gegeben - besteht darin, dass der falsche Lehrer seinem Schüler im Licht steht; der wahre zeigt ihm den Weg, indem er beiseite tritt.

Die Psychologie des Schattens ist sehr komplex. Der Schatten eines Gottlosen, der auf eine Speise fällt, wird dieser sicher etwas von ihrer lebendigen Kraft nehmen. Fällt er auf einen Menschen, der sich in einem negativen Zustand befindet, eine menstruierende Frau oder ein Kind, wird er Erschöpfung oder Leblosigkeit verursachen, ebenso bei Seelen, die sich in einem Erholungsprozess oder einer Wachstumsphase befinden. Oft steht ein Baum einer Pflanze im Licht und hindert sie so am Wachstum; in gleicher Weise wirkt der Schatten des Gottlosen. Er kann für den Augenblick die Seelen solcher passiven und geistig Empfänglichen verdunkeln. Ohne Zweifel haben die Mächte der Dunkelheit und der Illusion an sich, wie der Schatten, in Wahrheit keine Existenz, doch üben solche Einflüsse auf unreife Seelen eine Wirkung aus.

Spirituelle Seelen haben einen entgegengesetzten Einfluss. Ihre Gegenwart belebt die Intelligenz; ihr Einfluss tröstet und inspiriert. In der Gegenwart einer spirituellen Persönlichkeit schärft sich das Gedächtnis, Wellen von Inspiration steigen auf. Wolken der Depression lösen sich auf, Hoffnung entspringt aus der Tiefe des Herzens, die Seele erwacht zum Leben, Liebe äussert sich durch Gedanken und Gefühle und alles, was einst tot war, wird wieder lebendig.

Dies zeigt uns, dass die Persönlichkeit ein Mysterium ist. Sie verleiht Leben und verursacht Tod. Sie hebt den einen zum Himmel empor und wirft den andern zurück zu den Tiefen der Erde. Der Einfluss einer Persönlichkeit kann das Leben eines Menschen, seiner Umgebung und alle Lebensumstände verändern. Sein Einfluss kann das Rad des Lebens nach der falschen oder der rechten Seite drehen, so dass das ganze Leben eine andere Richtung nimmt.

Sehr oft werden unschuldige, gütige und reine Seelen wegen eines Mangels an Bestimmtheit in ihrem Wesen das Opfer unerwünschter Persönlichkeiten, die in ihr Leben treten und das Licht verdunkeln, nach dem sie sich sehnen, und dies kann eine lange Zeit hindurch dauern. Ist ein Mensch einmal daran gewöhnt, im Schatten zu stehen, so fürchtet er sich, ans Sonnenlicht hinauszutreten, obwohl es ihn innerlich danach verlangt.

Je dichter ein Menschen ist, desto gröber ist sein Schatten. Mit anderen Worten: je materieller ein Mensch ist, desto belastender ist sein Einfluss.

Der ganze Sinn des Lebens ist es, frei zu leben, frei durch den Raum zu blicken, weder etwas zu verbergen oder zu verheimlichen haben, das Licht der Wahrheit von innen und das Sonnenlicht aussen erstrahlen zu lassen; Licht ringsumher, nirgends ein Schatten, der das Licht, das die Seele allen Seins ist, hindert.

Gatha III

III.1. Trinksprüche

Im Westen herrscht überall die Sitte der Trinksprüche. Hinter dieser Gewohnheit steckt eine psychologische Wahrheit - der Wunsch, das etwas geschehen möge zu einer Zeit, in der ein eigener Wunsch mehr oder minder erfüllt wurde. Dies zeigt, dass man in jenem Augenblick befriedigt ist, wenn ein Wunsch erfüllt worden ist. Wir sollten uns darum nicht wundern, warum Menschen spirituelle Seelen aufsuchen, um von ihnen gesegnet zu werden. Jene, die geistig gesegnet wurden, haben ihren innersten Wunsch erfüllt bekommen, und ein von ihnen ausgesprochener Wunsch wirkt schnell wie ein Segen im Leben eines jeden.

Dies lehrt uns auch, dass wir die Gelegenheit ergreifen sollten, uns etwas Gutes von jedem in dem Augenblick wünschen zu lassen, wenn dessen Wunsch erfüllt wurde. Die Menschen des Ostens, denen dieses psychologische Gesetz bekannt ist, schauen nach Gelegenheiten aus, um Hungrige zu speisen oder einen Bedürftigen zu beschenken, weil der Wunsch, der im Herzen des Beschenkten aufsteigt, sicherlich erfüllt wird.

Wenige in der Welt wissen um die grosse Kraft, die im Wunsch eines Menschen verborgen ist, dessen Herz sozusagen voll Freude tanzt. In alten Legenden lesen wir von Heiligen, die ihre Freunde, Schüler oder Anhänger zu gewissen Zeiten zu sich riefen und sie aufforderten, einen Wunsch zu äussern, weil sie den Augenblick kannten, in dem ein Wunsch sich erfüllt.

Von Hafis wird erzählt, dass nahe dem Heim des Sheikhs elf Schüler mit dem Namen Hafis lebten, aber unter ihnen war nur einer, der sich des Nachts die geistigen Übungen zur Gewohnheit gemacht hatte, die anderen pflegten die ganze Nacht zu ruhen. Eines Abends spät rief der Sheikh: „Hafis!" Nur ein Hafis war wach, alle anderen schliefen. Der Sheikh hielt in seiner Hand die Schale, in der die Erfüllung der Wünsche durch die Kraft der Gedanken ruhte. Mit geschlossenen Augen gab er sie Hafis. Aber da er wusste, dass noch zehn weitere da sind, rief er wieder: „Hafis!", doch da alle anderen schliefen, kam derselbe Hafis wieder und empfing die

Schale. Elfmal rief der Lehrer, und derselbe Hafis kam wieder und wieder. Am Morgen waren zehn enttäuscht, doch jener eine Hafis war mit elffachen Segen gesegnet.

Es wäre keine Übertreibung zu sagen, dass selbst Gott Seine Zeit hat, in der Er Wünsche erfüllt. Wenn jemand um diese Zeit weiss, wird er sicherlich Segen und Wohlergehen erlangen. Weil der Sufismus lehrt, nach Gott im Herzen des Menschen zu suchen, sehen weise Murids in jedem, dem sie begegnen, das Gefallen und Missfallen Gottes und sie achten sorgfältig darauf, was die Menschen, mit denen sie zu tun haben, gern oder ungern sehen, weil sie wissen, dass sie mit ihrem Handeln das Gefallen und Missfallen Gottes beachten.

Doch die Freude, einem anderen Glück zu bringen, ist grösser als die Freude über einen eigenen erfüllten Wunsch, wenn man zu jener Ebene menschlicher Entwicklung gelangt ist, auf der man Befriedigung in der Freude eines andern empfinden kann, wenn man glücklich ist, in dem man anderen Glück bereitet. Niemand wird einen anderen Glück schenken, ohne dass es nicht tausendfach zu ihm zurückkehrt. Es kommt eine Entwicklungsstufe im Leben des Menschen, wo er sich gesättigter fühlt, wenn er einen andern sich satt essen sieht, als wenn er selbst gegessen hätte, wo er sich behaglich fühlt, wenn andere es behaglich haben, wo er sich reich geschmückt fühlt, wenn andere gut gekleidet sind. Diese Entwicklungsstufe ist ein Schritt zur Verwirklichung Gottes.

III. 2.   Hochzeitsbräuche

In Europa sind bei Hochzeiten gewisse Bräuche üblich. Man wirft dem neuvermählten Paar z.B. einen alten Schuh nach, wenn sie fortgehen, oder bewirft sie mit Reis. Der Reis bedeutet Gedeihen, Nachkommenschaft, Wohlstand und göttliche Vorsehung, während alte Schuhe darauf hinweisen, dass das alte Leben vergangen ist und ein neues beginnt.

Die Ringe, die Bräutigam und Braut miteinander wechseln, sind das Zeichen ihrer Verbundenheit, die der wahre Sinn der Ehe ist. Die beiden durch den Priester ineinander gelegten Hände bedeuten, dass nun ein jedes dem andern angehört, eines das andere hält.

In der griechischen Kirche ist es Brauch, der Braut und dem Bräutigam Kränze als Zeichen des Austauschs von Gedanken und Gefühlen aufs Haupt zu legen. Das dreimalige Umschreiten des Altars bedeutet, dass Gott mit ihnen ist und sie beide zu einer göttlichen Verbindung zusammenfügt, ewig bestehend wie Gott selbst.

Der alte Brauch, dass die Braut die Hand des Bräutigams küsst, wird gelegentlich noch heute eingehalten, obwohl der Lebensrhythmus ein ganz anderer geworden ist, - er bedeutet nichts anderes als die Zustimmung, die Bereitschaft der Braut. Hierin liegt das Geheimnis der natürlichen Harmonie, obwohl später häufig genau das Gegenteil geschieht, aber das schafft einen natürlichen Mittelweg.

III. 3. Beerdigungsbräuche

Der menschliche Körper enthält die fünf Elemente, und es ist Naturgesetz, dass jedes Element zu seinem eigenen Ursprung zurückkehrt. Es ist natürlich, dass der Luftanteil zur Luft zurückkehrt die Wärme wird von der Wärme aufgenommen, das Feuerelement hat den Körper schon verlassen.

Der Körper gehört entweder der Erde oder dem Wasser an. Aber der Körper, der auf der Erde geboren wurde, nicht im Wasser, und der sein Wohlergehen auf der Erde und nicht im Wasser gesucht hat, sich sogar vor dem Wasser als einem ihm fremden Element fürchtete, würde besser vor ihm bewahrt und in der Erde begraben.

Ein anderer Gesichtspunkt besteht darin, dass jedes lebende Wesen, sei es Tier oder Mensch, Angst vor dem Feuer hat. Ein kraftvolles Tier wie der Löwe fürchtet sich vor dem Feuer; der Elefant mit seinem riesigen Körper und seiner Stärke flieht vor dem Feuer. Wenn es der Natur aller lebenden Wesen entspricht, vor dem Feuer Angst zu haben, dann stelle man sich vor, was ein Sterbender beim Gedanken empfindet, dass sein Leib, sobald er gestorben ist, dem Feuer übergeben wird. Obwohl seine Psyche (mind) vom Körper getrennt ist, wird sie doch einen Schock empfinden.

Der Grund, Menschen einzubalsamieren, liegt in dem Gedanken, wenn auch der tote Körper lange erhalten werden kann, so ist das wahre Leben, das Leben, welches ewig ist. Bei den alten Ägyptern bestand ein Brauch (im Osten besteht er gelegentlich noch), dass bei jedem Fest oder Banquett eine Mumie hereingebracht wurde. Sie wurde nur für einen Augenblick herein- und dann wieder weggebracht, um dem Menschen mitten in Freude, Überschwang und Lust zum Bewusstsein zu bringen, dass es so etwas wie den Tod gibt, dass etwas auf ihn wartet, und dass er nicht in Unwissenheit verharren soll über diese Wahrheit, voll in Anspruch genommen von allen weltlichen Freuden. Aber gleichzeitig legten sie die Mumien auch ins Grab.

III. 4. Schwanengesang

Es heisst, der Schwan singe nur ein einziges Mal, und zwar vor seinem Tod. Dies bedeutet, wenn man seiner Freude vollen Ausdruck gibt, man seinem Leben ein Ende setzt; denn der Sinn des Lebens liegt in seinem vollsten Ausdruck. Im Leben eines Künstlers, sei er nun Maler oder Musiker, bringt ihm sein Meisterwerk eine Mahnung an seinen Abschied. Saadi sagt: „Jede Seele wird mit einer Bestimmung geboren, und das Licht ihrer Bestimmung leuchtet in ihrem Herzen." Dies gilt nicht nur für die Seele eines jeden Menschen, sondern für jedes lebende Wesen, wie klein und unscheinbar es auch sein mag, sogar für alle Dinge.

Man sagt im Osten, dass ein Elefant bei einem Fieberausbruch sterbe. Dies will sagen, dass der Tod uns dessen beraubt, was wir uns selbst geschaffen haben. Mit anderen Worten: indem wir uns zu dem machen, was wir sind, bereiten wir unseren Tod. Das schwere Fleisch, das der Elefant an seinem Körper ansammelt, gibt dem Fieber natürlicherweise Nahrung und wird dadurch zur Ursache seines Todes. Das gleiche kann man im Leben des Menschen beobachten. Jede Schwierigkeit, selbst den Tod, schafft sich der Mensch selbst durch sein Leben. Dies hat Christus gemeint mit den Worten: „Der Geist macht lebendig; das Fleisch ist nichts nütze." (Joh.6,63)

Es war die Bestimmung des Menschen, unsterblich zu sein, doch die Sterblichkeit schafft er selbst. Es gibt nichts, was der Mensch zu fürchten bräuchte, wenn er nichts besässe, vor dessen Verlust ihm bangt. Als der Eremit Machandra auf der Wanderung durch die Wildnis zu Gaurikha sagte: „Gaurikha, ich fürchte mich", antwortete Gaurikha: „Wirf deine Furcht von dir." Machandra erwiderte: „Wie kann man Furcht von sich werfen?", worauf Gaurikha sagte:

„Wirf das fort, was die Furcht verursacht." Da nahm Machandra aus seiner Tasche zwei Klumpen Gold und fragte: „Sind es diese Goldklumpen, die ich fortwerfen soll?" - „Ja", sagte Gaurikha, „was sind sie schon?" Machandra warf sie weg, aber im Weiterschreiten wurde sein Gesicht blass. Gaurikha sah ihn an und sagte: „Warum bist du traurig?" Machandra antwortete: „Jetzt haben wir nichts mehr." Gaurikha sagte: „Wir haben alles. Schau vor dich, was erblickst du?" Machandra schaute und sah Berge von Gold. Gaurikha sagte: „Nimm dir, soviel du kannst, wenn es das ist, wonach deine Seele verlangt." Da erwachte Machandras Seele, und er sagte: „Nichts will ich nehmen, denn jetzt kenne ich den Reichtum des Nichtbesitzens."

III. 5. Gebräuche in Indien bei der Geburt eines Kindes

Für drei oder sechs Tage nach der Geburt eines Kindes ist es Freunden nicht gestattet, den Raum zu betreten, wo sich das Kind befindet; nur einigen Verwandten, die bei der Familie in hohem Ansehen stehen, ist dies erlaubt. Dieser Brauch geht aus der Auffassung hervor, dass das Gemüt (mind) des Neugeborenen einem photographischen Film gleicht und für die zuerst empfangenen Eindrücke empfänglicher ist, während spätere eine geringere Wirkung haben. Deshalb bilden die Eindrücke der frühesten Kindheit die Grundlage für das ganze Leben.

Die Mutter zeigt sich Freunden nicht vor Ablauf der ersten sechs Tage, sogar einige Verwandte werden ferngehalten. Denn die Mutter befindet sich zu diesem Zeitpunkt in einem negativen Zustand und ist viel zu sensibel, um disharmonischen und groben Schwingungen ausgesetzt zu werden. Was das Kind betrifft, so wird nicht nur sein Gemüt beeinträchtigt, sondern der erste Eindruck vermag auch die Formung seiner Gesichtszüge und seiner Gestalt zu beeinflussen.

Bei der Geburt eines Sohns wird das Ereignis mit Trommeln und Kanonenschüssen gefeiert. Dieser Brauch stammt ohne Zweifel von den alten Rajputen, deren *Dharma* oder heilige Pflicht die Kriegsführung war. Dieser erste Lärm der Trommel und Kanonen war als erste Erfahrung des Kindes gedacht oder als erste Lektion im Kriegshandwerk.

Zur Feier der Geburt eines Kindes wurden auch Unterhaltungen geboten mit Gesang, Theaterspiel und Tanz. Sie bedeuten, dass eine fröhliche Atmosphäre zu Beginn des irdischen Lebens auf ein Kind wie ein leichter Anstoss auf eine Schaukel wirkt.

III. 6. Aberglaube in Bezug auf die Wochentage in Indien

Im Osten wird der Einfluss der Wochentage von Gebildeten wie von Ungebildeten beachtet. Jede Zeitspanne hat ihren besonderen Einfluss und ihren bestimmten Zweck. Die Mechanik des Kosmos setzt Kräfte in Bewegung, die Gegenkräfte der Planeten auslösen, was eine bestimmte Wirkung auf jede Stunde des Tages ausübt, auf jeden Tag der Woche, auf jede Woche des Monats, auf jeden Monat des Jahres und auf jedes Jahr eines Zyklus.

Das Charakteristikum des Sonntags ist Göttlichkeit. Alles, was auf spirituellem Gebiet unternommen wird, kann erfolgreich sein. Alle weltlichen Angelegenheiten, die am Sonntag begonnen oder fortgeführt werden, müssen zunichte werden.

Der Montag ist ein negativer Tag, ein Tag für Angelegenheiten passiven Charakters. Um unterrichtet zu werden, Auskünfte zu erhalten, irgendetwas zu suchen, ist dies der günstigste Tag.

Der Dienstag ist der Tag der Freude. Für Unterhaltungen, Fröhlichkeit und Vergnügen, für Ausflüge, Feste und Hochzeiten, für Musik, Tanz und Sport ist dies ein passender Tag.

Mittwoch ist ein Tag für Geschäfte, ein Tag, um eine Initiative zu ergreifen und etwas zu unternehmen. Alles, was an diesem Tag getan wird, muss Früchte tragen.

Donnerstag ist ein zentraler Tag, um Entscheidungen zu treffen, Entschlüsse zu fassen, sich an einem neuen Ort niederzulassen. Es ist ein Tag der Inspiration und der Offenbarung, weil der Einfluss dieses Tages das Höchste berührt.

Der Freitag ist ein Tag der Kraft und des Strebens. An diesem Tag werden Gebete erhört und Wünsche erfüllt, Gedanken nehmen Gestalt an und Träume werden verwirklicht. Es ist nicht der Tag der Aussaat, sondern der Ernte. Freitag ist ein Tag der Erhebung.

Der Samstag ist der Tag des Antriebs. Bringt er Schaden oder Verlust, so geht es tagelang so weiter; bringt er Gewinn, so sind auch die folgenden Wochen gewinnbringend. Es ist ein Tag des Aufschwungs für jene, die ihre Seelen auf eine höhere Ebene bringen, sodass ihr Geist angetrieben werden möge für eine lange, lange Zeit. Jeder planetarische Einfluss, der an einem Samstag beginnt, muss sich durchs ganze Leben hindurch spürbar auswirken.

Jeder Sterbliche ist dem Einfluss des Tages unvermeidlich ausgesetzt, mit Ausnahme jener Seelen, für die kein Unterschied zwischen Tag und Nacht besteht, und die über den Gesetzen dieser vergänglichen Welt stehen.

III. 7. Ungünstige Zahlen

Nach orientalischer Ansicht sind drei, dreizehn, neun und achtzehn Zahlen, die zu Beginn eines gewinnbringenden Vorgangs vermieden werden müssen. Es gibt einige psychologische Gründe, die beweisen, dass diese Zahlen am besten vermieden werden.

Drei bedeutet die Gesamtheit. Die Gesamtheit heisst Alles, und Alles heisst Nichts im Besonderen. Weltliche Dinge, die gewinnbringend sind, sind etwas im Besonderen. Drei hebt die Besonderheit auf, denn drei löst sich in eins auf. Eins ist drei, und drei ist eins.

Da die dreizehn nicht ohne Rest geteilt werden kann, stört sie den Rhythmus und zerstört dadurch das Gleichgewicht. Zwölf Stunden Tag und zwölf Stunden Nacht bilden den ganzen Tag, und so ist kein Platz für eine dreizehnte Stunde, weder am Tag noch in der Nacht. Nach zwölf Uhr kommt eins und bezeichnet die dreizehnte. Dreizehn ist eine Zahl, die sich nirgends einfügen lässt. Bei westlichen Menschen gibt es den Aberglauben, dass die dreizehnte Person am Tisch innerhalb eines Jahres sterben muss. Dies erklärt auch, dass für die Zahl dreizehn kein Raum vorhanden ist. Wenn ein Mensch stirbt, bedeutet dies, das die Erde ihm keinen Raum mehr gewährt.

Der neun mangelt die Vollkommenheit, ausserdem ist sie drei mal drei. Das gleiche gilt für die achtzehn, denn acht und eins sind neun. Sie hat die gleiche Wirkung wie die drei.

Alle Zahlen ausser drei, dreizehn, neun und achtzehn gelten im Osten als günstige Zahlen.

III. 8. Das Geheimnis des Omens

Das Geheimnis dessen, was wir ‚Omen' nennen, findet seine Erklärung in den Eindrücken. Es gibt z.b. einen Aberglauben, dass es Unglück bringt, wenn uns eine Katze über den Weg läuft, wenn wir im Begriff sind, etwas zu tun. Hier ist die Erklärung leicht. Die vorüber huschende Bewegung einer Katze macht einen grossen Eindruck auf den Menschen. Sie bildet eine Linie vor ihm, eine Handlungslinie, die ihm den Eindruck eines Kreuzes vermittelt. Er beabsichtigt geradeaus zu gehen, aber seine vertikale Linie wird durch die horizontale Linie durchkreuzt, was bedeutet, dass bei einer Tätigkeit Hände und Füsse gebunden sind. Dies ist das Bild von dem Gedanken dahinter.

Das ganze Geheimnis der Omen, die in früheren Zeiten geglaubt wurden und heute als Aberglauben angesehen werden, findet sich in dem Geheimnis der Eindrücke. Wenn jemand im Begriff ist, eine bestimmte Arbeit zu beginnen und erblickt zufällig schöne Blumen oder Früchte, dann empfindet er es als ein Versprechen, dass seine Absicht sich erfüllt, dass sie ihm Blumen und Früchte bringt – ein Zeichen des Erfolgs. Wer mit diesem Eindruck voranschreitet, wird sicherlich Erfolg haben. Wenn er dagegen ein Feuer oder nur einen Sack Kohle sieht, - Zeichen der Vernichtung – wird er mit diesem Eindruck wahrscheinlich erfolglos sein.

Es gab eine Sitte in Indien, dass niemand ein Wort sagen durfte, dass den Erfolg beeinträchtigen könnte, wenn ein Familienmitglied fort ging, um etwas zu erledigen. Man fragte nicht einmal: "Wohin gehst du?", weil dies schon den Erfolg in Frage stellen könnte. Er könnte entmutigt werden bei der Beantwortung von ‚Warum?' und ‚Wohin?'. Seine Willenskraft kann erschöpft werden durch die Beantwortung von ‚Warum?' und ‚Wohin?', und er hat nicht mehr genügend Energie, um das auszuführen, was er beabsichtigte.

Dies sind innere psychologische Vorgänge des Gemüts (mind). Das Wissen darum kann Dinge erleichtern. Wir sollen nicht durch die verschiedenen Vorstellungen beeindruckt werden, aber wir sollen das Wissen, das Geheimnis, dass hinter diesen Dingen verborgen ist, kennen, auch wenn sie ganz unbedeutend zu sein scheinen. Ihr Ergebnis kann jedoch manchmal sehr bedeutend sein.

III. 9. Der Einfluss der Zeit

Es gab eine Sitte bei den Menschen des Orients, jedes Unternehmen bei zunehmenden Mond zu beginnen, um den Lauf der Natur zu folgen und die eigenen Kräfte mit der Kraft und dem Licht des zunehmenden Mondes zu verbinden. Die Sonne stellt das göttliche Licht, der Mond das menschliche Herz dar. Die eigenen Kräfte mit dem zunehmenden Mond zu verbinden, bedeutet, göttliches Licht und göttliche Kraft im eigenen Herzen aufzunehmen, um eine gewisse Aufgabe zu erfüllen.

Man sieht es auch als glückbringend an, sich bei Sonnenaufgang zu erheben oder noch besser, ein Unternehmen bei Sonnenaufgang zu beginnen. Dies weist wiederum auf die Weisheit im Befolgen der natürlichen Zeitabläufe. Die Sonne bedeutet göttliche Kraft. Darum ist es wünschenswert, jede spirituelle Handlung – ein Gebet oder Meditation oder gottesdienstliche Handlung – bei Sonnenaufgang auszuführen.

Nachtwachen jedoch werden von den Sehern und Kennern der Wahrheit um Mitternacht gehalten, wenn der vergangene Tag endet und der neue Tag beginnt, denn dies ist die Zeit von *kemal*, die der Seele vollkommene Stille gewährt. Wenn die Sonne im Zenith steht, ist das auch *kemal*, aber ohne die Stille der Mitternacht. Darum wird diese Zeit von den Wissenden als ungeeignet für den Beginn jeglicher Unternehmen betrachtet.

So wie die verschiedenen Tages- und Jahreszeiten einen Einfluss auf das Wetter, auf das Meer, auf Bäume und Pflanzen haben, so haben sie auch einen subtilen Einfluss auf alle lebenden Wesen. Der Mensch scheint völlig unabhängig von Einflüssen der Zeit zu sein, doch steht er am stärksten unter diesem Einfluss – nicht nur sein Körper und seine Psyche (mind), sondern alle seine Angelegenheiten im Leben.

Wahrlich, wer den Einfluss der Zeit kennt, weiss um das Geheimnis des Lebens.

III. 10. Planetarische Einflüsse

Der Glaube an planetarische Einflüsse existierte bei den Menschen zu allen Zeiten. Wenn ein Mensch auch oftmals bei der Suche nach Wahrheit im Horoskop enttäuscht wurde, so kann ein nachdenklicher Mensch doch die Tatsache des Einflusses der Planeten auf das menschliche Leben nicht verneinen. Es mag sein, dass nicht jede Methode der Horoskopstellung sachgemäss ist, nicht jedes Buch über Astrologie richtig ist und nicht jeder Astrologe ein Prophet ist. Trotz allem gibt es so viel Wahrheit im Einfluss der Planeten auf das menschliche Leben, wie die Wirkung von Drogen auf den physischen Körper wahr ist.

Das ganze kosmische System basiert auf gewissen Rhythmen. Ein Rhythmus bezieht sich auf Planeten, ganze Gemeinschaften wie Individuen, und wird als verborgenes Gesetz offenbar, das verhüllt in aller Stille das Wirken der ganzen Schöpfung regiert.

Es gibt zwei Aspekte, die ein Individuum bilden: den spirituellen und den materiellen. Der spirituelle Aspekt bleibt in jedem Menschen unberührt, während der materielle Aspekt durch die Bedingungen planetarischer Einflüsse bewegt und verändert wird. Der spirituelle Aspekt gleicht einem Zeugen des Lebens, die innere Seele, die sich selbst nicht erkennt, sondern sich mit dem anderen Aspekt identifiziert und darum, was sie als Zeuge sieht, was sich vor ihr im Laufe des Lebens abspielt, als Realität betrachtet.

Wenn dieser wahre Aspekt des menschlichen Wesens einst erwacht ist, dann beginnt er zu erkennen, dass er auch eine Stimme in der Materie hat und für seine Rechte kämpfen muss, um Freiheit zu erlangen. So kämpft die spirituelle Seite eines Menschen um ihr eigenes Reich, nämlich um die zweite Seite, die sie so lange vor Augen hatte und gewinnt so schliesslich die Kraft, die sie befähigt, die äusseren Bedingungen, die durch die planetarischen Einflüsse verursacht wurden, zu überwinden. Dieser Kampf kann die Zeit eines ganzen Lebens erfordern. Doch um die Meisterschaft zu erlangen, die der Seele zu eigen ist, würde eine kurze Zeit genügen.

Teil II

Einsicht
Kashf

Gatha I

1. Rein - *safa*
2. Du bist wie ich - *tat twam asi*
3. Der Blick des Sehenden
4. Göttliche Spuren
5. Offenheit
6. Bewegung (1)
7. Bewegung (2)
8. Das Studium des Ganzen
9. Das Geheimnis des Gesichtsausdrucks
10. Verschiedene Eigenschaften des Bewusstseins (mind)

Gatha II

1. Die Wiedergabe geistiger Eindrücke
2. Eindruck
3. Das Gleichgewicht im Leben
4. Die Sprache des Bewusstseins (mind)
5. Der Einfluss der Erfahrung
6. Intuition
7. Die Erkennbarkeit der Gedanken
8. Die Tätigkeit des Gemüts (mind)
9. Gefallen und Missfallen
10. Der eigenen Natur entgegen handeln - *viprit karnai*

Gatha III

1. Vernunft ist erdgeboren
2. Das Wort und die Idee
3. Ausdruck und Gedanke
4. Die Kraft des Wortes
5. Der Widerhall der Vergangenheit
6. Interesse an allen Dingen
7. Unabhängigkeit und Gleichmut - *Vairagya*
8. Eine Musik der Stille
9. Drei Arten, um Einsicht zu entwickeln
10. Gelassenheit

Gatha I

I. 1. Rein - *safa*

Die Seele hat die Fähigkeit zu sehen, und die Augen sind ihr Werkzeug dazu. Das Werkzeug selbst sieht nicht, sondern die Seele gebraucht das Werkzeug, um zu sehen. Ich nannte die Augen als Beispiel, aber in Wirklichkeit ist der ganze Körper das Werkzeug der Seele, mit dem sie ihre Lebenserfahrung macht. Das Wahrnehmen der Seele durch die Ohren nennen wir Hören, dasjenige mittels der Zunge Schmecken. Dies bedeutet für die Seele das Erkennen des äusseren Lebens. Doch die Seele braucht verschiedene Werkzeuge, um verschiedene Lebenserfahrungen zu machen.

Zwischen der Seele und dem Körper gibt es ein weiteres Werkzeug, das von Gelehrten und Mystikern als unerklärbar betrachtet wird: das Bewusstsein (mind). Der Wissenschaftler nennt es Gehirn, aber das Gehirn ist nur ein Werkzeug des Bewusstseins. Das Bewusstsein geht weit über das Gehirn hinaus. Kurz gesagt: das Bewusstsein ist das Werkzeug der Seele; der Körper ist das Werkzeug des Bewusstseins, und beide - Bewusstsein und Körper - sind Werkzeuge der Seele. Obwohl diese Werkzeuge einerseits der Seele die Welt der Erscheinungen vermitteln, so begrenzen sie andrerseits die Kraft der Seele.

Es gibt zwei Arten des Wahrnehmens: das Durchdringen in die Tiefe und das Ausdehnen in die Weite, soweit der Gesichtswinkel es erlaubt. Mit den leiblichen Augen kann man kurze oder lange Strecken sehen, innerhalb eines weiten oder engen Horizonts. Aber wenn die Seele das Bewusstsein als Wahrnehmungswerkzeug gebraucht, so durchdringt sie damit ein anderes Bewusstsein gerade so, wie das Auge den Raum in seinem Gesichtskreis erblickt.

Wenn das Bewusstsein den Körper zu Hilfe nimmt, um das Leben zu erfahren, grenzt es seine Erfahrungen ein, weil der Körper nicht ausreicht. Wenn das Bewusstsein frei wäre, könnte es weiter sehen. Aber der Mensch ist von Kindheit an daran gewöhnt, den Körper im Dienste des Bewusstseins zu gebrauchen, und kaum einer weiss, wie das Bewusstsein losgelöst vom Körper gebraucht werden könnte. Da die Seele ebenso immer das Bewusstsein als Instrument gebraucht hat, begrenzt sie so ihre Sicht und ihre Erfahrung. Wenn die Seele unabhängig vom Bewusstsein und vom Körper schauen würde, könnte sie unendlich viel mehr wahrnehmen.

Da es schon für das Bewusstsein schwierig ist, unabhängig vom Körper wahrzunehmen, so ist es noch schwieriger für die Seele, unabhängig vom Bewusstsein wahrzunehmen. Darum versucht der Sufi, sein Bewusstsein vom Körper unabhängig zu machen, und seine Seele unabhängig von Bewusstsein und Körper. Um dies zu erreichen, werden ihm bestimmte Konzentrationsübungen gegeben. Sie bedeuten ein Auslöschen der äusseren Form aus dem Bewusstsein und ein Entschwinden des Bewusstseins aus der Seele. Diese Erfahrung wird *s a f a* genannt.

I. 2. Du bist wie ich - *tat tvam asi*

Es gibt drei Aspekte des Lebens, und wenn man die Einheit dieser drei Aspekte erfasst, gelangt man zur göttlichen Erkenntnis. Für den Mystiker deutet die Vorstellung von der Dreieinigkeit auf diese Philosophie. Diese Vorstellung existiert ebenfalls in der Religion der Hindu, wo sie *trimurti* genannt wird und symbolisch durch eine Art dreizinkiger Gabel dargestellt wird. Zugrunde liegt der Gedanke, dass es die drei verschiedenen Aspekte des einen Lebens sind, die den Menschen verwirren und ihn vom Erkennen des einen Lebens hinter diesen drei Aspekten abhalten.

Der erste Aspekt ist der Erkennende, der zweite das Erkannte und der dritte das Erkennen. Mit anderen Worten kann man auch sagen: der Sehende, das Gesehene und das Sehen. Diese drei sind wie drei Windungen desselben Weges, die ihn verdecken und in drei Aspekte teilen. Daher ist auf dem spirituellen Pfad das Lösen dieses Rätsels die erste und die letzte Aufgabe. Wenn die Schranken, die diese drei Aspekte voneinander trennen, entfernt sind, erkennt der Mystiker in der Dreiheit die Einheit des Lebens.

Okkulte Kraft ist die Kraft des Wissens oder Sehens, die Fähigkeit des Wissens oder Sehens. Der Sehende ist der grösste dieser Aspekte, der zweitgrösste ist das Gesehene, die Fähigkeit des Sehens ist der dritte. Das hat seine Ursache darin, dass der Sehende

Quelle und Ursprung dessen ist, was gesehen wird. sowie der Fähigkeit des Sehens. Darum nannte Jesus Christus ihn 'Vater'. Das Gesehene birgt in sich das Licht, das ihm vom Sehenden verliehen ist. Alles, sei es eine Blume oder Frucht, hat eine Ausstrahlung in sich, durch die es in Erscheinung tritt. Der Vers eines persischen Dichters drückt dies mit folgenden Worten aus:

„Von Dir lieh die Nachtigall ihr herrliches Lied,
Farbe und Duft lieh die Rose von Dir."

Aber die Mittel, deren sich der Sehende als Werkzeuge bedient, sind das Bewusstsein (mind). das Instrument der Seele, und der Körper, das Instrument des Bewusstseins. Deshalb muss der Mystiker als erstes lernen, die Beziehungen zwischen sich selbst und dem, was er schaut, zu erkennen. Sobald der Mystiker das Leben von diesem Standpunkt aus betrachtet, indem er sich mit dem Geschauten verbindet, wird er es viel besser als ein Durchschnittsmensch verstehen. Sufismus ist keine Religion, weil er keine Dogmen oder Grundsätze aufstellt, - er ist ein Gesichtspunkt. Die alten Anhänger der Vedanta gingen von diesem Gesichtspunkt aus, als sie das heilige Wort *'tat tvam asi'* – ‚Du bist wie ich' lehrten. Wenn der Blick durchdringend geworden ist, werden mit diesem Gesichtspunkt selbst Gegenstände für den Sehenden klar und beredt, und was Psychometrie genannt wird oder ähnliche Phänomene, wird für ihn zu einem Spiel. Das ganze Leben beginnt sich vor ihm wie ein offenes Buch zu entfalten. Aber nichts ist für den Sehenden so interessant wie die menschliche Natur, denn er kann einen anderen Menschen wahrhaft sehen und begreifen.

Gewöhnlich erheben sich viele Schranken zwischen den Menschen, wie Vorurteile, Groll, Zurückhaltung, Entfremdung, alle Aspekte der Dualität. Ein Mensch betrachtet einen andern als seinen besten Freund auf Erden, sowie er merkt, dass dieser ihn versteht. Nichts bringt zwei Menschen einander näher als gegenseitiges Verständnis. Und was ist dieses Verstehen? Es ist die Einheit in der Dreiheit. Oft wundert man sich: „Warum kann ich diesen Menschen nicht verstehen?" und ist sich nicht bewusst, dass man selbst die Schranken zwischen sich und dem andern schafft. Wo diese Schranken nicht aufgerichtet werden, hat die Seele die Freiheit zu schauen, und nichts kann ihr im Wege stehen. Meinst du etwa, die Weisen und Heiligen bemühen sich, die Gedanken anderer Menschen zu lesen? - Ganz und gar nicht, dies liegt ihnen fern, aber die Gedanken eines andern offenbaren sich dem Heiligen von selbst. Warum? - Weil keine Schranke vorhanden ist. Schranken schaffen Dualität.

Das Streben eines Sufi geht dahin, sich dieser Schranken zu entledigen, und dies kann er durch die ständige Kontemplation Gottes erreichen, der die Absolute Einheit ist. Ist er einmal der Unermesslichkeit dieser Erkenntnis gewahr geworden, so werden alle solche Wissenschaften wie Physiognomie oder Phrenologie zu einem Spiel, weil man durch diese Wissenschaften nur einen Teil erblickt, im Licht der Seele aber erschaut man das Ganze.

I. 3. Der Blick des Sehenden

Der Blick des Sehenden ist durchdringend, wodurch er sich vom Blick des Durchschnittsmenschen unterscheidet. Er hat drei Eigenschaften. Als erstes vermag er Körper, Gemüt (mind) und Seele zu durchdringen. Die zweite Eigentümlichkeit dieses Blicks besteht darin, dass er Dinge öffnen, erschliessen und zur Entfaltung bringen kann. Er besitzt ausserdem die Macht zu suchen und zu finden. Die dritte Eigenschaft des Blicks eines Sehenden ist noch wunderbarer. Wenn sein Blick auf ein Ding fällt, vermag er es nach seinen Wünschen zu gestalten. Dies ist nicht ein eigentliches Erschaffen, sondern ein Erwecken bestimmter Eigenschaften, die vielleicht in ihm schlummerten.

Dies ist etwas ganz Natürliches, sehen wir doch im täglichen Leben wie wir durch Angst in anderen Angst erregen können und durch Liebe Freundlichkeit erwecken. Es ist möglich einen Freund in einen Feind zu verwandeln, indem wir ihn uns als Feind vorstellen, und ebenso ist es möglich, einen Feind zu einen Freund zu machen, wenn wir dies von ihm erwarten. Deshalb ist es das Bestreben des Mystikers, alles so umzuwandeln, wie er es wünscht: Hässlichkeit in Schönheit oder Schönes in Hässliches - der Blick vermag dies zu vollbringen. Dem tiefer Denkenden beweist dies, dass die Dinge an sich nicht das sind, was sie zu sein scheinen, sondern das, was wir aus ihnen machen. Das ganze Leben kann vollständig hässlich gemacht oder zu einer sublimen Vision vollkommener Schönheit gestaltet werden. Shiva wird mit einer Kobra um den Hals dargestellt, was besagen soll, dass der Tod, der jeden schreckt, für ihn das Leben bedeutet. Das zeigt, dass selbst der Tod in Leben umgewandelt werden kann, und dass es nur der Unterschied in der Anschauung ist, der Leben zu Tod werden lässt.

Die erste Eigentümlichkeit des Seherblicks - das Durchdringen können - hängt von der Klarheit der inneren Schau ab. Die zweite Eigentümlichkeit - die Kraft Dinge zu enthüllen - ist abhängig von der Erleuchtung der Seele. Die dritte aber, die grösste, entsteht aus dem Selbstvertrauen, das *iman* genannt wird.

I. 4. Göttliche Spuren

Beim Studium der menschlichen Natur kommt es zuerst darauf an, die äussere Erscheinung des Menschen zu beobachten. Diese hat zwei Aspekte: erstens der Kopf des Menschen und zweitens seine Gestalt. Dies kann von zwei Gesichtspunkten aus betrachtet werden, zunächst in der analytischen Sicht und ferner in der Gesamtschau. Der erstere betrifft das Verstehen des Charakters eines jeden Organs und der Bedeutung seiner Form, der letztere das harmonische Zusammenwirken der verschiedenen Organe. Wer nur ein Organ betrachtet und nicht auch seine Verbindung mit anderen Organen, versteht nur die Hälfte.

Das Studium der Physiognomie kann einem als interessantes Studium helfen, aber es bedarf auch der Intuition, um jemanden zu unterstützen und zu leiten, der urteilen möchte. Nichts im Leben ist so interessant wie das Studium der menschlichen Natur. Um zum Wissen von Gott zu gelangen, ist das Wissen über die menschliche Natur der Anfang. Deshalb muss man bei den okkulten Studien mit dem Studium der Menschen beginnen und als erstes mit dem Studium ihrer Gestalt.

Hervortreten bestimmter Organe oder Muskeln zeigt die in ihnen vorhandene Vitalität, und ein Mangel daran bedeutet Mangel an Energie in ihnen. Deshalb lässt aufrechte Haltung auf Aufrichtigkeit im Wesen schliessen; eine natürliche Krümmung deutet auf Schmiegsamkeit im Wesen; natürliche Kanten verraten Schärfe des

Wesens; Rundungen sprechen für eine subtile Art, und die ovale Form zeigt scharfe Intelligenz. Gute Proportionen von Kopf und Leib und jedem Teil des Kopfes und des Leibes bedeuten Ausgeglichenheit, während mangelhafte Proportionen mangelnde Ausgeglichenheit verraten.

Jedes Organ stellt einen gewissen Teil des menschlichen Wesens dar, der mit dem Organ selber keine Beziehungen zu haben braucht. Eine bestimmte Art zu stehen oder zu sitzen deutet auf eine gewisse Art des Wesens hin. Eine Krümmung, wo aufrechte Haltung sein sollte, lässt auf Mangel an Geradheit im Wesen schliessen. Organe, die ebenmässig sein sollten und es nicht sind, bedeuten Mangel an Ausgeglichenheit.

In jedem Gesicht und in jeder Gestalt ist stets eine gewisse Ähnlichkeit mit der niederen Schöpfung vorhanden. Ein Mensch mit tiefer Einsicht kann sie erkennen und intuitiv verstehen. Manchmal im Gesicht oder in der Gestalt, manchmal in der Bewegung zeigen wir das eine oder andere Merkmal niederer Geschöpfe, was auf eine gewisse Ähnlichkeit mit dem Wesen dieses speziellen Geschöpfes hindeutet.

Je mehr man von diesem Gesichtspunkt aus beobachtet, desto klarer wird die Sicht, desto mehr tritt das Wunder des Schöpfers zutage. Das macht uns tolerant und bereit, jedem zu vergeben, weil wir begreifen, dass niemand gegen seine Natur handeln kann. Wer dieses Wunder betrachtet, beginnt, auch die Spuren Gottes in jedem Gesicht zu erblicken. so wie man den Maler in seinem Gemälde erkennen kann. Und es ist nur natürlich, dass man diesen Teil des Lebens erforschen möchte, um den göttlichen Anteil im Geschöpf zu erkennen und zu verehren.

I. 5. Offenheit

Jedes Atom des menschlichen Körpers drückt seine Vergangenheit, Gegenwart und Zukunft aus. Die Ursache liegt darin, dass jeder Impuls Schwingungen erzeugt und eine bestimmte Richtung der Aktivität einschlägt. Dies beeinflusst das Herz, welches das Blut durch den ganzen Körper zirkulieren lässt. Auf diese Weise wird ein Gedanke sozusagen auf das menschliche Antlitz geschrieben. Die ständige Erregung des Menschen über andere, seine Zufriedenheit oder Unzufriedenheit, seine Liebe oder sein Hass, alles dies zeigt sich in seiner Erscheinung. Jeder kann es mehr oder weniger wissen, aber der Sehende kann es genauer erkennen.

Es ist schwierig, bestimmte Anzeichen der Gedanken und Gefühle eines Menschen zu nennen, die sich in seiner Erscheinung zeigen; dennoch vermag man sie teils durch Intuition, teils aus Erfahrung zu lesen. Bei manchen Menschen ist die Selbstbeherrschung so entwickelt, dass sie fähig sind, ihre Gedanken und Gefühle zu verbergen. Doch ist es unmöglich, tief zu empfinden und dabei seine Gefühle vor den Augen anderer zu verbergen.

Zweifelsohne sprechen Gestalt und Gebärde laut von unserem Zustand, aber der Gesichtsausdruck spricht noch lauter davon. Jeder Impuls verursacht gewisse Veränderungen, jeder Gefühlswandel bringt gewisse Zeichen hervor, die für den Sehenden ein offenes Buch sind. Das Wort *kashf* bedeutet 'öffnen' und wird von den Sufis in dem Sinne gebraucht, dass das menschliche Herz in der Regel ein verschlossenen Buch ist, doch derjenige, dem es sich öffnet, kann darin lesen wie in einem offenen Buch.

Ohne Zweifel ist es nicht so schwierig, die Geistesverfassung eines Menschen aus seiner äusseren Erscheinung heraus zu lesen. Selbst Hunde und Katzen können dies, und manchmal verstehen sie es besser als der Mensch. Was uns an erster Stelle Einsicht in das Wesen eines anderen vermittelt, ist seine Zuneigung. Der Sehende entwickelt zuerst die Eigenschaft der Liebe. Er, dessen Herz in Liebe zu Gott erglüht, ist fähig, die Menschheit zu lieben. Das Herz, das so durch die Liebe entflammt ist, wird zur leuchtenden Lampe, die ihr Licht auf jeden Menschen wirft, der dem Sehenden begegnet. In diesem Schein wird ihm Leib, Herz und Seele des Menschen klar.

Die Liebe ist eine Fackel, die alles erhellt, was in den Bereich ihres Lichtes kommt. Aber das Wissen um Gott ist der Schlüssel, der die Herzen der Menschen erschliesst.

I. 6. Bewegung (1)

Jede Bewegung, die man macht, hat für den Sehenden eine Bedeutung. Ein Mensch ist sich seiner Bewegungen nicht immer bewusst, und nicht jede Bewegung wird absichtlich gemacht. Doch viele Bewegungen, die man unabsichtlich und ohne etwas dabei zu denken macht, bedeuten etwas für den Sehenden.

Er beobachtet sie von zwei Punkten her, dem Beginn und dem Ende. Für ihn ist keine Bewegung ohne eine Richtung, mit anderen Worten: jede Bewegung wird durch eine vorhergehende Ursache gesteuert. Auch bleibt für ihn keine Bewegung ohne ein gewisses Resultat. Der Zweck scheint in der Ursache zu sein, aber in Wirklichkeit liegt er im Ergebnis. Die Bewegung entsteht in der Ursache und ist im Ergebnis beendet.

Das erste, was der Mystiker aus den Bewegungen eines Menschen versteht, ist sein Wesen. Als nächstes erkennt er seine Lebensumstände. Eine aufrechte Haltung deutet auf Aufrichtigkeit, während eine gekrümmte Haltung auf Unehrlichkeit hinweisen kann. Die Anmut der Bewegungen bedeutet Schönheitssinn, der Mangel an Anmut einen Mangel in dieser Beziehung. Rhythmische Bewegungen weisen auf Gleichgewicht, während unrhythmische Bewegungen auf Unausgeglichenheit hindeuten. Aufwärtsstrebende Bewegungen deuten auf einen Aufstieg, abwärtsgerichtete auf Niedergeschlagenheit, waagrechte auf eine Ausweitung. Nach innen oder nach aussen gerichtete Bewegungen zeigen gewisse innere und äussere Zustände auf. Auch das Gesetz, nach dem die fünf Elemente in verschiedene Richtungen streben, hilft dem Sehenden, die Elemente zu erkennen, die im Wesen eines Menschen wirken. Die Art der Bewegungen kann sowohl im Sitzen, im Gehen, im Liegen, wie auch im Lachen und im Weinen erkannt werden.

Das Studium dieser Gesetze von Bewegungen und Richtungen ist jedoch nur dann hilfreich, wenn die intuitive Fähigkeit entwickelt ist. Ein intellektuelles Studium ist begrenzt und starr. Die Tiefen der menschlichen Natur sind durch ein rein intellektuelles Studium nicht zu erfassen.

I. 7. Bewegung (2)

Die Geistesverfassung drückt sich nicht nur im Gesicht aus, sondern auch in den Bewegungen. Jede Bewegung weist auf eine gewisse Änderung im Denken und Fühlen. Je mehr man von der Sprache der Bewegungen versteht, desto besser begreift man dies. In jedem Gedanken und in jedem Gefühl steigen und fallen sozusagen die Wellen des Geistes oder Gemüts (mind). So wie man beim Anblick der Wellen wahrnehmen kann, ob das Meer rau oder ruhig ist, so kann man auch an den Bewegungen eines Menschen seine Geistes- und Gemütsverfassung ablesen.

Eine Aufwärtsbewegung kann auf Wut, Rache, Hochmut oder Stolz weisen, eine Abwärtsbewegung auf Depression, Hilflosigkeit oder Schwäche. Ebenso haben Bewegungen nach links oder rechts ihre Bedeutung. Eine nach rechts gerichtete Bewegung kann Kampf und Kraft ausdrucken, eine nach links gerichtete künstlerische Begabung und Geschicklichkeit. Eine sich zusammenziehende Haltung lässt Angst, Gleichgültigkeit und Kälte vermuten, die sich ausdehnende Tätigkeitsdrang, Kraft und Macht. Die Neigung sich abzuwenden deutet auf Verlegenheit. Die Neigung sich nichts zu gönnen und sich in die Enge treiben zu lassen, verrät ein beunruhigtes und gequältes Gemüt. Weite und unbefangene Bewegung lassen auf Freudigkeit und Beglücktheit schliessen, und Gelassenheit ohne Steifheit ist der Ausdruck von Ruhe und Frieden.

I. 8. Das Studium des Ganzen

Die menschliche Gestalt kann in zwei Teile unterteilt werden: den Kopf und den Körper, - der zweite dient dem Handeln, der erste dem Denken. Daher kann das Gesicht besser über die Geisteshaltung aufklären und ein volleres Bild vom Wesen und vom Charakter geben als der Körper und seine Bewegungen. Die kleinste Bewegung der Augen, der Lippen beim Lächeln oder Lachen, jede Bewegung der Augenbrauen oder des ganzen Kopfes erklärt den Geistes- oder Gemützustand.

Ein hochgezogenes hebende Ende der Augenbrauen zeigt Egoismus und Schlauheit an. Das Spitzen der Lippen verrät Heiterkeit, wie auch ihr Zucken Sinn für Humor offenbart oder Vergnügtheit andeutet. Das Drehen oder unruhige Bewegen der Augen weist auf Verwirrung, ihr Wenden nach den äusseren Augenwinkeln lässt auf einen klugen Kopf schliessen. Gerundete Wangen zeigen Freude an, eingefallene Sorgen.

Man kann eine vollständige Vorstellung vom Charakter nur dann erhalten, indem man das *ganze* Antlitz und nicht nur einen Teil studiert. Das Studium eines Teils ergibt stets nur ein Teilwissen. Volle Erkenntnis erlangt man nur aus dem Studium des Ganzen. Genaue Beobachtung mit dem Verlangen zu verstehen hilft einem, die Geistes- und Gemütsverfassung, das Wesen und den Charakter eines Menschen zu erkennen. Die Sicht wird jedoch oft durch die Persönlichkeit des Sehenden gefärbt. Seine Zuneigung und Abneigung, seine Vorliebe oder Ablehnung stehen zwischen den Augen des Sehenden und dem, den er sieht. Daher erfassen einfältige Menschen einen anderen manchmal besser als gescheite mit trügerischem Verstand. Es gibt einen Ausspruch von Saadi:

„Oh, meine spitzfindige Klugheit!
Wie oft wirst du zum grössten Betrüger an mir."

I. 9. Das Geheimnis des Gesichtsausdrucks

Der Gesichtsausdruck ist aufschlussreicher über Wesen und Charakter eines Menschen als seine Gestalt oder seine Merkmale. Im Koran heisst es, dass die Augen und die Miene verraten, was der Mensch im Herzen zu verbergen sucht. Stärke, Schwäche, Kraft, Angst, Glück, Freude, Unbehagen, Lob und Tadel, Liebe und Hass - all dies zeigt sich im Gesichtsausdruck. Je fähiger jemand im Erkennen des Gesichtsausdrucks wird, desto klarer vermag man den Charakter lesen. Dies zeigt, dass ein Geheimnis hinter den Bewegungen verborgen ist.

Es gibt gewisse Vibrationen, die unter besonderen Umständen eine bestimmte Richtung einnehmen. Die sichtbaren Zeichen aller Vibrationen können in den Bewegungen und im Gesichtsausdruck eines Menschen wahrgenommen werden. Der Ausdruck braucht kaum einen Augenblick, um von Freude zu Leid, von Gelassenheit zu Entsetzen, von Liebe zu Hass überzugehen. Das zeigt, dass alle Atome des menschlichen Körpers, die Adern, Gefässe und Muskeln und die Bewegungsmuster unter der Kontrolle des Herzens stehen, und dass jede Veränderung im Herzen sich im Gesicht des Menschen zeigt, sodass jemand, der diese Sprache kennt, sie zu lesen vermag. Menschen, die sich oft sehen, können solche Veränderungen im Gesichtsausdruck erkennen, weil sich jeder daran gewöhnt, solche Veränderungen im Ausdruck des andern wahrzunehmen und zu verstehen, aber erst die entwickelte Intuition verschafft die Klarheit des Blicks, durch die man ein vollständigeres Bild bekommt.

Die Augen drücken Gedanken und Gefühle besser aus als alles übrige. Wer die Sprache der Augen, - ihr Aussehen und ihre Bewegungen - zu lesen vermag, besitzt den Schlüssel zum Charakter. Die Augen können Fragen stellen und Fragen beantworten, und im Grad der Schnelligkeit und der Richtung des Blicks liegt das Geheimnis des Ausdrucks.

I. 10. Verschiedene Eigenschaften des Bewusstseins (mind)

So wie der Gesichtssinn verschiedene Eigenschaften hat, wie Weitsichtigkeit oder Kurzsichtigkeit, so weist auch das Bewusstsein verschiedene Eigenschaften auf. Es gibt Arten des Bewusstsein (minds), die in eine gewisse Entfernung zu blicken vermögen und nicht weiter, andere können in eine viel grössere Entfernung sehen. Was man Vorhersehen nennt, ist nicht eine übernatürliche, übermenschliche Eigenschaft, vielmehr ein erweitertes Blickfeld.

Während ein Mensch das Handeln eines andern sieht, vermag der Sehende auch dessen Ursache zu erkennen, und wenn sein Sehvermögen noch schärfer geworden ist, kann er sogar die Ursache hinter der Ursache sehen. Man kann seine eigene Sicht nicht einem anderen vermitteln; man kann ihm erzählen, was man sieht, aber das genügt nicht; denn um Gewissheit zu gewinnen, bedarf jede Seele der eigenen Erfahrung.

Die Fähigkeit, das Leben zu durchschauen, lässt sich durch Beobachten, durch Studium entwickeln. Das Richten des Bewusstseins auf das Objekt des Studiums nennt man Konzentration. Wenn man sich darin übt, *einen* Gegenstand zu heben, wird man es bald dazu bringen, mehrere verschieden schwere Gegenstände heben zu können. Ebenso wird man durch das Beobachten eines Studienobjekts fähig, jedes beliebige Objekt in der gleichen Weise zu betrachten.

Das genaue Beobachten an sich ist ein Wunder. Zuerst durchdringt der Blick sozusagen das betrachtete Objekt und als nächstes veranlasst die Kraft der genauen Beobachtung den Gegenstand, sich zu entfalten und seine Geheimnisse preiszugeben, so wie das Licht der Sonne die Kraft hat, die Knospen zu öffnen.

Jedes Objekt ist beseelt, was wir den Geist nennen können. In alten Zeiten erkannten die Sehenden den Geist aller Dinge, den Geist der Berge, der Bäume, der Sterne und Planeten, der Flüsse Seen, Teiche und Meere. Ein Objekt zu durchdringen, bedeutet, in Berührung mit seinem Geist zu kommen. Zweifellos ist es leichter, den Geist des Menschen zu berühren als den eines Objekts, aus dem einfachen Grunde. weil der Mensch lebendiger ist als irgendeine andere Form der Schöpfung.

Ein Mensch, dessen Blick unstet ist, kann nicht genau beobachten; ebenso wenig kann ein unstetes Bewusstsein (mind), die Dinge gut beobachten. Darum verordnen die Mystiker gewisse Körperhaltungen, um den Körper standfest zu machen. Die Standfestigkeit des Körpers wirkt auf das Bewusstsein und macht es auch stetig. Geist und Körper wirken aufeinander ein. So ist ein selbstbeherrschter Mensch, der seinen Körper in der Gewalt hat, im Gleichgewicht und besitzt Weisheit. Weisheit kommt aus der Stetigkeit, und Einsicht folgt der Weisheit.

Gatha II

II. 1. Die Wiedergabe geistiger Eindrücke

Jede auf der Oberfläche des Bewusstseins (mind) tief eingravierte Linie kann mit einer Ader verglichen werden, durch die das Blut kreist und sie lebendig erhält. Während das Blut fliesst, bildet es Verästelungen jener tiefen Linie. In gewissen Augenblicken entsteht eine Art Stauung in einer Linie, wo das Blut nicht fliesst und keine Verästelungen sind. Diese Stauung kann durch irgend einen äusseren Einfluss behoben werden; wird diese verstopfte Linie durch einen äusseren Einfluss, der mit ihr in Zusammenhang steht, berührt, dann beginnt sie wieder zu fliessen und Verästelungen entstehen, die sich in Gedanken äussern. Es ist gleichsam ein Wachen oder Schlummern dieser Linien.

So wie in der Musik zuweilen ein einzelner Ton deutlich wahrnehmbar ist, so kann auch eine Gedankenlinie mit ihren Verästelungen deutlich werden. Ein warmes Interesse lässt das Blut in jener besonderen Linie fliessen. Auch in anderen Linien mag das Blut lebendig sein, aber wenn sie nicht durch das Interesse warm gehalten werden, stockt der Kreislauf, und es entsteht eine Lähmung. Doch ist das Blut da, ist das Leben da, es wartet nur auf den Augenblick des Erwachens. Die Sorgen, Ängste und Freuden der Vergangenheit können nach langer Zeit wieder zu neuem Leben erwachen und genau dieselbe Empfindung hervorrufen, die man vormals erfahren hat.

Je mehr wir über das Geheimnis dieses Phänomens wissen, desto mehr lernen wir begreifen, dass wir eine Welt in uns tragen, dass in unserem Gemüt (mind) die Quelle von Glück und Unglück, von Gesundheit und Krankheit von Licht und Dunkelheit zu finden ist, und dass sie bewusst gemacht werden kann, unbewusst oder durch den Willen, wenn wir nur wüssten wie.

Dann hadern wir nicht mehr über unser Unglück, noch klagen wir über unsere Mitmenschen. Wir werden toleranter, fröhlicher und liebevoller unseren Mitmenschen gegenüber, denn wir erkennen die Hintergründe eines jeden Gedanken, einer jeden Handlung und sehen in allem die Wirkung eine bestimmten Ursache.

Der Arzt einer Psychiatrischen Klinik würde sich nicht an einem Patienten rächen, selbst wenn dieser ihn schlägt, denn er kennt die Ursache.

Psychologie ist eine höhere Alchimie, und man sollte sie nicht studieren, ohne sie auszuüben. Ausübung und Studium müssen Hand in Hand gehen, dies erschliesst einer jeden Seele das Tor zum Glück.

II. 2. Eindruck

Das Bewusstsein (mind) kann mit der Platte eines Plattenspielers verglichen werden. Allein da es ein lebender Mechanismus ist, reproduziert es nicht nur, was ihm eingeprägt wurde, sondern ist sowohl schöpferisch als auch reproduzierend.

Es gibt fünf verschiedene Betätigungen des Bewusstseins (mind), die unterschieden werden:

1. Erzeugen von Gedanken
2. Unterscheidungsfähigkeit
3. Gedächtnis
4. Empfindungsvermögen
5. die wichtigste Fähigkeit: die Empfindung des Ichs, des Egos.

Jeder Gedanke, den das Bewusstsein hervorbringt, hat irgendeine Beziehung zu einer bereits eingeprägten Idee, nicht genau gleich, aber doch verwandt. So können zum Beispiel von einer tief im Bewusstsein (mind) eingeprägten Linie kleinere Linien abzweigen, wie die Äste vom Stamm eines Baums. Der Sufi lernt und übt darum, die tiefer eingeprägten Linien durch Beobachtung ihrer Verästelungen wahrzunehmen. Dadurch ist er imstande, mehr vom Denken eines Menschen zu erkennen als andere, geradeso wie man durch das Betrachten eines Blattes herausfinden kann, von welchem Baum es stammt.

In der Regel liegt einem Gedanken, den jemand ausdrückt, die Verbindung mit einem tiefen Gefühl zugrunde. Die Kenntnis der Ursache vermag ein grösseres Verständnis zu vermitteln als die blosse Kenntnis des Gedankens. Es ist, als ob man auf der anderen Seite der Mauer stünde. Der Gedanke ist wie eine Mauer, hinter ihr - die Ursache. Oft ist der Unterschied zwischen Ursache und Wirkung wie derjenige zwischen sauer und süss. Manchmal ist es verwirrend - und doch so einfach - dass die gleiche Frucht sauer, wenn unreif, und süss sein kann, wenn sie reif ist.

Wenn man beginnt, das Leben von diesem Standpunkt aus zu verstehen, verändert sich die Auffassung, die man sich über den Gedanken macht. Es besteht ein grosser Unterschied zwischen dem äusserlichen Lesen eines Gedankens oder dem inneren Lesen von der Quelle aus. Wer sich eine Meinung nach dem Schatten bildet, hat die Wirklichkeit nicht gesehen. Die Wirkung eines Gedankens ist bloss der Schatten, die Wirklichkeit ist die Ursache, die Quelle.

Was sind diese tiefen Linien, von denen die Verästelungen ausgehen? Es sind die tiefen Eindrücke, die der Mensch in seiner ersten Lebenszeit erhalten hat. Im Osten, wo man diese Theorie berücksichtigt, werden in der Familie für die Mutter und das werdende Kind gewisse Regeln beachtet, sodass kein unerwünschter Eindruck ihre Gemüter (minds) erreichen möge. Dies zeigt, wie wichtig es ist, dass diese Frage studiert wird.

Das Wort ‚Mensch' stammt vom Sanskritwort *'manas'*, was Bewusstsein(mind) bedeutet. Dies zeigt, dass der Mensch im Prinzip mehr sein Bewusstsein ist als sein Körper. Und da dies von Natur aus beeinflussbar ist, heisst das, dass auch der Mensch von Natur aus beeinflussbar ist. Oft hängen Krankheit, Gesundheit. Wohlergehen und Versagen mit Eindrücken zusammen, zusammen, die das Gemüt empfangen hat. Man spricht von Schicksals- und Todeslinien am Kopf und an der Hand, aber ich würde sagen, dass es die Eindrücke sind, die der Mensch in seinem Bewusstsein hat, die sein Schicksal bestimmen. Die Linien an Kopf und Hand sind nur Abdrücke des Bewusstseins (mind), und wenn jemand einmal diese Linien gelernt hat, braucht er die Linien im Gesicht oder in der Hand nicht mehr.

Kann diese Sprache wie Stenographie erlernt werden? - Nein, die Methode ist anders. Die Methode besteht darin: während jedermann im Nachdenken über einen anderen mit dessen Gedanken weiter geht, geht der Sufi zurück.

Alle Eindrücke von Freude, Sorge, Angst, Enttäuschung prägen sich im Gemüt ein, d.h. sie werden zum ‚Selbst' des Menschen. Mit anderen Worten: der Mensch ist die Aufzeichnung seiner Eindrücke.

Seit altersher heisst es in der Religion, dass das Verzeichnis der Taten der Menschen am Jüngsten Tag vorgelegt wird, und dass Engel alles aufschreiben, was ein jeder Gutes und Böses getan hat. Aus dieser allegorischen Ausdrucksweise lernen wir, dass alles dem Bewusstsein eingeprägt ist; wenn auch vergessen, ist es doch immer da und wird sich eines Tages zeigen.

II. 3. Das Gleichgewicht im Leben

Jede Gewohnheit bildet eine Linie im menschlichen Bewusstsein (mind), und die Dauer jener Gewohnheit erweckt die Linie aus dem Schlaf. Mit anderen Worten: sie verleiht der Linie Empfindlichkeit, ein Lebensgefühl und mit der Zeit gibt sich der Mensch dieser Gewohnheit hin. Wenn jemand eine gewisse Musik liebt, so empfindet er bei jeder Wiederholung neue Freude; wenn jemand ein bestimmtes Gedicht schätzt, kann es ihm nicht oft genug wiederholt werden; wenn jemand ein besonderes Gericht mag, hat er von Zeit zu Zeit ein Verlangen danach. Ein Mensch geniesst nicht nur Lob und Schmeichelei, sondern sogar Beleidigungen, wenn sie tief in seinem Bewusstsein eingeprägt sind. Er wird versuchen, andere zu ärgern oder anzugreifen, um eine Beleidigung zu erhalten. Es mag äusserlich nicht den Anschein haben, dass es ihm gefalle, doch innerlich weidet er sich daran. Wenn ein Mensch sich daran gewöhnt hat, auf einem bestimmten Stein im Garten zu sitzen, wird er es sich zur Gewohnheit machen, den Stein täglich aufzusuchen. Wer Gefallen an einer gewissen Landschaft findet, sehnt sich danach, sie täglich zu sehen. Natürlich hängt dies von der Tiefe der Einprägung ab; je tiefer sie ist, desto mehr lebt man darin.

Beim Sprechen erklärt ein Geschäftsmann die Dinge in Begriffen von Pfund und Schilling, ein Architekt in den Ausdrücken seiner Werkzeuge. Jeder Mensch hat seine eigene Sprache, die von den tief eingravierten Linien seines Bewusstseins stammt.

Die Aufgabe des Mystikers besteht darum in der Fähigkeit, die Sprache des Gemüts (mind) lesen zu können. Wie der Angestellte im Telegrafenamt die Briefe aus dem Ticken lesen kann, so gelangt der Sufi hinter jedes zu ihm gesprochene Wort und entdeckt, was das Wort veranlasst hat, sich zu äussern. Er vermag die Einprägungen zu lesen, die hinter den Gedanken, Worten und Taten eines Menschen liegen. Er versteht auch, dass jede Art von Sehnsucht und Verlangen im Leben seine Ursache in tiefen Eindrücken hat. Durch das Erkennen der Krankheitsursache vermag er leicht ein Heilmittel zu finden. Kein Eindruck ist solcher Art, dass er nicht ausgelöscht werden kann.

Die Mystiker haben zwei Verfahren, um mit diesen Einprägungen umzugehen. Das eine Verfahren besteht darin, diese Linie zu erneuern, indem er ihr eine andere Farbe gibt und damit einen Eindruck in einen anderen wandelt. Ohne Zweifel bedarf es dazu einer grossen Kenntnis mentaler Vorgänge. Eine andere Methode des Mystikers besteht darin, die Linie von der Oberfläche abzuwischen. Wenn aber diese Linie sehr tief ist, ist es oft erforderlich, einen grossen Teil des Bewusstseins abzureiben, um eine Linie zu zerstören.

Natürlicherweise wird der Mystiker tolerant gegenüber jeglicher Handlungsweise anderer im Umgang mit ihm, da er nicht nur die Handlungsweise sieht, wie sie erscheint, nachdenklich oder gedankenlos, kalt oder warm, sondern auch die dahinter liegende Ursache. Durch das Lesen im menschlichen Bewusstsein erlangt der Mystiker Einsicht in die menschliche Natur, und ihm erscheint dann das menschliche Leben wie ein laufender Mechanismus.

Er lernt daraus, das Leben ein Geben und Nehmen bedeutet. Nicht nur empfängt man, was man gibt, sondern man gibt auch das, was man empfängt. Auf diese Weise beginnt der Mystiker, das Gleichgewicht des Lebens zu sehen; er erkennt, dass das Leben einer Bilanz gleicht, und wenn Gewinn oder Verlust, Freude oder Schmerz des einen die des andern überwiegen, so ist es nur für den Augenblick, denn mit der Zeit summiert sich alles zu einem Ausgleich. Ohne Gleichgewicht ist kein Dasein möglich.

II. 4. Die Sprache des Bewusstseins (mind)

Alles, was man in der Kunst, in Gemälden, Gedichten, in der Musik ausdrückt, ist eine Wiedergabe des Denken und Fühlens (mind). Nicht nur das, sondern auch die Wahl, die man trifft, Zuneigungen und Abneigungen, Gewohnheiten, alles zeigt den Zustand an, in dem das Gemüt sich befindet. Alles, was ein Mensch sagt oder tut, weist auf die Linien, die bereits in ihm Spuren hinterlassen haben. Es liegt keine Übertreibung in dem Ausspruch, dass das Gesichts eines Menschen der Spiegel seines Herzens sei. Es scheint, als ob das Bewusstsein durch jedes Partikel des Körpers zu sprechen beginnt. Da der Kopf der vorherrschende Teil ist, sagt der Gesichtsausdruck eines Menschen am meisten über seinen geistigen Zustand. Ohne Zweifel ist es schwierig, gewisse Regeln für das Lesen dieser Sprache zu geben, die sich im Gesicht, in der Gestalt und in den Bewegungen ausdrückt. Aber zwei Dinge können uns helfen, sie zu verstehen: genaue Beobachtung, um das menschliche Wesen zu studieren und eine entwickelte Intuition. Dann erhält man allmählich eine Art Schlüssel zu dieser Sprache. Wenn man aber danach gefragt wird, so kann man es nicht erklären.

Aus den verschiedenen Kompositionen der Komponisten kann man sich ihren Charakter, ihr Leben und ihren Geisteszustand vorstellen. So wie es in der Klanglehre einen Ton und einen Oberton gibt, so gibt es in der Musik eines bestimmten Komponisten einen Sinn, der ihr zugehört. Wer die Noten hört, erfreut sich nur an der Musik; wer aber den Sinn versteht, der erkennt den Geist des Komponisten. So liegt in einem Gedicht die Seele des Dichters. Denn das Gedicht ist nicht nur Dichtung, es liegt auch Musik darin. Wer nur die Verse liest, erfreut sich an dem Gedicht, wer aber den Sinn erfasst, geniesst die Musik der Dichtung.

Wer sich selbst befragt beim Hören eines gewissen Wortes, beim Anblick einer gewissen Bewegung oder beim Beobachten eines Gesichtsausdrucks, wird intuitiv eine Antwort bekommen über die Ursachen dieser sich äusserlich zeigenden Wirkungen. Auf diese Weise bahnt sich der Sufi seinen Weg für die Reise in die innere Welt.

II.5. Der Einfluss der Erfahrung

Hinter den fünf Sinnen gibt es einen weiteren Sinn, der durch die anderen hindurch wirkt. Durch diesen Sinn fühlt man intensiv und vermag die von aussen kommenden Eindrücke zu unterscheiden. Alle durch diesen Sinn wahrgenommenen Eindrücke und Erfahrungen werden im Gemüt (mind) aufgezeichnet. Diese Aufzeichnung besteht aus tiefen Linien, und es liegt im Wesen dieser im Gemüt tief eingeprägten Linien, das einmal Aufgezeichnete immer wieder zu verlangen entsprechend der Tiefe der eingeprägten Linie. Es hängt von der Tiefe dieser Linien ab, wie sehr man die einmal gemachte Erfahrung braucht, z.B. die Vorliebe für Salziges, Saures oder Scharfes ist erworben und das Zeichen dieser erworbenen Erfahrung ist die tief im Gemüt eingeprägte Linie.

Jede Linie bringt nun Wünsche hervor, um von diesem Eindruck weiter zu zehren; das Fehlen weiterer Erfahrungen bedeutet den Tod für jene Linie. Unangenehme Gerüche, wie von Fisch, Essig oder Käse können angenehm werden, wenn diese Linie sich gebildet hat. Selbst schlecht schmeckende Gerichte können übers Mass hinaus angenehm werden, wenn die entsprechende Linie tief genug eingeprägt ist.

Die gleiche Regel lässt sich auf die Musik anwenden. Bestimmte Klangverbindungen, gewisse Klangfolgen können dem Gemüt, wenn sie einmal eingeprägt sind, sehr angenehm werden. Je öfter wir eine Musik hören, die einmal einen Eindruck auf uns gemacht hat, desto mehr wünschen wir sie zu hören. Nie wird man ihrer müde, solange sich nicht eine andere Linie noch tiefer einprägt. Dann kann die erste Linie schwinden und sozusagen absterben. Aus diesem Grunde ist die Musik, die zu bestimmten Menschen gehört, seien sie nun hoch oder wenig entwickelt, für sie die ideale Musik. Darum hat nicht die äusserlich geschriebene Musik einen Einfluss, sondern die ins Gemüt geschriebene. Aus diesem Grunde ähneln sich Komponisten in ihrer Musik, denn die eingeprägten Eindrücke entstanden aus dem, was sie gehört haben, und da die ersten Eindrücke sozusagen von anderen Komponisten ererbt wurden, gibt es eine Ähnlichkeit in ihrer Musik. Auf diese Weise bildet die Musik eines jeden Volkes ihren eigenen Charakter.

Das gleiche Gesetz wirkt sich auch in der Dichtkunst aus. Man erfreut sich an der Dichtung entsprechend den früheren Eindrücken. Wenn ein Gedicht, das wir lesen, nicht in Harmonie mit früheren Eindrücken ist, gefällt es uns nicht so gut. Je öfter wir eine bestimmte Art von Gedichten lesen, desto mehr lieben wir sie, weil sie einen tiefen Eindruck in uns hinterlassen haben.

Daraus lernen wir aber, dass nicht nur Wünschenswertes, sondern auch nicht Wünschenswertes bevorzugt werden kann. Selbst Dinge, die man sich niemals wünschen würde, wie Schmerzen, Krankheit, Sorgen oder Tod möchten wir, wenn der Gedanke daran tief in unserem Gemüt eingeprägt ist, unbewusst immer wieder erleben.

Es ist sehr interessant zu beobachten, dass der Mensch, der sich einmal eine Meinung über eine gewisse Sache oder Person gebildet hat, an dieser Meinung selbst dann noch festhält, wenn sie sich nach einer Weile als falsch herausstellt, weil diese Linie sich tief in ihm eingeprägt hatte.

Wie wahr ist es, wenn der Mystiker sagt, dass das wahre Ego des Menschen sein Denken und Fühlen ist. Und es ist noch merkwürdiger, dass sich der Mensch, nachdem er sein Leben lang unter dem Einfluss tief eingeprägter Eindrücke gelebt hat, noch immer dessen rühmt, was er seinen 'freien Willen' nennt.

II. 6. Intuition

Der moderne Psychologe bedient sich psychoanalytischer Methoden, um den Gemütszustand seines Patienten zu untersuchen, und beim Gericht stellt man ein Kreuzverhör an, um die Wahrheit eines Falles zu erforschen. Richtig angewandt sind alle diese Methoden mehr oder weniger nützlich. Aber das beste Vorgehen, um Zugang zum Wesen eines Menschen zu finden, besteht darin, den Menschen zu sehen, in seiner Gestalt, in seinen Bewegungen, in seinen Worten, in seinen Vorstellungen und in seiner Art zu handeln. Was jedoch vor allem hilft, das Wesen eines anderen Menschen zu erkennen, ist das Licht der Intuition. Nichts anderes, weder Regeln noch Studien, kein Erkenntnismassstab können ohne die Entwicklung der Intuition dazu verhelfen.

An eines müssen wir uns erinnern, dass der Mensch die in seinem Gemüt (mind) eingeprägten Linien in seiner Gestalt, in seinen Bewegungen, seinen Worten, in seiner Vorstellung und seinem Handeln verrät, und dass es möglich ist, ihn an seinen Worten oder Bewegungen zu erkennen, ehe er handelt, oder an seinem Gesichtsausdruck, ehe er spricht, oder an seiner äusseren Erscheinung, ehe er nur Zeit hat, sich dies vorzustellen. Darum kann dieses Wissen im Leben manche Schwierigkeit ersparen, wenn man im voraus weiss, wie mit verschiedenen Leuten umzugehen ist.

Wer mit jedem Menschen auf die gleiche Weise umgeht, wie gut oder freundlich er auch sein mag, wird immer Enttäuschungen erleben. So wie die Richtung des Feuers nach oben weist und die des Wassers nach unten, so ist auch die Richtung des einen Menschen verschieden von der eines andern. Wenn wir daher von einem Menschen, der nach Süden geht, erwarten, dass er unsere Botschaft in den Norden bringt, werden wir schliesslich unseren Fehler einsehen. Wer mit anderen zu tun hat, denkt im allgemeinen mehr an die Angelegenheit als an die Person. Indessen sollte die Person das Hauptobjekt der Prüfung sein und nicht die Angelegenheit, denn diese hängt von der Person ab.

Im Osten gibt es den Aberglauben vom Hund, von der Katze oder vom Pferd, die ihrem Besitzer Glück oder Unglück bringen. Aber die Realität dieser Vorstellung kann am ehesten in jedem Menschen gesehen werden, mit dem man im täglichen Leben zusammen kommt. Er muss mit Sicherheit irgendetwas mit sich bringen: Freude oder Missbehagen, Glück oder Unglück, gute oder schlechte Einflüsse. Jeder Mensch ist in sich selbst eine Welt, und jeder neue Kontakt öffnet eine neue Welt vor uns.

II. 7. Die Erkennbarkeit der Gedanken

Wenn jemand etwas denkt, können wir seinen Gedanken in seinen Augen, seinem Ausdruck, seinen Bewegungen erkennen. Das Öffnen und Schliessen der Augen, Aufwärts- und Abwärtsschauen oder aus den Augenwinkeln blicken, das Drehen des Kopfes nach rechts oder links, sein Heben oder Senken, Kratzen, Reiben der Hände oder Daumendrehen, ein halbes Lächeln, das Verziehen des Gesichts oder Stirnrunzeln, steifes oder bequemes Sitzen, eine aufrechte Haltung oder das Anlehnen nach rückwärts oder einer der beiden Seiten, - dies alles verrät dem Sehenden den Gedankengang. Besonders wenn jemand gefragt wird, kennt der Sehende aus der Haltung die Antwort, noch ehe sie ausgesprochen wird.

Die Hindus glauben, dass die Schöpfung Brahmas Traum sei, und meinen damit: des Schöpfers Traum. Mit anderen Worten: Was der Schöpfer gedacht hat, hat er geschaffen. Ebenso erschafft der Mensch - seiner Macht entsprechend - dasjenige, was er denkt. Was sich davon materialisiert, nennen wir Ereignis, aber von dem, was sich nicht materialisiert, wissen wir nichts. Doch auch was wir nicht wissen, existiert noch in der Gedankenwelt. Im Koran heisst es: „Die Organe deines Körpers werden am Jüngsten Tag Zeugnis ablegen von deinem Tun." Eigentlich sollte es heissen, nicht nur vom Tun, sondern selbst vom Gedanken legt jedes Atom des Körpers unmittelbares Zeugnis ab. Das Wesen der Schöpfung ist so beschaffen, dass nichts darin verborgen ist, es sei denn, dass man es nicht zu sehen vermag. Doch was man nicht sehen kann, ist nicht an sich verborgen, sondern lediglich unseren Augen entzogen.

Das Ziel des Sufis ist darum, zu sehen und doch nicht gefesselt zu werden. Stellen wir uns vor, dass wir den Mount Everest besteigen und an einer Stelle verweilen würden, die uns gefällt, um sie zu bewundern, oder an einer andern, die uns missfällt, um sie zu zerstören. In beiden Fällen haben wir es zugelassen, dass unsere Füsse für kürzere oder längere Zeit an einem Ort festgehalten blieben. Dadurch haben wir Zeit und Gelegenheit versäumt, um weiterzugehen und dabei vielleicht mehr zu sehen und zu lernen als durch den Aufenthalt an jenem Ort. Wer sich über die Gedanken anderer aufregt und sich um ihr Tun kümmert, verliert oft seine Zeit und stumpft sein innere Sicht ab.

Wer aber weitergeht, macht es sich zur Regel, alles zu übersehen, was er auf dem Weg wahrnimmt, da sein Bewusstsein (mind) auf das Ziel gerichtet ist. Es ist keine Sünde, die Gedanken anderer zu lesen, aber es ist zweifellos ein Fehler, wenn jemand sich damit brüstet. Und der Versuch, die Gedanken eines anderen aus Eigennutz zu kennen, ist weder recht noch nutzbringend. Gleichzeitig ist es auch nicht gut, mit geschlossenen Augen dazusitzen. Am besten ist es, zu sehen und darüber hinweg zu gehen und niemals auf dem Weg einzuhalten. Dies ist die Haltung, die - wenn sie ständig eingehalten wird - den Menschen sicher zu dem von seiner Seele ersehnten Ziel führt.

II. 8. Die Tätigkeit des Gemüts (mind)

Die Gemütstätigkeit lässt sich in drei verschiedenen Aspekten erkennen: beweglich, rhythmisch und chaotisch. Und ebenso lässt sich die Gemütstätigkeit im Reden und Handeln eines Menschen erkennen.

Wenn jemand im Reden und Tun eine freundliche Haltung, Liebe und Entgegenkommen zeigt, ist die Tätigkeit beweglich, und jeder Impuls, den sie auslöst, wird sich in der Form von Sanftmut, Grosszügigkeit, Dankbarkeit und Wohlwollen äussern.

Wenn die Gemütstätigkeit rhythmisch ist, wird sie einen Menschen zu folgerichtigen Denken veranlassen. Er wird sehr genau werden, abwägend, abmessend; im Lieben wie im Hassen, in der Zuneigung wie in der Abneigung wird er ausgeglichen sein. Dies ist kein bequemer Mensch, er ist mehr ein Geschäftsmann. Alles, was er im Reden und Tun äussert, wird wirklich, vernünftig und im weltlichen Sinne auch fortschrittlich sein.

Ein Mensch aber, dessen Gemütstätigkeit chaotisch ist, wird aufgeregt, verwirrt, misstrauisch und schreckhaft sein, was sich in seinem Reden und Tun als Ärger, Leidenschaft, Intoleranz und Unüberlegtheit kundtut. Er wird für sich selbst und für andere schwer zu ertragen sein.

Keine Seele ist von Natur aus an einen dieser drei Aspekte der Gemütstätigkeit gebunden;. Jeder ist das, was er sich selbst zu sein erlaubt, oder wozu ihm seine Lebensumstände machen. Die Sufi-Schulung macht es sich daher zum Prinzip, den Rhythmus des menschlichen Gemüts zu regulieren. Dann wird der Sufi zum Meister über den Rhythmus seines Gemüts, es wird zu seinem Instrument, auf dem er dann jegliche Musik in jedem Rhythmus spielen kann. Nichts wird ihn berühren, denn er ist nicht länger in der Gewalt seines Gemüts, sondern sein Gemüt ist in seiner Hand.

II. 9. Gefallen und Missfallen

Wenn einem Menschen etwas in Bezug auf Linie, Form, Farbe, Geruch, Geschmack, Klang, Gefühl oder Gedanken missfällt, ist dies nicht deshalb der Fall, weil es dies verdiente, sondern weil es ihm wesensfremd ist. Hat ein Mensch sich an irgendetwas gewöhnt, so findet er Gefallen daran. Daher haben manche Menschen eine Vorliebe für gewisse Dinge, die vielen anderen missfallen und umgekehrt. Auf Reisen fühlt sich mancher im Zug wohler, wenn kein anderer zu ihm ins Abteil kommt; wenn aber doch jemand eingestiegen ist und sich hingesetzt hat, und sie miteinander ins Gespräch gekommen sind und sich kennen gelernt haben, dann möchten sie die Reise gemeinsam fortsetzen.

Alle Dinge haben ihre Schönheit, und so ist auch in jedem Menschen Gutes. Abneigung gegenüber einem Menschen rührt oft daher, dass man ihn zu wenig kennt und sich nicht vertraut mit ihm fühlt. Was uns veranlasst, Dinge abzulehnen und Menschen zu verachten, ist eine gewisse Schranke, die oftmals demjenigen, der eine Abneigung empfindet, kaum bewusst und dem Abgelehnten nicht bekannt ist.

Darum ist es die Aufgabe des Sufis, in Bezug auf alle Dinge oder Menschen, die ihm gefallen oder missfallen, der Wahrheit auf den Grund zu gehen. Durch scharfe Beobachtung des Lebens gelangt er zu der Schranke und erkennt, was ihn unbeliebt macht oder ihn veranlasst, andere abzulehnen. Angst, Zweifel, Argwohn, Missverständnis. Bitterkeit oder Groll lösen sich auf, sobald man jene Schranke berührt, die die Seelen voneinander getrennt hält.

Zwar sollen wir unserer eigenen Natur keine Gewalt antun. Es ist nicht nötig, etwas abzulehnen, was wir gern haben, oder Gefallen an etwas zu finden, was der eigenen Natur zuwider ist. Nur müssen wir wissen, warum wir etwas gern haben, was uns gefällt, und was die Ursache ist, dass uns etwas missfällt. Nach dieser Beobachtung werden wir erkennen, dass alles, was wir in der Welt gern haben, das ist, was uns schon immer gefallen hat und alles, was wir ablehnen, das ist, was uns immer im Leben missfallen hat. Mit anderen Worten: „Was wir als liebenswert erachten, haben wir von jeher geliebt und was uns unbekannt ist, das können wir nicht von vornherein lieben."

Dies zeigt, dass Unwissenheit eine Hülle ist, die sich über alles, das Schöne wie das Hässliche legt, und dass Wissen diese Hülle wegnimmt. Gefallen stammt aus dem Wissen, Missfallen aus dem Unwissen. Doch sind beide notwendig, denn es ist möglich, dass man durch Unkenntnis an gewissen Dingen Gefallen findet, die man mit genauer Kenntnis ablehnt. Das höhere Wissen muss den Menschen jedoch dazu bringen, alle Dinge zu mögen. Doch über Dinge, die dessen unwürdig sind, wird die Seele sich auf Grund ihres Wissens erheben.

II. 10. Der eigenen Natur entgegen handeln - *Viprit Karnai*

Im Reden und Handeln eines Menschen erblickt der Sehende Muster: eine gerade, eine runde, eine krumme oder eine Zickzack-Linie, ein Oval, ein Viereck, ein Dreieck. Da ist zum Beispiel ein Mensch, der alles, was er empfindet, gerade heraus sagt; ein anderer drückt sich gewunden aus, ein anderer hat eine krumme Art, etwas zu erwähnen; wieder ein anderer berührt erst die entgegengesetzten Gesichtspunkte, ehe er zu dem gewünschten Punkt gelangt; ein weiterer geht in Zickzacklinien vor und ehe er nicht einen bestimmten Punkt erreicht hat, weiss man nicht, welche Richtung er einschlägt.

Diese Zeichen weisen auf die Linien im menschlichen Gemüt. Der Mensch fühlt sich nicht wohl, wenn sein Handeln von den im Bewusstsein (mind) eingeprägten Linien abweicht. Deshalb erfreut sich ein unehrlicher Mensch genauso an seiner Unehrlichkeit wie ein aufrichtiger Mensch an seiner Aufrichtigkeit.

Äusserst interessante Studien zu diesem Thema bietet die Kunst verschiedener Zeitalter und Völker. Jede Nation hat ihre typischen Linien und Formen, jede Periode weist Besonderheiten des künstlerischen Ausdrucks jener Epoche auf. Man findet dies in der Bildersprache der Dichter und den Themen der Musiker. Wenn wir einen Musiker und sein Lebenswerk studieren, werden wir herausfinden, dass sich sein ganzes Schaffen auf einer bestimmten Linie entwickelt hat, die die Grundlage seines Werks ist. Ebenso findet man beim Studium der Biographien bedeutender Menschen, wie ein Geschehen zum nächsten führte, verschieden zwar und doch von ähnlicher Art. Deshalb ist es natürlich, dass ein Dieb mit der Zeit ein grösserer Dieb wird und der Gerechte schliesslich ein Heiliger werden kann.

Es ist nicht schwierig, auf der einmal im Bewusstsein eingeprägte Linie weiter zu gleiten; die Schwierigkeit besteht darin, entgegen der vorgegebenen Linie zu handeln, besonders wenn es im Fall einer unerwünschten Linie geschieht. *Shiva,* der grosse Herr der Yogis, gab seinen Schülern eine besondere Lehre zu diesem Thema, die er *Viprit Karnai* nannte, ‚der eigenen Natur zuwider handeln'. Er legte dieser Methode der Arbeit an sich selbst grosse Bedeutung bei, da man durch sie schliesslich zur Meisterschaft gelangt.

Gatha III

III. 1. Vernunft ist erdgeboren

Das Bewusstsein (mind) ist im höchsten Masse fähig, sich in geeigneter Form auszudrücken. Häufig bringt ein Mensch seine Gedanken im erstbesten Gespräch zum Ausdruck, das im Grunde mit seinen Gedankengängen nichts zu tun hat. Seinem Wesen gemäss sucht der Mensch stets nach einer Möglichkeit, seine Gedanken auszudrücken, und diese findet sich leicht. In einem ernsten Gespräch bietet sich die Gelegenheit zu einem Witz. Selbst in einer Tragödie kann man die Komödie finden und in einer Komödie die Tragödie, wenn das Bewusstsein nach traurigen Gedanken sucht. Dies weist darauf hin, dass das Bewusstsein stets nach einer Ausdrucksmöglichkeit sucht, wobei die äusseren Umstände diese Möglichkeit sehr grosszügig anbieten.

Das gleiche erkennt man auch darin, dass der Mensch leicht in jeder Situation, unter allen Bedingungen eine Begründung dafür in seinem Denken (mind) findet. Einer, der recht und ein anderer, der unrecht handelt, beide können eine Begründung für ihr Handeln angeben. Zwei Menschen, die miteinander einen Wortstreit ausfechten, haben beide einen Grund für ihre Diskussion. Dies zeigt, dass das Bewusstsein Begründungen liefert, so wie die Sonne sowohl auf den Sünder wie auf den Gerechten scheint, und der Regen auf beide fällt. In Unkenntnis dieser Tatsache argumentieren Menschen stets miteinander, aber dies ist kein Disput zwischen Vernunft und Unvernunft, sondern zwischen zwei sich widersprechenden Begründungen. Dies zeigt, dass die Vernunft nicht himmlischem Boden entspringt, - Vernunft ist erdgeboren, wenn auch der Mensch vertrauensvoll damit argumentiert.

Darum verläuft nicht jedes Gespräch nach einem vorgezeichneten Plan. Meistens ist es die Folge eines augenblicklich aufsteigenden Impulses. Es ist höchst interessant, dem Beginn eines Gesprächs nachzugehen und herauszufinden, was die Ursache war. Noch interessanter ist es zu entdecken, welch gehorsamer Diener die Vernunft ist, stets bereit dem Ruf ihres Herrn zu folgen, auch wenn die Wahrheit dadurch beeinträchtigt wird.

Erst wenn der Sehende beginnt, hinter die Vernunft zu schauen, entdeckt er einen Schimmer jener Wahrheit, auf die er sich verlassen kann. Diese Einsicht lässt das Leben interessant werden. Einer, dessen Einsicht hin und her schwankt, kann das Leben nicht so geniessen, wie jemand, der das Leben durchschaut und doch fest auf seinen Füssen steht.

III. 2. Das Wort und die Idee

Das Wort ist ein Körper für die Idee, und die Idee ist die Seele des Wortes. So wie der Körper die Form für die Seele ist, so steht das Wort für die Idee. Die Idee kann nur im Wort ausgedrückt werden, ebenso kann die Seele nur im Körper erkannt werden. Wer die Existenz der Seele leugnet, muss auch die Existenz der Idee leugnen. Er muss die Behauptung aufstellen, dass nur das Wort existiert, ohne dass ihm eine Idee zugrunde liegt, was an sich unmöglich ist. Hinter jedem Wort steht eine Idee, die entweder mit einem oder tausend Schleiern verhüllt wird oder durch das Wort klar dargestellt ist. Jedoch ist das Wort nur ein Schlüssel zur Idee, nicht die Idee selbst. Das Wort ist nicht an sich eine Idee, sondern nur ein Ausdruck dafür.

Die Ohren hören das Wort, das Bewusstsein (mind) erkennt die Idee. Ohne die Idee könnte das Wort dem Hörenden nichts übermitteln. Wenn jemand zu einem Kind sagt: „Sarkasmus ist ein Missbrauch des Intellekts", was könnte ein argloses Kind hierunter verstehen? Das Wort 'Sarkasmus' versteht nur derjenige, der selbst sarkastisch zu sein vermag.

Dies weist auch darauf hin, dass nur derjenige die Autorität hat, andere eines Fehlers anzuklagen, der diesen Fehler selbst kennt. Wie entwickelt ein Mensch auch sein mag, so wird er doch gelegentlich in kindischer Weise sein Urteil über andere abgeben, woraus hervorgeht, dass er den gleichen Fehler in gewissem Masse hat. Niemand kann zu einem andern sagen: „Du hast gelogen", der nicht zumindest einmal in seinem Leben selbst eine Lüge ausgesprochen hat.

Ohne Zweifel ist die Idee grösser als das Wort, so wie die Seele grösser ist als der Körper. Jede Idee hat ihre Breite, Länge, Höhe und Tiefe. So wie in einem Planeten eine Welt verborgen ist, so verbirgt das Wort eine Welt von Ideen. Wie interessant muss darum das

Leben für einen Menschen werden, der hinter jedem gesprochenen Wort dessen Länge, Breite, Höhe und Tiefe zu erkennen vermag. Er ist ein Ingenieur des menschlichen Bewusstseins. Er weiss dann nicht nur, was zu ihm gesprochen wird, sondern auch was damit gemeint ist. Mit dem Wissen von Wörtern kennst du noch nicht die Sprache, höchstens ihre äussere Form. Die innere Bedeutung weiss nur der, der die Sprache der Ideen erkennt. Die Sprache der Ideen kann also nicht nur durch die Ohren gehört werden, auch das Gehör des Herzens muss dafür offen sein.

Ein Wort muss dem Sehenden offenbaren, was dem, der es ausspricht, selbst unbewusst ist; denn jeder Mensch denkt, spricht und handelt zuweilen rein mechanisch. gemäss seinem körperlichen und seelischen Zustand und seiner Lebenssituation. So wie ein Arzt mehr über die Beschwerden eines Kranken herausfindet als der Patient selbst, so muss der Mystiker den Gedanken erfassen, der hinter jedem zu ihm gesprochenen Wort liegt.

Man könnte nun denken, dass das Leben eines Sufi durch ein solches sich stets steigerndes Wahrnehmungsvermögen sehr erschwert werden könnte, denn wo ein Durchschnittsmensch nur eine kurze Distanz überblicken kann, vermag der Sufi in die Ferne zu schauen. Dies könnte zweifellos schwierig für ihn werden, wenn der Mystiker sich nicht nach allen Seiten hin entwickelt. Es bedarf der Stärke eines Elefanten, um die Last eines Elefanten zu tragen. Es genügt nicht, nur ein Sehender zu werden, sondern es ist notwendig, jene Kraft zu entwickeln, die alles leicht macht, die alles erträgt, und es dem Menschen ermöglicht, alle Schwierigkeiten im Leben zu überwinden.

III. 3. Ausdruck und Gedanke

Äusserungen des Körpers, wie z.B. ein Lächeln oder Anstarren oder Stirnrunzeln, Nicken oder eine Augen- oder Kopfbewegung drücken Gedanken aus. Äusserlich ist es eine winzige Bewegung, hinter ihr türmen sich die Gedanken. Keine Bewegung ist möglich, der nicht ein Gedanke zugrunde liegt. Manchmal weiss es ein Mensch, doch manchmal weiss er es auch nicht, warum er lächelt.

Die Augen drücken durch ihre Bewegungen mehr als alles andere den dahinterstehenden Gedanken aus. Oftmals sagen intuitive

Menschen: „Ich empfand Freude im Blick dieses Menschen oder Unwillen oder eine wohlwollende oder ablehnende Einstellung." Doch wissen viele nicht, welche Bewegung, welcher Ausdruck ihnen das andeutete, was sie empfanden. Jeder Augenausdruck, der sich doch so viele Male in einer Minute ändert, lässt die Gedanken dahinter erkennen. Dies zeigt, dass das Bewusstsein (mind) ein Ingenieur ist und der Körper der Mechanismus, mit dem es arbeitet. Wenn der Ingenieur sich seines Arbeitens bewusst wird, bringt er wünschenswerte Ergebnisse hervor, aber durch unbewusstes Arbeiten wird der Ingenieur selbst zum Mechanismus.

In alten Zeiten gab es in Indien Höflinge, die jederzeit den Gemützustand und die Haltung des Königs bis zu solchem Ausmass kannten, dass sehr oft das vom König Gewünschte erledigt war, ohne dass er ein Wort darüber geäussert hatte. Es gab neun Höflinge am Hofe Akbars, von denen ein jeder den Gemützustand des Kaisers zu jeder Zeit kannte. Der Sufi, dessen Pflicht es auf dieser Welt ist, in der Gegenwart Gottes zu leben, und der Seine Gegenwart in all Seinen Geschöpfen, Seine Persönlichkeit besonders im Menschen erkennt, erfüllt seine Pflicht als Höfling gegenüber jedem Menschen.

Ein Mensch, der unlebendig wie ein Stein in seiner Umgebung lebt, weiss nicht, wem er gefallen hat, wem missfallen, wer von ihm Nachdenklichkeit oder Rücksichtnahme erwartet, wer von ihm Sympathie oder einen Dienst verlangt, wer ihn in seiner Not oder Schwierigkeit braucht. Die Menschen meinen, Einsicht komme von psychischer Entwicklung. Ja, sie gehört dazu, doch am meisten entsteht sie durch die Entwicklung der Herzensqualität. Ein liebevoller Mensch ist ein lebendiger Mensch. Kein Zweifel, je lebendiger jemand ist, desto schwieriger wird es für ihn zu leben, doch ist keine Schwierigkeit ein zu hoher Preis dafür, ein wirkliches Leben zu leben.

Die Methode, die ein Mystiker anwendet, um die Mentalität eines anderen Menschen wahrzunehmen, besteht darin, dass er seine Bewegung und seinen Ausdruck als Führer nimmt, um zu dessen Gedanken zu gelangen, und die Gedanken als Führer zu dessen Wesen. Indem er das Wesen eines Menschen erkennt, weiss er um dessen innerstes Sein, und anstatt nur ein Teilwissen über einen Menschen zu haben, erlangt er das volle Wissen über ihn. Es genügt nicht zu wissen, dass jemand richtig oder falsch gehandelt hat, dass jemand weise oder töricht ist. Um ein vollständiges Wissen über einen Menschen zu haben, muss man wissen, warum er richtig handelt, wenn er richtig handelt, und wenn er falsch handelt, warum er falsch handelt, wenn er weise ist, was ihn weise macht, wenn er töricht ist, was der Grund für sein Törichtsein ist. Doch nicht nur dies, man muss auch wissen, ob es eine Möglichkeit gibt, das Beste aus dem zu machen, was dieser Mensch ist und ihn zu fördern, ohne dass er es weiss.

Ein törichter Mensch versteht nicht einmal, mit seinem Freund umzugehen, während ein weiser Mensch sogar mit seinem Feind zurecht kommt. Der Unterschied liegt darin, dass der eine das Leben kennt, die menschliche Natur versteht und dementsprechend handelt, während der andere, sogar wenn er richtig handeln möchte, immer scheitert und am Ende enttäuscht ist.

III. 4. Die Kraft des Wortes

Es gibt zweierlei Menschen: der eine spricht, was ihm jede augenblickliche Regung eingibt, der andere, als ob er eine Zielscheibe zu treffen hätte. Der erstere wird oft einen falschen Ton anschlagen und dadurch seinen eigenen Interessen schaden, aber der andere wird zum Meister seines Schicksals werden. Wer genau weiss, zu wem er spricht, wer die geistigen Fähigkeiten seines Zuhörers kennt und die eingeprägten Linien seines Gemüts, der wird gerade die Worte sprechen, die geeignet sind, in dieses Gemüt einzudringen. Es ist, als ob man für einen Wagen erst ein Geleise sucht, ehe man ihn in einer bestimmten Richtung ins Rollen bringt.

Selbstzufrieden in ihrer Rechtschaffenheit sagen viele gerade das, was sie im Augenblick zu sagen wünschen, ohne die Wirkung ihrer Worte zu bedenken, solange sie sicher sind, das das Gesagte wahr ist. Eine Wahrheit, die wie ein Hammerschlag auf den Kopf des Zuhörers trifft, ist nicht wünschenswert, sie bliebe besser ungesagt. Dies zeigt, dass es nicht nur darauf ankommt, die Wahrheit zu sprechen, sondern unbedingt zu berücksichtigen, welche Wirkung sie auf den andern hat.

Der Sehende sieht die in der Psyche (mind) seines Zuhörers eingeprägten Linien und wählt Worte, die geeignet sind, auf diesen

Linien zu gleiten. Möchte er in der Psyche des Zuhörers einen neuen Weg bahnen, so schlägt er zunächst den schon vorhandenen ein, und erst dann, wenn er in den Gedankengang seines Zuhörers eingedrungen ist, wird er einen neuen Weg bahnen. Es ist, als ob jemand in einen Laden gehen wollte, um etwas zu kaufen, und sagte zu sich, 'ich habe ja nur vier Pfennig' und kehrte wieder um, anstatt hineinzugehen und sich umzuschauen, was er für seine vier Pfennige kaufen könnte.

Handeln und mit Umsicht handeln ist zweierlei. Auch Tiere sind aktiv, auch sie arbeiten für ihre Lebensbedürfnisse. Vom Menschen erwartet man Umsicht. Ehe er ein Wort ausspricht, sollte er die Folgen voraussehen, die es für einen andern haben kann. Manche sagen, dass spirituelle Weisheit nicht weltliche Weisheit sei, sie meinen, dass diese beiden Welten verschieden seien. Dem ist nicht so. Der in weltlichen Dingen Weise kann auch in geistigen Dingen weise sein; doch der in geistigen Dingen Weise ist es von vornherein auch in weltlichen Dingen. Es ist ihm vielleicht nichts an ihnen gelegen, darum hat er auch keine Erfahrung darin. Doch ist ihm weltliche Weisheit nichts Fremdes, er muss nur seine Augen aufmachen, um sie zu sehen. Wer nichts von der Welt weiss und spirituell genannt wird, ist mehr für sein Gutsein bekannt als für seine Ausgeglichenheit. Das vollständige spirituelle Leben ist kein Hinträumen, sondern volles Wachsein, in Gedankenreichtum und Überlegungen.

Im Wort liegt eine magische Kraft. Es kann Freunde in Feinde verwandeln, und es kann Feinde zu Freunden werden lassen. Das Erfolgsgeheimnis auf jedem Lebensgebiet liegt im Wort. Das Wort besitzt die Kraft, beim Zuhörer ein kälteres oder wärmeres Gefühl auszulösen. Das Wort vermag dieselbe Wirkung auszulösen wie Erde, Wasser, Feuer, Luft und Äther. Das Wort kann Depression oder Freude verursachen. Wer die Chemie des Wortes kennt, braucht weder Arznei noch Kräuter. Er besitzt das Heilmittel für jede Krankheit in der Welt, nicht nur für die des Körpers, sondern auch für die Störungen der Psyche, die von der Wissenschaft noch unerforscht sind. Durch ein ständiges Studium des Lebens, durch besondere Aufmerksamkeit auf sein Wort und die Wirkung seiner Rede auf andere wird der Mensch eine Stufe der Verwirklichung erreichen, die ihn befähigt, Herzen zu heilen.

III. 5. Der Widerhall der Vergangenheit

Man kann die Vergangenheit eines Menschen leicht aus dem herausfinden, was er sagt und wie er es ausdrückt. Die Vergangenheit klingt im Herzen des Menschen wie eine Glocke nach. Das menschliche Herz gleicht einer Grammofonplatte, die von selbst weiterläuft, oder bei der man, wenn sie aufgehört hat, nur die Maschine wieder aufziehen muss, damit sie wieder läuft. Die Gegenwart des Menschen ist der Widerhall seiner Vergangenheit. Wenn er durch Leiden hindurchgegangen ist, wird er dies ausstrahlen, auch wenn es ihm besser geht; äussere Umstände werden seinen inneren Zustand nicht verändern. Wenn er glücklich gewesen ist, wird sein Herz auch in einer schwierigen Zeit die Vergangenheit ausstrahlen. Frühere Gegner werden selbst dann, wenn sie durch Zufall Freunde werden, zuweilen immer noch in sich aufreizende Gefühle der vergangenen Feindschaft empfinden. Bei grossen Königen, die entthront und eingekerkert wurden, kann man noch die vergangenen Schwingungen in ihrer Atmosphäre spüren.

Die Vergangenheit lebt, und man kann sie nicht leicht zerstören, wie sehr man sie auch wegschliessen möchte. Sie bemächtigt sich der menschlichen Zunge, um sich auszudrücken. So wie jedes Herz danach verlangt, seine Geschichte zu erzählen, so ist die Vergangenheit noch begieriger, von ihrer Geschichte zu singen. Sie sucht nur die Weise, wie sie sich ausdrücken soll.

Deshalb braucht ein Sufi weder Kommunikation mit Geistern, um die Vergangenheit zu erfahren, noch Astrologie, um zu entdecken, was geschehen ist. Ihm erklärt sich die Vergangenheit eines Menschen, ohne dass auch nur ein Wort gesprochen wird. Aber durch das Sprechen eines Menschen über seine Vergangenheit kann der Sufi erkennen, was dahinter verborgen ist, was ausgesprochen wird und was unausgesprochen bleibt. Er braucht die Vergangenheit nicht in der Geschichte oder in Überlieferungen aufzuspüren. Wer zu lesen vermag, braucht nur die Augen zu öffnen, und alles steht geschrieben vor ihm.

III. 6. Interesse an allen Dingen

So wie jede Form ihren Schatten wirft, jeder Laut einen Widerhall hat und jedes Licht eine Reflexion, so macht auch alles, was wir sehen, hören oder empfinden, einen Eindruck auf uns. Da es aber der Ohr eines Musikers bedarf, um den Oberton eines Klanges wahrzunehmen, der Augen eines Künstlers, um die Form aus ihrem Schatten zu erkennen, und einer scharfen Sehkraft, um den Grad einer Lichtreflexion zu unterscheiden, so bedarf es der Seele eines Sehenden, um alle Dinge des Lebens zu durchschauen.

Im Herzen eines jeden Menschen findet sich das sehende Auge, jedoch seine Einstellung veranlasst ihn, den Blick zur Erde zu senken, statt ihn aufwärts zu richten. Es ist die allgemeine Tendenz, nur die Oberfläche zu sehen. Es ist nicht wahr, dass der Durchschnittsmensch nicht weiter zu sehen vermag. Aber er denkt nicht daran, dass es noch irgendetwas anderes gibt, und so macht er sich nicht die Mühe, weiter zu schauen. Es gibt viele Menschen, die intelligent genug sind, um alles hinter den Dingen Bestehende wahrzunehmen, aber der enge Kreis ihrer Interessen begrenzt ihren Ausblick. Dinge, die sie nicht kennen oder an die sie nicht glauben, interessieren sie zu wenig, um sich darum zu kümmern. Sie würden sich wohl über eine Intuition freuen, vorausgesetzt, dass es sie keine Mühe kostet. Es gibt viele, die denken können, jedoch nicht die Mühe des Denkens auf sich nehmen wollen.

Zwei Dinge sind nötig, um wahrnehmen zu können: das eine ist Offenheit, das andere ein Bestreben in dieser Richtung. Um über etwas Betrachtungen anstellen zu können, muss das Bewusstsein (mind) von allem im Weg Stehenden frei sein, das ist Offenheit. Durch Konzentration muss man dazu gelangen, sein Bewusstsein auf einen bestimmten Gegenstand zu fokussieren. Ferner soll man allem, dem man begegnet und von dem man mehr wissen möchte, genügend Interesse entgegenbringen, um die Oberfläche zu durchdringen und herauszufinden, was in den Dingen verborgen ist.

III. 7. Unabhängigkeit und Gleichmut - *Vairagya*

Das Wesen eines Menschen drückt seine Vergangenheit, seine Gegenwart und seine Zukunft aus. Wenn ein Besucher in unser Haus kommt, bringt er uns entweder seine Freude oder seine Sorgen. Er bringt uns die Folgen seiner guten oder schlechten Taten, den Einfluss seines hoch oder tiefgestimmten Gemüts. Er stimmt die Schwingungen unseres Hauses auf seine Tonhöhe und lädt die Sphäre mit seinen eigenen Schwingungen auf. Wenn wir es wahrnehmen können, er braucht kein einziges Wort über sich selbst zu sagen -, wissen wir, ob er den Himmel oder die Hölle erlebt. Denn man braucht nicht auf Himmel oder Hölle im Jenseits zu warten, sie sind auch hier, nur werden sie nach dem Tod mehr gespürt. Deshalb kann der Kontakt mit einem dem Himmel nahen Menschen Himmelsatmosphäre bringen, und der Kontakt mit dem anderen eine Kostprobe des anderen Ortes sein.

Dies zeigt, dass jedes Individuum ein Ton, ein Rhythmus ist, ein Ton, der den eines jeden anderen Menschen auf seine Höhe stimmt. Ein Rhythmus, der jeden anderen ‚Menschen zwingt, dem gleichen Rhythmus zu folgen. Da fühlt man das Zerren im Leben. Das ist es, was den Weisen vom weltlichen Leben zurückschreckt und das Verlangen in ihm weckt, vor dieser Welt zu fliehen und im Wald oder in der Wüste Zuflucht zu suchen.

Weshalb der Durchschnittsmensch dies nicht empfindet, liegt daran, dass die Menschen wie Kinder ins Spiel vertieft sind, ins gegenseitige ‚Seilziehen'. Deshalb spüren sie nicht viel; denn sie werden gezogen, aber sie ziehen auch selbst am Seil eines anderen. Wer aber gänzlich auf eine andere Tonhöhe gestimmt ist als der Durchschnittsmensch, und dessen Rhythmus verschieden ist von dem der anderen, spürt natürlich das Hin- und Herzerren viel zu stark.

Der einzige Schutz der Weisen gegenüber diesen Einflüssen besteht in der Übung „*Vairagya*", *Vairagya* bedeutet sowohl Unabhängigkeit als auch Gleichmut. Sie kann nicht gelernt oder gelehrt werden, sondern stellt sich von selbst ein. Diese Haltung ist nicht ein Mangel an Liebe oder Bitterkeit, sie ist nur ein sich Erheben über beides, Liebe und Hass.

III. 8. Eine Musik der Stille

Jede Seele strahlt einen Einfluss aus, von dem die Atmosphäre ringsum aufgeladen wird. Je stärker die Ausstrahlung ist, desto weiter reicht sie und vermag sogar Wände zu durchdringen. Es gibt keine Schranke, weder Wasser noch Raum, die diese Ausstrahlung daran hindern könnte, sich auszubreiten. Je stärker sie ist, desto dauerhafter ist sie. Für einen sensitiven Menschen ist es nicht schwierig, die Atmosphäre eines Zimmers oder Hauses wahrzunehmen, sobald er es betritt, oder das Wesen eines Menschen zu erkennen, der vor ihm auf einem Stuhl gesessen hat. Die Art dieses Einflusses gleicht Licht oder Wärme, die sich still ausbreiten entsprechend der Stärke ihrer Ausstrahlung. Der Einfluss eines Menschen ist nicht nur in seiner Gegenwart spürbar, sondern hält auch dann noch an, nachdem er den Ort schon verlassen hat. Der Einfluss gewisser Menschen kann Stunden lang haften, bei anderen macht er sich während Tagen, Wochen, Monaten oder sogar Jahren bemerkbar. Atmosphäre ist eine Musik der Stille, die eine aufregende oder friedvolle Wirkung auf den Zuhörer hat, je nach ihrer Art.

Diese Atmosphäre haftet nicht nur am Ort, sondern auch an Gegenständen, wie einem Stuhl oder einem Sofa, einem Kissen oder einem Teppich. Kleidungsstücke können die Ausstrahlung ihres Trägers bewahren. Es ist etwas Reales, nicht greifbar, aber wahrnehmbar. Musik gelangt durch die Ohren zum Herzen. Die Atmosphäre dagegen erreicht das Herz unmittelbar. Ein Spazierstock, ein Rosenkranz, eine Brosche oder ein Ring, ein Federhalter, ein Tintenfass – alle diese Dinge können die Ausstrahlung des Menschen an sich haben, der sie getragen oder benutzt hat. Jeder nimmt bewusst oder unbewusst diese Ausstrahlung wahr, doch je sensitiver ein Mensch ist, desto mehr wird er sich ihrer bewusst.

Es ist nicht für jeden Menschen einfach, den Einfluss einer anderen Person zu brechen, doch ist es möglich, ihn zu überwinden. Für einen Menschen mit feinem Wesen und sensitiver Veranlagung, rein und gut, können die Einflüsse, die ihm in dieser Welt von allen Seiten zuströmen, so zur Bedrängnis werden, dass es ihm immer so vorkommt, als stände er mitten im Kampf, der sich stets um ihn abspielt. Darum ist es für einen Menschen nicht gut, wenn er so feinfühlend und sensitiv wird, wenn er nicht gleichzeitig lernt, wie er alle Einflüsse um sich herum überwinden kann. Je mehr man über diese Frage nachdenkt, desto mehr wird einem bewusst, dass das Leben nicht nur nach aussen, sondern auch im Innern ein ständiger Kampf ist. Es gibt zwei Möglichkeiten zur Selbstverteidigung:

entweder wird man ein wohlgerüsteter Kämpfer, der alle ihn anfallenden Einflüsse durch die Macht seines eigenen Einflusses bekämpft; oder man erhebt sich über alle fremden Einflüsse, d.h. man lebt und lebt doch nicht, man ist und ist doch nicht, man kommt zur Erde, um zu handeln und erhebt sich wieder zur Geborgenheit.

III. 9. Drei Arten, um Einsicht zu entwickeln

Für die Entwicklung der inneren Sicht müssen drei Dinge in Betracht gezogen werden: die Ruhe des Blicks und des Bewusstsein (mind), die es dem Menschen ermöglichen, in die Dinge einzudringen; zweitens muss ausser dem Gegenstand, den man zu ergründen sucht, alles andere ausser Acht gelassen werden, was bei genügendem Interesse möglich ist. Das dritte jedoch – das wirksamste Mittel – besteht darin, während dieser Zeit jeden Gedanken an das eigene Ich zu verlieren. Stehen unser Körper und unser Gemüt (mind) uns nicht im Weg, vermögen wir in Dinge, die wir erkennen und verstehen möchten, eine klare Einsicht erlangen.

Deshalb haben die Sufis verschiedene Konzentrationsübungen, die ihnen nicht nur helfen, den Blick ruhig zu halten, sondern einen Gedanken festzuhalten. Ist ein Mensch nicht imstande, an irgendeinem Gegenstand oder einem Menschen Interesse zu zeigen, zeigt dies, dass sein Bewusstsein (mind) nicht ruhig ist, weil es nichts gibt, dass ihn festhalten kann. Das Interesse ist es, das ihm ermöglicht, einen Gedanken festzuhalten. Ein Gedanke, der inspirierend ist oder auf eine Art hilfreich sein kann oder eine gewisse Form, die inspiriert, wenn man sich darauf konzentriert, bewirken, dass die Gedanken ruhig werden, sodass sie den Gegenstand leicht festhalten können, ohne abgelenkt zu werden.

Das Bewusstsein (mind) kann mit den Augen verglichen werden. So wie die Augen alles aufnehmen, was in ihren Gesichtskreis tritt, so springt auch das Bewusstsein von einem Gegenstand zum anderen, von Gedanken zu Gedanken, die an seinem Horizont auftauchen. So wie es nicht leicht ist, den Blick ruhig zu halten, so ist es auch nicht leicht, seine Gemüts- und Gedankenkräfte (mind) für einige Zeit auf einen Gedanken, eine Form oder ein Bild zu konzentrieren. Aber die dritte Forderung, sich gänzlich in den Gedanken auf den vorliegenden Gegenstand zu verlieren, ist noch schwerer zu erfüllen. Auf diese Weise wird das Selbst, das störend zwischen der Seele und dem Gegenstand steht, den sie ergründen will, für den Augenblick ausgeblendet. Dies befähigt dann den Menschen, alle Dinge zu durchdringen und so ihr Wesen, ihren Charakter und ihr Geheimnis zu erkennen.

Die Ursache aller Depressionen und Verzweiflung liegt einzig und allein in der Unfähigkeit, das Leben zu durchschauen. Dies ist die Hauptursache, der Urgrund aller Gründe für das Unglücklichsein des Menschen, so viele andere Gründe es scheinbar dafür auch geben mag. Selbst Tiere mit einer ausgesprochen kämpferischen Wesensart werden Freunde, wenn sie sich durch Zusammenleben allmählich besser kennen lernen. Viele Schwierigkeiten im Leben der einzelnen Menschen, wie in der Gesamtheit könnten vermieden werden, wenn diese durchdringende Einsicht entwickelt wäre; denn alle Verwirrung wird durch Missverstehen verursacht. Nicht nur die Menschen, sondern auch alle Dinge dieser Welt, scheinen sie nutzbringend oder nutzlos, leicht oder schwer zu erlangen, sie alle dienen dem Menschen. Auf allen Gebieten, in Wissenschaft, Kunst, Philosophie und Religion ist die Einsicht in die Dinge das Geheimnis des Erfolgs.

III. 10. Gelassenheit

Das Wichtigste im Leben ist das Erwachen einer klaren inneren Schau mit Hilfe der Einsicht. Jede Erregung trübt die innere Sicht, so wie Wolken die Sonne verdecken. Deshalb tun sehr kluge und tüchtige Menschen oft Dinge, besonders in Augenblicken des Ärgers oder leidenschaftlicher Erregung, die sie sonst nicht getan hätten. Der Grund liegt darin, dass das Gemüt (mind) unter dem Druck einer Erregung oder Leidenschaft seinen Rhythmus verliert und dadurch auch den Rhythmus des Körpers stört. Dies verwirrt den Menschen und setzt ihn ausserstande, die Situation klar zu erkennen.

Darum streben die Weisen und Heiligen danach, ihre Gelassenheit um jeden Preis zu bewahren; denn das weltliche Leben bringt täglich und stündlich vieles, was die Gelassenheit, dieses Geheimnis des inneren Schauens, stören kann. Jedes Geräusch oder jede Unruhe im eigenen Innern oder in der äusseren Umgebung kann einen Menschen aus dem Gleichgewicht bringen, auch wenn er darauf bedacht ist, den Rhythmus seines ganzen Wesens ungestört zu erhalten. Aus diesem Grunde haben die Weisen von jeher die Einsamkeit und ein Leben fern von der Welt gewählt. Doch das beste Mittel, um sein inneres Gleichgewicht zu bewahren, besteht darin, seinen Rhythmus unter die Herrschaft des eigenen Willens zu stellen. Dadurch bewahrt man sich seine Gelassenheit mitten im grössten Tumult des Lebens. In der Sprache der Vedanta wird das Leben mit dem Meer verglichen, mit dem ständigen Steigen und Fallen der Wellen. Jeder Mensch sucht von Natur aus den Frieden, und nur im Frieden findet er seine Befriedigung. Aber oft sucht er ihn auf falsche Weise und schafft dadurch mehr Streit im Leben. Das Geheimnis des Friedens liegt in der Willenskraft. Anstatt uns den Kräften, die uns reizen und unser Leben stören, entgegen zu stellen, sollten wir ihnen standhalten, dann könnten wir die Gelassenheit erlangen, die vor allem notwendig ist für eine tiefere Einsicht ins Leben.

Der Mensch ist aus Atomen geschaffen – physischen und mentalen -, die sich um die Intelligenz angesammelt haben und seinen Körper und sein Bewusstsein (mind) bilden. Die Kraft, die diese Atome gesammelt hat, sie beherrscht und sie im besten Sinn gebraucht, ist die Willenskraft. Fehlt diese Willenskraft, zerfallen der Körper und das Bewusstsein, weil jeder widerstreitende Eindruck, woher er auch kommen möge, sie zerbricht. Dies ist die verborgene Ursache der meisten Krankheiten und Schwächen. Jeder Fehler, jedes Versagen, jede Enttäuschung im Leben hat diese Ursache, weil der Mensch die störenden Einflüsse, die von aussen oder aus dem eigenen Innern kommen, durch Mangel an Beherrschung, Standhaftigkeit und Stärke nicht zu überwinden vermag.

Die grosse Lehre, die der Mensch lernen soll und die ihm am meisten hilft, jene Gelassenheit im Leben zu bewahren, die ihm zur inneren Einsicht bringt, besteht darin, so zu werden wie Ebbe und Flut: ist die Ebbe notwendig, so werde er zur Ebbe; ist die Flut notwendig, so werde er zur Flut. Wenn es notwendig ist zu reden, rede er; wenn es notwendig ist zu antworten, antworte er nach seinem eigenen Willen. Auf diese Weise wird es ihm immer gelingen, Gelassenheit im Leben zu bewahren.

Teil III

Symbolik
Naqsh Bandi

Gatha I

1. Der Ozean in einem Tropfen
2. Die Sonne als Symbol
3. Das Symbol des Kreuzes
4. Die zwei Kräfte
5. Das Symbol der Taube
6. Das Symbol des Sufi-Ordens
7. Die Symbolik von Punkt und Kreis
8. Die Symbolik der Linien
9. Die Symbolik des Dreiecks
10. Der Pilz als Symbol

Gatha II

1. „Stirb vor dem Tod"
2. Fruchtbarkeit
3. Das Drachensymbol
4. Wasser
5. Wein
6. Die Locke des Geliebten
7. Der Blick
8. Der Mythos von Baldur
9. Der Wunschbaum
10. Die Symbolik im Gottesdienst der Hindus

Gatha III

1. Leila und Majnun
2. Leila und Majnun (Ende)
3. Das Wandeln Christi auf dem Wasser
4. Das Öffnen der Brust des Propheten
5. Meraj – der Traum des Propheten
6. Krishnas Flöte
7. Feuerzungen
8. Die Geschichte von Lots Frau
9. Die Symbolik religiöser Vorstellungen
10. Die zehn Jungfrauen

Gatha I

I. 1. Der Ozean in einem Tropfen

Die Weisen haben der Welt ihre Lehren in verschiedenen Formen entsprechend der Entwicklungsstufe der Völker in einer bestimmten Zeit verkündet. Die erste und ursprünglichste Form der Unterweisung geschah mit Hilfe von Symbolen. Diese Lehrmethode wurde zu allen Zeiten geschätzt und wird stets von Bedeutung sein; denn nur das ist Schönheit, was verhüllt ist. Im Verhüllen und Enthüllen der Schönheit liegt der Zweck des Lebens. Schönheit ist etwas, das immer unerreichbar bleibt. Du siehst sie und doch erkennst du sie nicht; du berührst sie, und doch erfasst du sie nicht. Sie ist sichtbar und doch verhüllt; sie ist bekannt und doch unerkannt. Darum sind Worte oft unzulänglich, um die Schönheit der Wahrheit auszudrücken, und deshalb werden von den Weisen Symbole gebraucht.

Die Religionen der alten Ägypter, Griechen, Hindus und Parsen haben Symbole, die die tiefsten der in den Religionen verborgenen Wahrheiten zum Ausdruck bringen. Sowohl im Christentum. wie in allen anderen Weltreligionen findet sich Symbolik. Die Menschen haben sich oft gegen Symbole aufgelehnt, was natürlich ist, da sie sich stets gegen das ihnen Unverständliche sträuben. Sowohl im Westen wie im Osten gab es Wogen der Empörung gegen Symbolik. Im Osten fiel diese Zeit mit der Verkündigung des Islam zusammen und im Westen widerhallte sie in der Reformation. Wenn die heiligen Symbole von den Frommen missbraucht werden, um die Wahrheit zu monopolisieren, gibt dies ohne Zweifel Anlass, dass die Menschen sich dagegen auflehnen, da sie von Natur aus dazu veranlagt sind, entweder etwas anzunehmen oder es zu verwerfen. Immerhin kann man ohne Übertreibung sagen, dass die Symbolik dazu gedient hat, die alte Weisheit durch die Jahrhunderte hindurch zu erhalten. Gerade die Symbolik kann heute das Wort Salomons, „Es gibt nichts Neues unter der Sonne" beweisen.

Viele Gedanken über die menschliche Natur, über das Leben, über Gott und seine Eigenschaften und über den Weg, der zur Erfüllung führt, werden durch Symbole ausgedrückt. Symbole bedeuten allerdings demjenigen nichts, der nur die Oberfläche des

Lebens sieht. Das Geheimnis der Symbole wird nur dem enthüllt, der das Leben durchschaut und die Dinge durchblicken kann. Wahrlich, dem Sehenden öffnen sich die Dinge der Welt. In eben diesem Entschleiern liegt die wahre Schönheit verborgen.

Eine grosse Freude bereitet das Verstehen, besonders ein Verstehen dessen, was den meisten Leuten nichts sagt. Symbole zu entziffern verlangt Intuition, ja noch etwas Tieferes - ein geistiges Schauen. Jedes Symbol wird zu einem lebendigen Schrift für denjenigen, der seine Natur und sein Geheimnis versteht. Symbolik ist die beste Weise, das Mysterium des Lebens zu verstehen, und eine der besten Methoden, um Ideen lebendig zu erhalten, die Jahrhunderte überdauern sollen, nachdem ihr Lehrer diese Erde längst verlassen hat. Symbolik ist eine ungesprochene Sprache und eine umgeschriebene Schrift. Vom Symbol kann man sagen, dass es wie ein Ozean in einem Tropfen sei.

I. 2. Die Sonne als Symbol

Licht übt auf die menschliche Seele die grösste Anziehungskraft aus. Der Mensch liebt es im Feuer und in allen glänzenden und leuchtenden Dingen und betrachtet deshalb Gold und Juwelen als kostbar. Um seines Lichtes willen zieht der Kosmos ihn stärker an als die Erde. Im Laufe seiner Entwicklung hörte der Mensch von selber auf, abwärts zur Erde zu blicken, sondern richtete seinen Blick zum Himmel. Was ihn am meisten anzog, war die Sonne, die frei ihre Bahn zieht und strahlender ist als alle anderen Himmelskörper am Firmament. Weil Schönheit den Menschen von jeher angezogen und ergriffen hat, verneigte er sich vor der Sonne als der eindrucksvollsten Schönheit am Firmament und betrachtete sie als das Symbol Gottes in der Natur.

Dieses Symbol stellte er in verschiedenen Formen dar. In Persien, China, Japan, Indien, Ägypten, wo immer Gott abgebildet wurde, geschah es in Form der Sonne. Zu allen Zeiten haben die Menschen ihre Propheten, Meister und Erlöser mit einer Sonne um das Haupt dargestellt. Im alten Persien befand sich hinter dem Kopf des Königs eine goldene Scheibe, die ihn als Sonne erscheinen liess, diese Scheibe nannte man *zardash*. Der Name Zarathustra hat dieselbe

Wurzel-, er bedeutet einfach 'goldene Scheibe'. In den Tempeln der Hindus und der Buddhisten umgibt dieses Sonnenzeichen die Bilder der verschiedenen Avatars, und dieses Symbol wurde sowohl im Osten wie im Westen in Form von Turbanen und Hüten verwendet. In Indien gibt es noch heute Leute, die ein Messingband, das die Sonne darstellt, um ihren Turban winden.

Ein tieferes Betrachten der Sonne lässt die vier Richtungen der Strahlen erkennen, die von ihr ausgehen, darin findet sich der Ursprung vom Kreuzessymbol. Die alten Traditionen beweisen, dass im Orient vor allem bei den Brahmanen die Vorstellung vom Kreuz schon lange vor dem Erscheinen Christi bestand. Nach diesem Zeichen wurden die beiden heiligen Waffen *Chakra* und *Trishul* formt. Im Islam, der Religion, die keine Symbolik gestattet, erkennt man in der Bauart der Moscheen dennoch das Symbol der Sonne. Das Wort 'Sonne' - ob persisch oder arabisch geschrieben - hat immer die Form einer Moschee.

Der Mensch hat - seiner Natur entsprechend - die Sonnenanbeter getadelt und verspottet, doch war er nie imstande, sich dem Zauber und der Anziehungskraft zu entziehen, den die Sonne auf die Seele des Menschen ausübt.

I. 3. Das Symbol des Kreuzes

Das Symbol des Kreuzes hat viele Bedeutungen. In der Bibel heisst es: „Im Anfang war das Wort", dann kam das Licht und die Welt wurde erschaffen. Da das Licht sich in der Kreuzesform zu erkennen gibt, hat jede Form diese Urform in sich. Jeder Künstler kennt die Bedeutung der vertikalen und horizontalen Linien, die das Gerüst einer jeden Form bilden. Dies bestätigt auch die Lehre des Koran. die sagt, dass Gott die Welt aus Seinem eigenen Licht erschaffen hat. Das Kreuz ist diejenige Figur, die überall zu jeder Form passt.

Im moralischen Sinne bedeutet das Kreuz Leiden und Qualen. Das bedeutet, dass in jeder Aktivität des Lebens, die als senkrechte Linie zu denken ist, Hindernisse auftreten, die als waagerechte Linie erscheinen. Dies zeigt ein Abbild des Lebens, wie das Sprichwort sagt, „Der Mensch denkt, und Gott lenkt". Jemand fragte den grossen Meister Ali, was ihn veranlasse, an Gott zu glauben, der doch jenseits aller menschlichen Vorstellungen sei. Ali sagte- „Ich glaube an Gott, weil ich einsehe, dass durch meinen Wunsch allein nichts vollbracht wird." Vom metaphysischen Standpunkt aus zeigt dies das Bild der Begrenztheit des Lebens.

Im Zusammenhang mit dem Leben Christi weist das Kreuzessymbol nicht nur auf die Kreuzigung des Meisters hin, es bedeutet auch die Kreuzigung, die derjenige erfährt, der die Wahrheit besitzt. Der Hinduphilosoph hat die Auffassung, dass das weltliche Leben eine Illusion sei und darum auch alle Lebenserfahrung und alles weltliche Wissen Illusionen sind. Der Sanskritausdruck für diese Illusion ist *Maya* oder auch *Mithya,* wovon sich das Wort 'Mythos' herleitet. Wenn die Seele beginnt, die Wahrheit zu erfassen, wird sie sozusagen neugeboren. Ihr erscheint alles, was der Durchschnittsmensch für wahr hält, als unwahr, und was für sie wahr ist, bedeutet dem Durchschnittsmenschen nichts.

Alles, was dem Durchschnittsmenschen im Leben wichtig und kostbar scheint, hat für eine solche Seele weder Wert noch Bedeutung. Ebenso ist das, was ihr wichtig und wertvoll ist für den andern ohne Wert und Gewicht. Es ist daher nicht verwunderlich, dass ein solcher Mensch sich in der Menge verbirgt, die in einer von der seinen so verschiedenen Welt lebt. Stellen wir uns vor in einer Welt zu leben, wo niemand unsere Sprache spricht. Dennoch kann er in dieser Welt leben, weil er ihre Sprache kennt, obwohl ihm das Weltleben so nutzlos vorkommt, wie dem Erwachsenen die Welt der Kinder mit ihrem Spielzeug.

Ein Mensch, der die Wahrheit erkannt hat, ist den Leiden und Qualen ebenso ausgesetzt wie jeder andere Mensch, ausser dass er fähig ist, sie besser zu ertragen als andere. Aber während in der Menge jeder den andern stösst und selber Schläge erhält, hat der um die Wahrheit Wissende allein zu stehen und nur Schläge zu empfangen, was an sich eine grosse Qual ist. Das Leben in der Welt ist schwirig für jedermann, - für den Reichen und den Armen, den Starken und den Schwachen, noch schwieriger aber ist es für den, der um die Wahrheit weiss, und das ist an sich ein Kreuz. Daher ist das Kreuz für den geistigen Botschafter ein natürliches Zeichen, um seine innere Verfassung zu erklären.

Es gibt aber eine noch höhere Bedeutung des Kreuzes, so wie sie der Mystiker versteht. Es bedeutet Selbstverleugnung, und um sie zu lernen, wird in erster Linie Freundlichkeit, Demut und Bescheidenheit gelehrt. Das Auslöschen des Ichs ist die Ursache und Selbstverleugnung ihre Folge. So ist es Selbstverleugnung, wenn man sagt: „Ich bin nicht, du bist." Wenn z.B. ein Künstler beim Betrachten seines Bildes sagt: „Es ist Dein Werk, - nicht das meine", oder wenn ein Musiker beim Anhören seiner Komposition denkt: „Es ist Deine Schöpfung - ich bin nicht." Solche Seele ist gewissermassen gekreuzigt, doch auf die Kreuzigung folgt die Auferstehung.

Es gibt nicht den geringsten Zweifel, dass ein Mensch zu grosser Erkenntnis gelangt, wenn er genug Leid in seinem Leben erfahren hat. Aber es ist nicht unvermeidlich, dass nur das Leid hierzu führt. Es ist die Bereitschaft des Menschen, sein Ich, seine Persönlichkeit auszulöschen, die den Schleier hebt, der den Geist Gottes vor seinem Blick verbirgt.

I. 4. Die zwei Kräfte

Die ägyptische Symbolik ist die weitaus älteste, und die Symbolik anderer Völker lässt sich zum grossen Teil auf sie zurückführen. Das ägyptische Symbol der beiden Flügel an einem kreisförmigen Zentrum mit zwei Schlangen an den Seiten, von denen die eine nach rechts, die andere nach links schaut, ist vielen als *Karobi* bekannt. Das Wort bedeutet Geist oder Engel. Als Symbol stellt es den Geist und die Kraft des Geistes dar, die in den beiden Richtungen der rechten und der linken - verschieden wirken. Die Köpfe der beiden Schlangen zeigen an jeder Seite Richtung und Energie des Lebens an, und der zentrale Kreis stellt das Licht, den Geist selbst dar. Die Flügel an beiden Seiten stehen für die drei Aspekte der geistigen Kraft.

Der eine Aspekt ist der Klang, der andere die Farbe und der dritte die äussere Handlung. Dieses Symbol weist darauf hin, dass der Geist nicht nur ein Licht der Mitte, sondern auch ein nach rechts und links gerichtetes Licht ist, das dem Grad der Erleuchtung entsprechend scheint. Das geistige Licht entspricht nach jeder Richtung einer besondere Kraft. Ferner deutet das Symbol an, dass auf beiden Seiten Ton, Farbe und Aktivität sich je nach der Richtung ändern. In den Veden der Hindus werden diese beiden

Kräfte *Ida* und *Pingala* genannt. Die Sufis nennen sie *Jelal* und *Jemal*. Die grossen Yogis haben durch das Studium dieser beiden Kräfte das Geheimnis des Lebens ergründet. Die Mitte heisst bei den Sufis *Kemal*, in den Veden *Shushumna*.

Die feineren Kräfte der Natur lassen sich schwer bildlich darstellen. Da es üblich war, das Licht im Antlitz des Weisen als Aura abzubilden, versinnbildlichte man diese beiden Kräfte als Flügel und nicht als Strahlen oder etwas anderem. Da der Leib Hände hat, konnten die Hände des Geistes nur als Flügel dargestellt werden. Ausserdem wird der Mensch, der ohne Erleuchtung ein irdisches Geschöpf ist, nach der Erleuchtung zu einem himmlischen Wesen.

Die Auffassung des Mystikers von diesen beiden Kräften, kommt darin zum Ausdruck, dass er die eine 'Sonnenkraft', die andere 'Mondkraft' nennt. Nach ihm haben sie ihren Sitz in den beiden Körperhälften, der rechten und der linken. Auch benennt er die beiden Nasenflügel ebenso. Manche bezeichnen die Rechtsrichtung dieser Kraft als männlich. die Linksrichtung als weiblich.

Die Schlange wurde als ein heiliges Symbol betrachtet, weil sie ein Sinnbild vieler mystischer Geheimnisse darstellt. Die Yogis haben viel von ihr gelernt. In der Bibel gibt es den Hinweis: „Seid klug wie die Schlange und sanft wie die Taube." Dieses Symbol zeigt, dass der Mensch in seinem Geist sich selbst genügt, während er als Leib unvollständig ist, dass in jedem Geist stets beides vorhanden ist: Mann und Weib. Es ist die Richtung der geistigen Kraft, die den männlichen oder weiblichen Aspekt bedingt. Die Mitte stellt den Geist dar, und der Geist bedeutet Gott. Da der Geist zugleich männlich und weiblich ist, steht er über beiden. Es ist die Begrenztheit, die aus einem zwei werden lässt. Aber wenn sich der Mensch über die Begrenztheit erhebt, erkennt er, dass zwei zu einem werden. So erinnert dieses Symbol den Menschen an die Macht des Geistes, damit er wisse, dass er nicht nur ein materieller Leib ist, sondern selbst Geist, ferner daran, dass er begreife, dass der Geist nicht eine inaktive Lebensfackel ist, sondern voller Aktivität, mehr noch als der Leib. Es zeigt auch, dass der Mensch nicht nur ein irdisches Geschöpf ist, sondern auch dem Himmel angehört. Dieses Symbol weist darauf hin, dass nichts Irdisches den Menschen erschrecken oder beunruhigen solle, denn er vermag sich über die Erde zu erheben.

I. 5. Das Symbol der Taube

Der Vogel ist der Reisende des Himmels. Zugleich stellt er ein Wesen dar, das zur Erde gehört und doch den Himmel bewohnt. In der ersten Form wird der Vogel mit der Seele verglichen, deren Heimstatt der Himmel ist. Die zweite weist auf den Erdenbewohner, der fähig ist, sich zu den höheren Sphären zu erheben, und beide Vorstellungen vermitteln den Gedanken, dass der spirituelle Mensch zwar auf der Erde lebt, aber vom Himmel ist. Sie besagen, dass der Mensch im Himmel heimisch ist und eine zeitlang auf Erden weilt.

Die Taube wird zur Nachrichtenübermittlung verwendet, um eine Botschaft von einem Ort zu einem anderen zu bringen. Darum ist die Taube ein natürliches Symbol, um den himmlischen Botschafter darzustellen. Falls ein Vogel oder ein Tier die Erfahrung spiritueller Glückseligkeit machen könnte, würde es nie zu seiner eigenen Art zurückkehren. Des Menschen Verdienst aber ist es, dass er, nachdem er diesen Höhepunkt der grössten Glückseligkeit erreicht hat, in diese Welt der Sorgen und Enttäuschungen zurückkkommt, um seine Botschaft zu überbringen. Diese Eigenschaft wohnt auch der Taube inne. Wenn sie ausgesandt wird, fliegt sie fort, aber sie kehrt immer treu zu dem Herrn zurück, der sie ausgesandt hat.

Der spirituelle Mensch erfüllt diese Aufgabe in zweifacher Weise: er erhebt sich über die menschliche Ebene, berührt die göttliche Ebene und bringt die göttliche Botschaft zu den Menschen. Anstatt auf der göttlichen Ebene zu verweilen, kehrt er zum Wohl seiner Mitmenschen zu ihnen zurück, was kein geringes Opfer ist. Aber andererseits erfüllt er auch seine Pflicht Gott gegenüber, dessen Botschaft er überbringt und sie den Menschen verkündet. Er lebt als Mensch, ausgeliefert der Liebe und dem Hass, dem Lob und der Schande, und verbringt sein Leben in der Welt der Bindungen, die ihn mit tausend Stricken von allen Seiten zu fesseln versuchen. Doch vergisst er nie den Ort, von dem er gekommen ist, und wartet inständig darauf, diesen Ort wieder zu erreichen, für den er bestimmt ist.

Darum erweist sich bei diesen beiden Reisen, - der Reise von der Erde zum Himmel und der vom Himmel zurück zur Erde, der

Vergleich mit der Taube geeigneter als irgendeine andere Vorstellung.

I. 6. Das Symbol des Sufi-Ordens

Das Symbol des Sufi-Ordens ist ein Herz mit Flügeln. Das will sagen, dass das Herz sich zwischen Seele und Körper befindet, ein Mittler zwischen Geist und Materie ist. Wenn die Liebe zur Materie die Seele verhüllt, wird sie natürlicherweise immer mehr zum Materiellen hingezogen. Dies ist in abstrakter Form das Gesetz der Schwerkraft. In der Bibel heisst es: „Wo dein Schatz ist, wird auch dein Herz sein." Wenn dem Menschen die Dinge der Erde am teuersten sind, wird sein Herz zum Irdischen hingezogen. Aber das Herz unterliegt nicht nur der Schwerkraft. sondern auch der Anziehungskraft von oben, und so wie in der ägyptischen Symbolik Flügel als Zeichen für den geistigen Fortschritt betrachtet wurden, so bedeutet hier das geflügelte Herz das Emporstreben des Herzens zum Himmel.

Der zunehmende Mond im Herzen stellt dessen Aufnahmefähigkeit dar, gerade so wie der Mond das Licht der Sonne aufnimmt und zunimmt, bis er zum Vollmond geworden ist. Die wesentliche Lehre des Sufismus besteht darin, ein Schüler zu werden; denn nur ein Schüler hat die Möglichkeit, ein Lehrer zu werden. Sobald jemand sich für einen Lehrer hält, ist seine Aufnahmefähigkeit dahin. Die grössten Lehrer der Welt sind die grössten Jünger gewesen. Dieser Gedanke wird durch den Halbmond versinnbildlicht. Der zunehmende Mond deutet an, das das Herz, welches das göttliche Licht in sich aufnimmt, erleuchtet wird.

Der fünfstrahlige Stern stellt das göttliche Licht dar. Denn wenn das Licht erscheint, hat es fünf Strahlen, wenn es zurückkehrt, hat es vier; die eine Form bedeutet Schöpfung, die andere Zerstörung. Der fünfstrahlige Stern stellt auch die natürliche Gestalt des Menschen dar, während der vierstrahlige alle übrigen Formen der Welt versinnbildlicht. Die fünfzackige Form entwickelt sich aus der vierzackigen. Wenn der Mensch mit geschlossenen Beinen und ausgestreckten Armen dasteht, bildet er eine vierzackige Form. Wenn er sich dagegen bewegt, tanzt, springt oder nur ein Bein bewegt, so formt er einen fünfstrahligen Stern, der eine beginnende Aktivität oder, anders ausgedrückt, beginnendes Leben darstellt.

Der fünfstrahlige Stern versinnbildlicht das göttliche Licht und spiegelt sich in dem Herzen wider, das für das göttliche Licht aufnahmefähig ist. Das Herz, das bereitwillig das Licht Gottes empfing, ist befreit, was durch die Flügel versinnbildlicht wird. Folglich kann dieser Satz den Sinn des Symbols kurz gefasst ausdrücken: Das für das Licht Gottes empfängliche Herz ist befreit.

I. 7. Die Symbolik von Punkt und Kreis

Der Punkt ist die wichtigste aller Figuren, da jede Figur eine Ausdehnung des Punktes ist, und der Punkt der Ursprung einer jeden Figur ist. Du kannst einen Stift nicht das Papier berühren lassen, ohne zuerst einen Punkt zu machen. Es ist einfach die Ausdehnung eines Punktes in zwei Richtungen, die die horizontale oder vertikale Linie genannt werden. Und ebenso ist es der Punkt, der die Lage bestimmt, denn wäre der Punkt nicht da, so könnte die Lage - oben, unten, rechts, links - nicht bestimmt werden. Dieser Punkt wird im Sanskrit *Bindu* genannt - Ursprung und Quelle des ganzen Seins. Da der Punkt der Ursprung der vertikalen und der horizontalen Linie ist, ist er auch der Ursprung aller Figuren und Schriftzeichen aller Sprachen, die existieren und existiert haben, und zweifelsohne auch der Ursprung aller Formen in der Natur. Das Wesentlichste im Antlitz des Menschen ist das Auge und im Auge die Iris und in der Iris die Pupille, die einen Punkt darstellt. Gleichzeitig bedeutet der Punkt Null, d.h. nichts. Er ist nichts und er ist alles. So wird der Punkt zum Symbol für das Nichts, das alles ist und für das Alles, das Nichts ist. Der indische Dichter Amir drückt dies in einem wohlbekannten Vers aus. Er sagt:

„Wenn du zu klaren Sinnen kommen willst,
indem du selbstlos wirst und frei vom Lebensrausch,
wirst du erkennen, dass das,
was dir unwirklich erschien,
das allein Wirkliche ist,

und dass das, was dir wirklich erschien,
nicht existiert."

Wie wahr ist es, dass wir im gewöhnlichen Leben die Wirklichkeit verkehrt betrachten. Was existiert, erscheint uns nichtexistent. Was in Wirklichkeit nicht existiert, sondern nur zu existieren scheint, das allein betrachten wir als existent.

Der Punkt dehnt sich zum Kreis aus, was bildlich das scheinbar nicht Existierende sich zum All-Existierenden ausdehnen lässt. Die Iris des Auges ist die Ausdehnung des Punktes, den man die Pupille nennt. Ein Punkt zur eins hinzugefügt, ergibt zehn, mit zwei Punkten wird die Eins zu hundert. Dies zeigt, dass der Mensch gering ist, solange er sich Gottes nicht bewusst ist, dass er aber zu zehn, zu hundert oder zu tausend wird, sobald das Wissen um Gott, der der Ursprung allen Seins ist, obwohl er für das unwissende Auge nicht existiert, zum Menschen hinzugefügt wird. Wie der Punkt die Ziffer bereichert, so bereichert Gott den Menschen; und wie alle Zeichen vom Punkt herstammen, so stammen alle Dinge und Wesen von Gott ab. Wie durch die Zerstörung schliesslich alle Dinge wieder in Punkte zerfallen, so muss alles wieder zu Gott zurückkehren.

I. 8. Die Symbolik der Linien

Die senkrechte Linie

Die senkrechte Linie versinnbildlicht den Einen, darum wird auch die Zahl eins durch eine senkrechte Linie dargestellt.
Die senkrechte Linie weist auf den Himmel oder die höhere Welt; ihr Ende ist nach oben gerichtet.
Die senkrechte Linie bedeutet Vollkommenheit.
Durch alle Formen hindurch hat das Leben zuletzt seinen Höhepunkt in der menschlichen Gestalt erreicht, die aufrecht ist.
Die senkrechte Linie deutet auch Aufrichtigkeit an, denn sie steht gerade auf.
Die senkrechte Linie deutet auch Festigkeit an, denn sie steht fest.
Die senkrechte Linie deutet auch Leben an, denn sie steht.

Die senkrechte Linie deutet auch Aufstieg an, denn sie steigt empor. Die senkrechte Linie deutet auch Einheit an, da sie Einssein anzeigt, das Einssein des Ganzen, da alles eins ist.

Die senkrechte Linie ist die Form des *Alif*, des arabischen A, und in der arabischen Schrift beginnt der Name Allah mit *Alif.*

Die senkrechte Linie ist die erste Linie. Alle Formen und Zeichen sind nichts anderes als ein Richtungswechsel dieser Linie, und so wie alles durch Gott und von Gott geschaffen wurde, so entstehen alle Formen aus der senkrechten Linie.

I. 9. Die vertikale und die horizontale Linie

Der Botschafter wird symbolisch als Cupido dargestellt. Er soll die sich sehnende Seele näher zum göttlichen Geliebten hinführen. Dieser Teil seiner Aufgabe wird durch die vertikale Linie symbolisiert. Die Vorsehung bedient sich seiner auch, um zwei Seelen, die sich im Dunkeln suchen, im Licht zusammenzubringen. Die einen wissen, die anderen wissen es nicht, wonach sie suchen, dies wird durch die horizontale Linie dargestellt.

Die horizontale und die vertikale Linie bilden zusammen ein vollständiges Kreuz, welches das Zeichen von *Kemal* - Vollkommenheit - ist. Die vertikale Linie ist das Zeichen für Gott, die horizontale das für die Welt.

Die vertikale Linie stellt den Himmel dar, die horizontale die Erde. Die horizontale Linie stellt diese Welt dar, die vertikale die jenseitige. Die vertikale Linie vermittelt den Begriff ‚Ja', die horizontale den Begriff ‚Nein'.

Die vertikale Linie bezeichnet das Leben, die horizontale den Tod. Die vertikale Linie stellt die Kraft dar, die horizontale die Ohnmacht.

Die vertikale Linie den Geist, die horizontale die Materie.
Die vertikale Linie das Männliche, die horizontale das Weibliche.
Die vertikale Linie die Sonne, die horizontale den Mond.
Die vertikale Linie den Tag, die horizontale die Nacht.
Die vertikale Linie das Positive, die horizontale das Negative.
Die vertikale Linie die Macht, die horizontale die Schönheit.
Die vertikale Linie Gott, die horizontale den Menschen.

I. 9. Die Symbolik des Dreiecks

Das Dreieck stellt Anfang, Fortdauer und Ende dar. Es ist das Zeichen des Lebens, das in drei Formen erschienen ist. Die Trinität ist der symbolische Ausdruck dafür. Der Gedanke von den drei Aspekten des Lebens existierte schon seit langem bei den Hindus. Sie nannten sie *Trimurti*. So wie in der christlichen Kirche die Trinität aus Vater, Sohn und Heiligem Geist besteht, so besteht *Trimurti* bei den Hindus aus *Brahma, Vishnu* und *Mahesh*. *Brahma* - der Schöpfer, *Vishnu* - der Erhalter und *Mahesh* oder *Shiva* - der Zerstörer. Mit Zerstörer ist nicht die Vernichtung, sondern Wandlung gemeint.

Das Dreieck bildet in all seinen Formen den Grundumriss für alle in der Welt bestehenden Formen. Es hat die horizontale und die vertikale Linie in sich, und zwei Dreiecke lassen sich leicht zu einem Viereck zusammenfügen. Die Hand, der Kopf, das Bein, die Handfläche, der Fuss - sie alle lassen das Dreieck als Grundfläche erkennen. Im Blatt, in der Frucht, im Baum oder im Berg findet sich das Dreieck als Umriss.

Die drei Aspekte, in denen das Leben sich offenbart und deren Symbol das Dreieck ist, sind: der Wissende, das Wissen und die Fähigkeit des Wissens, - der Sehende, das Gesehene und die Fähigkeit des Sehens.

Das Dreieck ist ein Rätsel, das in sich das Geheimnis dieses Lebens der Mannigfaltigkeit birgt. Denn ohne diese drei einander gegenüberstehenden Aspekte wäre der Mensch nicht in der Lage, sich des Lebens zu erfreuen. Gleichzeitig aber sind es wiederum diese drei Aspekte die Ursache aller Illusion; wenn einmal das Rätsel in der Vorstellung von der Trinität gelöst ist, und sich aus der Dreieinigkeit die Einheit offenbart hat, dann ist der Sinn dieses Gedankens erfüllt.

Man kann dies verstehen, indem man sich der Wahrheit bewusst wird, dass es keine drei sind, die zu Einem werden, sondern Eines, das aus drei Aspekten besteht. Anfang und Ende aller Dinge sind eins; die Wiederholung von eins ergibt zwei, und diese Teilung bringt drei hervor. Im Rätsel von der Vorstellung der Trinität liegt das Geheimnis des ganzen Lebens verborgen.

I. 10. Der Pilz als Symbol

Der chinesische Philosoph hält auf symbolischen Abbildungen einen Pilz in der Hand. Der Pilz bedeutet die Erde, was von ihr kommt und was dicht bei ihr ist. Ihn in der Hand zu halten bedeutet, dass der Geist die Materie bearbeitet oder beherrscht.

Gleichzeitig legt er auch die Deutung nahe, dass es die Eigenheit eines Weisen ist, so zart, so fein und so anspruchslos wie ein Pilz zu sein. Das Symbol lehrt die gleiche Moral wie Christus, „Wenn dich einer auf die eine Wange schlägt, so halte ihn auch die andere hin". Wenn man auf einen Felsen schlägt, verletzt man sich die eigene Hand, schlägt man dagegen einen Pilz, wird man diese Erfahrung nicht machen.

Es lehrt auch den philosophischen Gedanken, das alles auf Erden Erzeugte - wie kostbar es auch sei - im spirituellen Sinne nicht mehr ist als ein Pilz, der jeden Augenblick der Zerstörung ausgesetzt ist.

Ferner legt es den Gedanken nahe, so frei und unabhängig im Leben zu stehen wie ein Pilz, der keiner besonderen Wartung bedarf und von niemanden grosse Aufmerksamkeit erwartet. Will jemand ihn gebrauchen, ist er bereit gebraucht zu werden; will jemand ihn wegwerfen, ist er bereit weggeworfen zu werden, ohne einen grossen Verlust zu verursachen.

Es weist auch auf eine mystische Bedeutung: während alle anderen Pflanzen und Bäume auf Wind und Sturm reagieren und Geräusche hervorbringen, steht der Pilz still, ohne einen Laut von sich zu geben. Wenn der Körper und das Bewusstsein des Mystikers so geschult sind, dass sie in allen Winden und Stürmen des Lebens die Ruhe zu bewahren vermögen, dann erlangt er Vollkommenheit.

Gatha II

II. 1. „Stirb vor dem Tod"

In der chinesischen Philosophie gibt es ein symbolisches Bild, einen Weisen darstellend, der einen Schuh in der Hand und den andern am Fuss trägt. Es soll das Jenseits versinnbildlichen und dass der Wechsel, den der Tod bringt, für den Weisen nicht mehr bedeutet, als das Ausziehen eines Schuhs. Der Körper des Philosophen stellt seine Seele oder seine Persönlichkeit dar; der eine sich noch am Fuss befindende Schuh sein Bewusstsein (mind), das nach dem Tode weiter existiert. Das Zurückziehen der Seele aus dem Körper gleicht dem Abstreifen eines Schuhs vom Fuss. Für den Mystiker ist darum der physische Körper etwas, das er leicht entbehren kann, und zu dieser Verwirklichung zu gelangen, ist der Gegenstand der Weisheit. Wenn er beginnt, sich durch philosophisches Durchdringen des Lebens sich seiner Seele bewusst zu werden, dann fängt er auch an, sozusagen auf eigenen Füssen zu stehen. Dann ist er 'er selbst', und der Körper bedeutet für ihn nur eine Hülle.

'Vor dem Tode zu sterben', ist die Lehre des Propheten, was bedeutet, dass der Mensch schon zu Lebzeiten erkennen soll, was der Tod bedeutet. Diese Erkenntnis nimmt alle Furcht hinweg. Das Symbol des Schuhs weist auch auf die Nichtigkeit des materiellen Daseins oder auf die Kleinheit des physischen Körpers, verglichen mit der Grösse der Seele oder des Geistes.

Ein Vers des persischen Dichters *Hafis* sagt:

„Wer Dich erkennt, ist König über das Leben",

was bedeutet, dass das wahre Königreich des Lebens in der Erkenntnis der Seele liegt. Der Gedanke, dass es hierzu vieler Inkarnationen bedürfe, hält uns zurück von dem ersehnten Ziel. Beneidenswert ist der Mensch, der voller Ungeduld nach spiritueller Verwirklichung strebt. Omar Khayyam sagt:

„Morgen? Warum?
Morgen habe ich vielleicht mein wahres Selbst gefunden
mitsamt den siebzigtausend Jahren des Gestern."

Damit will er sagen: „Kümmere dich nicht um die Vergangenheit; sorge dich nicht um die Zukunft, sondern tue in diesem Augenblick alles, was dir möglich ist."

Das Leben hat lange Zeit gebraucht, um sich allmählich vom Mineral zu Pflanze, von der Pflanze zum Tier, vom Tier zum Menschen zu entwickeln. Jetzt, nachdem es sich zum Menschen entwickelt hat, braucht es nicht aufgehalten zu werden. Wohl reicht die Zeit eines ganzen Lebens für den Menschen nicht aus, um das zu werden, was er sein möchte. Doch ist nichts unmöglich, weil die Seele des Menschen vom Geiste Gottes ist. Und wenn bei Gott alle Dinge möglich sind, warum sollte der Mensch nicht etwas vermögen?

II. 2. Fruchtbarkeit

Es gibt ein chinesisches Symbol von Weisen, die Pfirsiche auf ihren Schultern tragen. Das bedeutet, dass es der Sinn des Lebens ist, fruchtbar zu sein. Wie gut oder spirituell ein Mensch auch sein mag, wenn sein Leben keine Frucht trägt, hat er seinen Lebenszweck nicht erfüllt. Ein Mensch, dessen Leben fruchtbar wird, trägt nicht nur für andere Früchte, sondern jeder Lebensaspekt bringt auch ihm Früchte. So wird ihm das Leben zur Frucht.

Wäre das Leben nur um dessentwillen da, was man ‚das Gute' nennt, wäre es sehr uninteressant. Denn das Gute hängt, damit seine Schönheit in Erscheinung trete, vom Bösen ab. Wie eine Form nicht ohne einen Schatten existieren kann, so kann das Gute nicht ohne das Böse sein. Wenn das Leben nur für Spiritualität bestimmt wäre, so würde die Seele besser nicht auf Erden geboren, da sie ihrem Wesen nach spirituell ist. Die ganze Schöpfung ist für etwas Grösseres als das Gute oder sogar die Spiritualität bestimmt, und das ist Fruchtbarkeit. Das Gute und die Spiritualität sind die Mittel dazu, nicht das Ziel. Wenn die Schöpfung irgendein Ziel hat, dann ist es Fruchtbarkeit. Darum stellt das Symbol der Pfirsiche die Lebensaufgabe dar.

Fruchtbarkeit hat drei Aspekte. Im ersten Aspekt hat der Mensch einen Gewinn aus seinem eigenen Leben; im zweiten hat er einen Nutzen aus dem Leben, das ihn umgibt. Der dritte Aspekt besteht darin, dass ein Mensch für sich selber und für das ihn umgebende Leben zum Gewinn wird, wie auch das Leben der Aussenwelt ihm zum Gewinn wird. Das ist der Zustand der Fruchtbarkeit des Lebens. Es bedarf unserer ganzen Geduld, um zu dieser Verwirklichung zu gelangen. Aber um ihretwillen hat Gott die Welt erschaffen, auf dass der Mensch sich dieser Fruchtbarkeit erfreue.

Fehlender Glaube und Mangel an Geduld bringen den Menschen um dieses Glück, obwohl es einer jeden Seele bestimmt ist. Wenn z.B. ein Musiker beginnt, sich an seiner eigenen Musik zu erfreuen, ist das die erste Stufe; wenn er an der Musik anderer Freude hat, ist das die zweite Stufe der Verwirklichung. Freut er sich aber an seiner eigenen Musik und macht zugleich anderen Freude damit, dann ist sein Leben fruchtbar geworden.

Es gibt einen grossen Reichtum an Segen in uns und eine unermessliche Fülle des Segens rings um uns herum. Wenn man fähig geworden ist, den inneren Schatz zu finden und den Reichtum der Aussenwelt zu nutzen, und wenn zwischen dem inneren und dem äusseren Reichtum ein Austausch besteht, dann hat das Leben die Frucht hervorgebracht, für die die Seele geboren wurde. Es kommt dann eine Zeit im Leben der fruchtbaren Seelen, in denen jeder Augenblick ihres Lebens eine neue Frucht trägt, so wie eine Pflanze, die das ganze Jahr hindurch Früchte trägt.

II. 3. Das Drachensymbol

Die bekannteste symbolische Figur Chinas ist der Drache. Der Drache stellt sowohl Leben als auch Tod dar; Leben im Sinne des ewigen Lebens, Tod im Sinne einer Veränderung von Vergänglichkeit in Ewigkeit.

Sehr oft hat der chinesische Drache das Aussehen eines Tigers oder eines Seehunds. sein Körper das einer Schlange mit Vogelschwingen und den Klauen fleischfressender Tiere, auch etwas von der Gestalt des Menschen, - dies bedeutet, dass Leben *eines* ist, sich aber in vielen Formen manifestiert, dass Leben von Leben lebt und deshalb nach Leben hungert.

Der Drache deutet auf Sterblichkeit, die dem Menschen zur Seite steht und in jedem Augenblick auf ihre Stunde wartet. Doch ist der Mensch dessen nicht gewahr, sondern baut Luftschlösser, die vom Leben in dieser sterblichen Welt abhängen.

Der Drache weist auch darauf hin, dass es ein Hindernis auf dem Weg zur Ewigkeit gibt - und das ist der Tod, der überwunden werden kann, indem man den Drachen besiegt.

Der Drache ist auch ein Bild des menschlichen Egos, das nicht nur der Feind anderer ist, sondern den Menschen zu seinem eigenen Feind macht. Der Drache bedeutet die niedere Natur. Die Überwindung der niederen Natur ist die Tötung des Drachen, was auch durch St. Georg symbolisiert wird.

Der Drache ist ein Zeichen materieller Macht, die vorübergehend Dinge und Wesen beherrscht. Diese Macht kann selbst spirituelle Wesen beherrschen oder ihnen Schwierigkeiten bereiten, weil selbst spirituelle Wesen Materie besitzen, die ihr Wesen bildet und für ihr Leben und ihr Wohlbefinden von Dingen der Erde abhängig ist. Aber in allen Drachengeschichten ist am Ende die Niederlage, und der Geist allein besiegt ihn.

In der chinesischen Kunst ist dieses Symbol vorherrschend, denn dieses eine Symbol berührt und weist auf viele Dinge.

II. 4. Wasser

In alten Schriften, wie der *Vedanta* und dem Alten Testament, wird der Geist symbolisch als Wasser dargestellt. Man mag sich wundern, wieso etwas der Erde so Nahes wie das Wasser symbolisch als Geist betrachtet werden sollte. Es ist in der Natur des Wassers, die Erde zu beleben, und so ist es das Wesen des Geistes, dem Körper Leben zu verleihen. Ohne Wasser ist die Erde tot, so wie der Körper ohne die Seele. Wasser und Erde vermischen sich miteinander, so vermischt sich der Geist mit der Materie und belebt sie. Doch steht der Geist über der Materie, so wie das Wasser die Erde mit der Zeit zu Boden sinken lässt und selbst über der Erde steht.

Aber man mag fragen: „Ist der Geist unter der Materie verborgen wie die Seele im Körper?" Darauf antworte ich: „So steht das Wasser unter der Erde." Es gibt keinen Ort, wo Wasser nicht existiert, wohl aber Orte, wo keine Erde gefunden wird. So gibt es nirgendwo einen Raum, wo der Geist abwesend ist, nur das Fehlen der Materie ist möglich.

Hohe Gedanken symbolisch auszudrücken, ist nicht eine Folgerung des Verstands, sondern entstammt der Intuition. Im Anfang sucht die Intuition, die symbolische Bedeutung verschiedener Dinge zu verstehen, um dann dazu überzugehen, selber Dinge symbolisch auszudrücken. Das ist an sich eine göttliche Kunst, und den besten Beweis dafür liefert das Symbol des Wassers, das so geeignet ist, um die Bedeutung des Geistes auszudrücken.

II. 5. Wein

Wein wird nicht nur in der christlichen Religion als heilig betrachtet. In der alten Religion der *Zoroastrier* ist die Geschichte von *Yima Jamshed*, dem Becher Wein, 'aus dem Jamshed sich berauschte', ein historisches Ereignis. Bei den Hindus war für *Shiva* der Wein heilig. Und im Islam ist der Wein, wenn auch auf Erden verboten, so doch im Himmel erlaubt. Im h*auz-e-kauthar*, dem heiligen Himmelsbrunnen, über dem im Islam so viel gesprochen wird, fliesst Wein. Obwohl die Autoritäten im Islam sagen, dass die Schale, die dem Propheten im Meraj dargereicht wurde, mit Milch gefüllt war, möchte ich dies doch bezweifeln. Es würde mich nicht wundern, wenn dies eine Erfindung der Obrigkeit gewesen wäre, um die Gläubigen vom Weingenuss abzuhalten. Denn es wäre nur natürlich, wenn sie schon auf Erden den Wein hätten kosten mögen, den der Prophet im Himmel trank.

Wein ist symbolisch für die Entwicklung der Seele. Der Wein entsteht durch die Vernichtung der Traube, Unsterblichkeit entsteht aus der Vernichtung des Selbst. Der Giftbecher, der in vielen mystischen Kulten bekannt ist, deutet ebenfalls auf den Genuss von Wein hin, aber nicht von süssen, sondern einem bitteren Wein. Wenn das Selbst sich in etwas anderes verwandelt, aus dem, was es zuvor war, so gleicht dies der Wiedergeburt der Seele. Es ist wie bei der Traube, die in Wein verwandelt wird. Die Traube, die sich zu Wein wandelt, lebt, während sie als Traube mit der Zeit verschwunden wäre. Durch die Verwandlung in Wein verliert die Traube ihre Individualität, nicht aber ihr Leben. Dieselbe Traube lebt als Wein, und je länger sie lebt, desto besser wird der Wein.

Für den Sufi bedeutet deshalb die Verwandlung der traubengleichen Persönlichkeit, die nur eine begrenzte Lebenszeit hat, in Wein ein Sakrament, bei der nichts vom Selbst verloren geht, - im Gegenteil: es wird erweitert, ja, sogar vervollkommnet. Dies ist die Essenz aller Philosophie und das Geheimnis der Mystik.

II. 6. Die Locke des Geliebten

In der Sufi-Literatur, die der Welt als persische Literatur bekannt ist, wird oft über die Locken des Geliebten gesprochen und viele fragen sich, was das bedeutet. Die Locke ist ein Symbol für etwas Gebogenes und Rundes. Die Biegung weist auf eine Drehung im Gedanken der Weisheit. Ein direktes Wort der Wahrheit schlägt oft härter zu als ein Hammer. Dies zeigt, dass die Wahrheit allein nicht ausrecht. Die Wahrheit muss zu Weisheit umgewandelt werden. Und was ist Weisheit? Weisheit ist gedrehte Wahrheit. So wie rohe Nahrung nicht verdaut werden kann und deshalb gekocht wird, - obwohl rohe Nahrung natürlicher ist als gekochte -, so ist auch die nackte Wahrheit natürlicher, aber nicht verdaulich, und sollte zur Weisheit umgeformt werden.

Und warum wird sie die Locke des Geliebten genannt? - Weil die Wahrheit von Gott ist, dem göttlichen Geliebten, und Wahrheit ist Gott. Jene Drehung, die Seinem eigenen Wesen, das Wahrheit ist, gegeben wird, erhöht die göttliche Schönheit, weil die Locke als ein Zeichen der Schönheit angesehen wird.

Zudem ist verwirrend, was nicht gerade ist. Weisheit ist für den gewöhnlichen Verstand verwirrend. Überdies hängt die Locke schwer herab, so offenbart sich die himmlische Schönheit, die Weisheit, auf der Erde. Mit anderen Worten: wenn jemand die Schönheit des himmlischen Geliebten zu schauen wünscht, kann er sie in der Weisheit erblicken. Die Weisheit lässt sich nicht nur im menschlichen Wesen aufspüren, sondern auch in Tieren und Vögeln, in ihrer Zuneigung, in ihren Instinkten. Oftmals ist es für den Menschen äusserst schwierig, das Werk der Vögel im Nestbau genau nachzuahmen. Selbst Insekten verrichten eine wundervolle Arbeit, die die menschliche Kunst und Geschicklichkeit übertrifft, wenn sie sich ihre kleine Wohnung herrichten. Wenn man zudem die Natur studiert, wird man bei genauer Beobachtung und einiger Kontemplation darüber erkennen, dass ihr vollkommene Weisheit zugrunde liegt. Wer einmal über dieses Thema nachgedacht hat, kann unmöglich die Existenz Gottes leugnen. wie materialistisch er auch sein mag.

Die Individualität des Menschen wird durch seine Weisheit erwiesen und durch Vergleich von anderen unterschieden. Die Weisheit Gottes, der vollkommen ist, ist für den Menschen unfassbar. Das Wasser im Glas kann sich nicht vorstellen, wie viel Wasser im Meer ist. Wäre der Mensch sich seiner Begrenzung bewusst, würde er es nie wagen, die Existenz Gottes in Frage zu stellen.

Das Symbol der Locke bedeutet auch, dass da etwas vorhanden ist - anziehend und doch verwirrend und rätselhaft. Man liebt es, man bewundert es und kann doch seine Länge und Breite nicht ergründen. Das ist die Weisheit. Ihre Oberfläche ist menschlich, doch ihre Tiefe ist göttlich. Sie könnte Hölle oder Himmel sein, und das Wissen darum befähigt den Menschen, immer in Berührung mit seinem Himmel zu bleiben, anstatt bis zu seinem Tode darauf zu warten.

II. 7. Der Blick

Die persischen Dichter sprechen in der Sufiliteratur oft vom Blick. Ihr symbolischer Ausdruck für den Blick ist häufig ein Schwert und zwar aus verschiedenen Gründen. In erster Linie hat der Blick eine projizierende Wirkung. Der intelligente Blick bewegt sich kreuzweise wie ein Schwert. Aber abgesehen davon sieht vom psychologischen Standpunkt aus ein scharfer Blick durch einen Gegenstand hindurch, als sei er wie von einem Schwert gespalten und sein Inneres offenbar geworden.

Der Blick besitzt eine Kraft, über die sehr wenig bekannt ist. Die Kraft des Blicks vermag Löwen abzuwehren. Der Blick eines tapferen Menschen ist oft mächtiger als ein Schwert, weil die Willenskraft durch ihn wirkt.

Abgesehen von seiner kostbaren Funktion, die das Auge allen anderen Organen des Körpers überlegen macht, ist es ein Ausdruck der Schönheit von Körper, Geist und Seele. Die Sufis symbolisieren das Auge darum als einen Becher voll Wein.

Durch das Auge spiegelt sich das im Herzen eines Menschen verborgene Geheimnis im Herzen eines andern. Wie sehr ein Mensch auch versuchen mag, sein Geheimnis zu verbergen, der des Lesens Kundige vermag es in seinen Augen zu lesen und Gefallen und Missfallen, Freude und Leid zu erkennen. Ein Sehender vermag noch tiefer zu schauen. Er kann den augenblicklichen Zustand eines Menschen in seinen Augen erkennen, den Grad seiner Entwicklung, seine Lebensauffassung und seinen Zustand, sowohl das verborgene wie das offenkundige.

Ausserdem wird der passiven Seele eines Schülers Wissen, Ekstase, innere Freude und göttlicher Friede, - alles das durch den Blick übertragen. Im täglichen Leben kann man beobachten, wie jemand bei geschlossenen Lippen innerlich lacht, dieses Lachen durch seinen Blick ausdrucken kann und wie derjenige, der diesen Blick auffängt, sofort dieser ansteckenden Heiterkeit erliegt. Oft geschieht das gleiche, wenn man in die Augen eines Bekümmerten schaut, dass man sich augenblicklich bedrückt fühlt.

Für diejenigen, deren Geheimnis Gott ist, die über die Vollkommenheit der Schönheit kontemplieren, deren Freude in der Erkenntnis des ewigen Lebens nie endet und deren Herzen eine stets strömende Quelle der Liebe sind, - ist es angemessen, ihren Blick symbolisch als die Schale des *Sâki*, die Schale des Schenken zu bezeichnen.

II. 8. Der Mythos von Baldur

In den skandinavischen Mythen wird erzählt, dass *Baldur*, der Gott der Jugend, Schönheit, Güte und Sanftmut von Feinden verfolgt wurde, die ihn töten wollten. Zu seinem Schutz wurde über alle Bäume des Waldes und jede Pflanze, die Wurzeln im Boden hatte und zum Himmel empor wuchs, ein Zauber ausgesprochen, dass keine aus ihnen hergestellte Waffe die Macht haben sollte, ihn zu verletzen. In diesem Zauber aber war die Mistel vergessen worden, die keine Wurzeln im Boden hatte. Aus ihrem Holz wurde ein Pfeil geschnitzt, durch den Baldur getroffen und tödlich verwundet wurde.

Die Deutung dieser Sage gibt auf eine Frage Antwort, die sich oft im intelligenten Bewusstsein (mind) erhebt: „Warum werden die gottähnlichen Menschen immer wieder zu allen Zeiten der Weltgeschichte so grausam behandelt, und wie kann irgendjemand in der Welt darauf bedacht sein, denen Leid zuzufügen, die die Zuneigung fast aller Seelen erwarben, denen sie auf Erden begegneten?" Ihre Anhänger verbreiteten ihre Lehren, erzählten von der Schönheit ihres Lebens und ihres Charakters den Weisen und den Törichten, den Gütigen und den Grausamen. Alle wurden mehr oder weniger beeindruckt von dem, was sie von den gottbegnadeten Seelen vernahmen, selbst jene, deren Seelen sich noch nicht zur menschlichen Entwicklung erhoben hatten, die sozusagen nur vegetierten, lebendig, jedoch träumend, sich des Lebens nicht bewusst, ausser ihres eigenen Tun. Derjenige aber, der von diesem Zauber nicht berührt wurde, der ihn nicht erreichen konnte, selbst wenn er über ihn ausgesprochen wäre, und wenn, dann nur mit vielen Schwierigkeiten, ist der Gottlose, der wie die Mistel ohne Wurzel lebt.

Die Trauer darüber lebt im Andenken an den Tod des Gottes fort. In Wirklichkeit bedeutet es, dass man den Ursprung dessen feiert, dem er Ausdruck verlieh - dem göttlichen Wissen.

II. 9. Der Wunschbaum

In den indischen Mythen findet man einen alten Hinduglauben, dass es einen Baum gibt, *kamna kalpavriksha* genannt, der alle Früchte trägt, die man sich nur vorstellen kann. Wenn sich jemand unter diesem Baum befindet, braucht er nur zu wünschen, was er haben möchte, und im selben Augenblick wird der Baum alle Früchte, alle Blumen, alles, was er sich nur vorstellen kann, als seine Früchte hervorbringen. Er braucht es nur zu wünschen, und sie werden ihm in den Schoss fallen. Sind sie in Reichweite, braucht man nur die Hand zu heben, um die Blume oder die Frucht zu pflücken; sind sie ausserhalb seiner Reichweite, braucht man nur zu wünschen, dann werden die Zweige sich der Hand zuneigen, damit man sie mühelos pflücken kann.

Es gibt eine Geschichte von diesem Baum, in der ein Wanderer auf seiner Reise durch die Wüste sich zufällig unter diesen Baum zur Ruhe legte. Als er nach einem guten Schlaf die Augen öffnete und in den Baum hinaufschaute, dachte er: „Das muss ein Birnbaum sein." Kaum hatte er dies gedacht, fielen zwei schöne reife Birnen neben ihn herab. Im Liegen hob er sie auf und sagte zu sich: „Was für ein wunderbarer Baum. Wenn Trauben auf ihm wachsen würden, wie herrlich wäre das," - und sobald er das ausgesprochen hatte, schien ihm der Baum voller Trauben zu hängen. Ehe er noch die Hand erheben konnte, bogen sich die Zweige herab, sodass er die Trauben ohne Mühe pflücken konnte. Als er aber wieder dachte: „Welch wunderbarer Baum, ob er auch Rosen hervorbringen kann?". Kaum hatte er den Gedanken gehabt, schien ihm der ganze Baum in Rosen zu erblühen. Da war der Mann so überrascht, so erstaunt und so verwirrt ob dieses Wunderbaums. dass er sich fragte, ob es wahr sei oder bloss ein Traum? Sowie er aber an einen Traum dachte und nach dem Baum aufsah, war dieser im Nu verschwunden.

Es kann kein besseres Beispiel geben als diese Geschichte, um die Idee hinter diesem symbolischen Baum darzustellen. Dieser Baum ist das ganze Weltall, dessen Abbild im Kleinen das eigene Selbst ist. Du kannst keine Frage stellen, die das All nicht beantworten würde, denn es liegt im Wesen des Alls, dem Ruf deiner Seele zu antworten. Nur, wenn du nach Birnen verlangst, werden Birnen da sein; wenn du nach einem Kaktus fragst, wird ein Kaktus da sein; wenn du um Rosen bittest, werden Rosen da sein mitsamt den Dornen. Es ist die eigentliche Tragik des Lebens, dass es an Wissen um dieses grosse, im Herzen des Universums verborgene Geheimnis fehlt. Wenn jemand im All etwas sucht und es nicht finden kann, liegt es nicht daran, dass es nicht vorhanden ist, sondern dass er es nicht sieht. Vielleicht sieht er etwas in seiner Reichweite, etwas, nachdem er verlangt, doch überlegt er sich, ob es ihm möglich sei, es zu erreichen, oder ob es jenseits seiner Mühen und Macht ist.

Gleichzeitig löst das Ende der Geschichte das ganze Lebensproblem, d. h. alles ist vorhanden, und nichts ist vorhanden. Denken wir, es sei alles, so ist es alles; halten wir es für nichts, ist es nichts. Es ist etwas, wovon du sagen kannst: es ist und es ist nicht. Jedoch, jenseits aller Dinge dieses Universums, über allen Dingen, die das Leben darzubieten hat, gibt es nur Eines und das ist Gott. Und was ist Gott? - Gott ist Wahrheit.

II. 10. Die Symbolik im Gottesdienst der Hindus

Puja ist der Name für den Gottesdienst der Hindus. Dieser ist vom Anfang bis zum Ende ein symbolischer Ausdruck dessen, was der Suchende auf dem Weg zur geistigen Vervollkommnung zu tun hat.

Nach dem Bad im fliessenden Wasser, das die Hindus Ganges nennen, - wie auch immer der Name des Flusses sein mag, zu der Zeit ist er für ihn der Ganges, der heilige Fluss - tritt er mit Blumen vor den Altar der Gottheit. Er reicht der Gottheit die Blumen dar, wiederholt ein *mantram* und steht mit zusammengelegten Händen grüssend vor ihr und wirft sich schliesslich vor ihr nieder. Dann läutet er die Glocke und wiederholt das heilige Wort. Nun nimmt er Reis in die Hand und streut ihn zu Füssen der Gottheit. Darauf berührt er mit einer Fingerspitze das rote Pulver *kumkum*, macht damit ein Zeichen auf den Altar und auf seine Stirn. Danach berührt er das Salböl mit der Fingerspitze und betupft damit zuerst die Gottheit und dann seine Stirn. Von neuem wirft er sich nieder und schreitet anschliessend dreimal um den Altar. Hierauf läutet er die Glocke und damit ist die Anbetung beendet.

Nachher tritt er an die Sonne und macht Atemübungen und beendet damit den zweiten Teil seines Gottesdienstes.

Wie einfach diese Form der Anbetung auch sein mag, so liegt ihr doch ihr doch eine grosse Bedeutung zugrunde. Das Bad im Ganges bedeutet gereinigt zu werden, ehe man sich irgendwie bemüht, den geistigen Weg zu beschreiten. Die Reinigung des Körpers wie des Bewusstseins ist erforderlich, ehe man den ersten Schritt dem Gottesideal entgegen macht. Vor einer solchen Reinigung soll der Mensch sich der Gottheit nicht nähern, sowohl einer äusseren wie einer inneren Reinigung; denn nur dann, wenn er rein ist, wird es ihm leicht werden, in die ersehnte Gegenwart zu gelangen.

Die dargebrachten Blumen bedeuten die Freude Gottes an zarten, schönen und duftenden Gaben. Zart bedeutend die Sanftheit des Herzens, Schönheit der Farben bedeutet die Feinheit des

Charakters; der Duft bedeutet die Tugend der Seele. Dies sind die Gaben, die Gott erfreuen.

Der Hindu steht aufrecht vor dem Altar in dem Gedanken, dass sein Selbst in vollkommener Disziplin dem höchsten Willen Gottes geweiht ist. Die zusammengelegten Hände drücken aus, dass er nicht aus sich selbst handelt, sondern sich vollständig hingibt. Das Niederwerfen bedeutet die Selbstverleugnung im wahren Sinne des Wortes, das heisst, 'ich bin nicht, du bist'.

Die geflüsterten Worte und das Läuten der Glocke deuten an, dass das gleiche Wort in der Glocke des eigenen Herzens erklingt.

Das Berühren des roten Pulvers bedeutet das in Berührung-Kommen mit dem ewigen Leben, und wenn er die Gottheit damit berührt, heisst es, dass er aus dieser Quelle das ewige Leben erlangen wird. Wenn er seine Stirn, damit berührt, heisst es, dass er es erlangt hat.

Das Salböl bedeutet Weisheit, dass er zuerst die Gottheit und dann seine Stirn damit berührt, bedeutet, dass wahre Weisheit nur von Gott kommen kann, und dass er sie erlangt hat.

Das dreimalige Umkreisen des Altars ist ein Zeichen dafür, dass das Leben eine Reise ist, die vollbracht werden muss, um zu dem Ziel, das Gott ist, zu gelangen. Der Brahmane denkt: „Jeder Schritt in meinem Leben wird in Seine Richtung gehen, in der Suche nach Gott."

Der zweite Teil des Gottesdienstes, wenn er in der Sonne steht, bedeutet, dass Gott im Licht zu suchen ist. Und durch die Atemübungen befestigt er diese innere Verbindung zwischen Gott und sich selbst.

Gatha III

III. 1. Leila und Majnun

Die Legende von Leila und Majnun ist eine der bekanntesten Geschichten des Ostens, und die Sufidichter haben die Charaktere von Leila und Majnun verwendet, um mit dieser symbolischen Legende die Philosophie der Liebe darzustellen.

Leila und Majnun waren Schulkameraden und hatten einander lieb. Wenn der Lehrer Majnuns Tafel anschaute, war Leilas Bild darauf gezeichnet. Und rief der Lehrer Leila, um aus dem Buch zu lesen, so wiederholte sie den Namen Majnuns. Die Eltern waren enttäuscht über die Schule und nahmen die Kinder wieder nach Hause. Als infolge der verschiedenen Kastenzugehörigkeit Schwierigkeiten entstanden, - nach den Vorstellungen ihrer Kasten konnten sie sich nicht heiraten -, versuchte jemand, ihre Gedankenrichtung zu ändern, damit sie einander vergessen möchten, und fragte darum Majnun: „Was ist so Besonderes an Leila, dass du sie so sehr liebst? Es gibt so viele andere Mädchen in der Welt", da antwortete Majnun: „Um Leila zu sehen, musst du dir Majnuns Augen leihen."

Unter grossen Schwierigkeiten stimmte Leilas Familie einer Heirat zu unter der Bedingung, dass Majnun seine Liebe nicht auf sonderbare Weise zeigen, sondern sich vernünftig benehmen würde. An dem Tage, der für das Zusammentreffen mit Leilas Familie festgesetzt war, trat Majnun mit seinen Eltern ins Wohnzimmer, die ihm nahegelegt hatten, sich vernünftig zu benehmen. Da geschah es, dass Leilas Hund, den Majnun schon seit Jahren kannte, ins Zimmer lief. Majnun konnte keinen Augenblick länger seine Würde bewahren; er kniete beim Hund nieder und küsste seine Pfoten, und der Besuch war ein Misserfolg.

Enttäuscht über Majnuns Verhalten nahmen die Eltern ihn mit zur Kaaba und forderten ihn auf, genauso zu beten, wie sie es tun würden, und er willigte ein. Die Menge folgte ihnen begierig, das Gebet zu vernehmen. Als Majnun gerufen wurde, beteten seine Eltern erst: „Gott, nimm die Liebe zu Leila aus Majnuns Herzen."

Die anderen horchten auf. Dann forderten sie Majnun auf, so zu beten, wie sie es eben getan hätten. Er sagte: „Werde ich dann Leila bekommen, wenn ich bete?" Sie drängten ihn zu beten, und er sprach: „Gott, gib mir Leila," und alle Anwesenden sprachen: „Amen."

Die Eltern gaben die Hoffnung auf und liessen von da an Majnun gehen und kommen, wie er wollte. Er gelangte schliesslich in die Nähe von Leilas Stadt und liess sich vor der Stadt in einer unbewohnten Ruine nieder. Er war müde und suchte Schutz unter dem durchlöcherten Dach. Als Leila hörte, dass Majnun nahe der Stadt war, sandte sie ihm durch eine zuverlässige Magd einen Teil ihres Mahls zu. Als das Mädchen kam und an jenem Ort nach Leilas Geliebten Ausschau hielt. waren dort zwei Männer, - der eine dünn und abgezehrt, der andere gut aussehend. Die Magd dachte, dass letzterer sicher der Geliebte Leilas sein müsse. Am Arm den Korb mit dem Essen fragte sie diesen Mann: „Bist du Majnun?" Er fragte zurück: „Was bringst du da?" Sie antwortete: „Etwas zu essen für Majnun." Er sagte: „Ich bin Majnun, gib es mir." Er freute sich an der Mahlzeit und sagte: „Ich würde mich freuen, jeden Tag etwas zu bekommen." So hungerte Leila tagelang und schickte ihr Essen zu dem Mann, der sich für Majnun ausgab.

Eines Tages fragte Leila: „Wie geht es meinem Majnun?" Das Mädchen antwortete: „Er sieht Tag für Tag besser aus." Leila sagte: „Das ist nicht möglich." - „Aber gewiss", erwiderte die Magd, „du kannst sicher sein, er sieht täglich etwas besser aus." Leila sagte: „Heute brauchst du ihm kein Essen zu bringen. Nimm ein Messer und eine Schale und sage meinem Majnun, dass ich einen Tropfen seines Bluts brauche." Als sie kam, eilte der Mann ihr entgegen, um gierig das Essen zu empfangen., doch stattdessen fand er ein Messer. Er rief: „Was soll das bedeuten?" Sie antwortete: „Leila wünscht sich einen Tropfen deines Bluts." Er schaute ganz verwirrt und sagte schliesslich: „Ich bin nicht Majnun. Vielleicht ist jener Majnun, der dort in der Ecke sitzt." Zu jener Zeit war Majnun sehr abgemagert, doch als sie ihn um einen Blutstropfen für Leila bat, stiess sich Majnun das Messer an verschiedenen Stellen in den Körper und versuchte, einen Blutstropfen herauszupressen, um ihn Leila zu schicken. „Ah", sprach er, „für Majnun gibt es nichts Köstlicheres, als einen Blutstropfen für Leila herzugeben, wenn sie es wünscht."

III. 2. Leila und Majnun (Ende)

Das Ende der Geschichte von Majnun ist folgendes:
Majnun sass lange Zeit im Schatten eines Baumes und wuchs mit der Zeit wie der Baum. Schliesslich wurden sein Körper und der Baum eins. Als ein Holzfäller kam, und seine Axt Majnun statt des Baums traf, seufzte Majnun: „Leila", denn das war sein einziger Gedanke. Leila hörte dies in einem Augenblick der Freiheit und fühlte sich zu Majnun in seinem letzten Augenblick auf Erden hingezogen und rief ihn: „Majnun." Er antwortete: „Leila." Sie sagte: „Ich bin Leila." Doch er sprach: „Ich bin Leila." Darauf sank er um und starb und Leila folgte ihm alsbald nach.

Der Pfad des Sufi ist der Pfad der Hingabe, und darum sind Leila und Majnun für den Sufi das Symbol für Gott und den Menschen. Die Seele, die auf dem Pfad Gottes wandelt, bedarf keiner grossen Gelehrsamkeit. Was sie auf ihre Tafel schreibt, ist der Name Gottes, und was sie in ihrem Buch liest, ist Sein Name. Dies ist das einzige Wissen, das auf dem Pfad Gottes wesentlich ist. Niemand kann den Geist (mind) des Gottsuchers auf irgendetwas anderes ablenken, wie attraktiv es auch sein mag. Er vermag vielleicht keine Erklärung für seine Hingabe an Gott anzugeben, er kann nur sagen: „Um Gott zu lieben, musst du dir meine Augen leihen."

Während die Menschen über die Unterschiede ihrer Religionen und Glaubensbekenntnisse nachdenken, verneigt sich der Gottliebende vor dem niedrigsten Menschen, wie Majnun vor Leila s Hund.

Während viele nur für sich selbst beten, trachtet der Gottsuchende im Gebet nur nach der Gegenwart Gottes. Darum wird jede aufrichtige Seele, welches auch ihre Religion sei, so beten wie Majnun.

Zudem verlangt der Pfad Gottes wie der Pfad der Liebe, wenn er aufrichtig beschritten wird, vom Anfang bis zum Ende Opfer. Wer diese Opferbereitschaft nicht besitzt, gleicht dem angeblichen Liebhaber Leilas, der Speise forderte, aber nicht bereit war zu leiden.

Wahrlich, wer nach der Welt trachtet, wird der Welt Erbe, doch die Seele, die Gott sucht, wird am Ende in die Gegenwart Gottes gelangen.

Doch wohin führt die Liebe zu Gott? Sie führt zu jenem Frieden und jener Ruhe, die sich im Leben eines Baumes offenbaren, der Blüten und Früchte für andere trägt und nichts dafür verlangt, nicht einmal einen Dank. Er dient und kümmert sich um nichts sonst, auch nicht um Anerkennung. Das ist die Art des Gottliebenden. Und wenn er schliesslich zu Gott gelangt ist, vergisst er sich selbst, so wie Majnun zu Leila sagte: „Ich bin Leila." Und was geschieht dann? - Statt dass der Mensch auf die Suche nach Gott geht, folgt Gott dem Menschen nach.

III. 3. Die Symbolik religiöser Vorstellungen – Das Wandeln Christi auf dem Wasser

Das Wunder des Wandelns Christi auf dem Wasser deutet vom mystischen Standpunkt aus auf eine viel höhere Philosophie als nur ein Wunder. Das ganze Universum in all seinen Formen ist eine einzige Vision unaufhörlicher Aktivität. Vom Anfang bis zum Ende stellt jeder Aspekt des Lebens Bewegung dar, und es ist die ständige Bewegung des ganzen Universums, die Leben genannt wird.

Darum ist das Universum sozusagen ein Meer der Vibrationen, und jede Bewegung stellt eine Welle dar. Darum haben es die Weisen auf Sanskrit *bhava sagara*, den Ozean des Lebens, genannt, und die grossen Gottesverehrer haben dauernd darum gebetet, befreit zu werden, damit sie nicht in diesem Ozean versinken, sondern fähig werden, darin zu schwimmen, was *Taran* genannt wird.-

Es ist der Meister-Geist, der sich über diese Wellen des gewaltigen Lebensozeans erheben kann, in dem gewöhnlich die Seelen ertrinken. In ihm zu sein und doch fähig, darüber zu stehen und über ihn zu schreiten, ist das Wunder des Wandelns Christi auf dem Wasser.

III. 4. Die Symbolik religiöser Vorstellungen – *Shaqqu's-Sadr,* das Öffnen der Brust des Propheten

In der Welt des Islam gibt es eine Legende, von der manche glauben, dass sie sich wirklich zugetragen habe, nach den einen mehrmals, nach den andern nur ein einziges Mal. Die Legende erzählt, dass die

Engel vom Himmel auf die Erde herabgestiegen seien und die Brust des Propheten Mohammed geöffnet hätten. Sie entfernten daraus etwas, das herausgenommen werden musste, worauf sie die Brust wieder in den ursprünglichen Zustand brachten.

Für den Sufi ist dies eine symbolische Legende. Sie zeigt, dass es im Leben des Menschen notwendig ist, die Pflanze der göttlichen Liebe im Herzen gedeihen zu lassen. Alles, was bittere Gefühle im Herzen hervorruft, muss entfernt werden. So wie der Skorpionstachel und der Schlangenzahn Gift enthalten, so gibt es auch ein Gift im menschlichen Herzen, das doch ein Schrein Gottes sein sollte. Aber Gott kann nicht in einem Schrein erscheinen, der durch sein eigenes Gift wie tot ist. Er muss erst gereinigt und vorbereitet werden, ehe Gott darin erscheinen kann.

Die Seele, deren Bestimmung es war, mit der ganzen Welt Mitgefühl zu empfinden, wurde so vorbereitet, dass der Gifttropfen, der immer Verachtung, Groll und Abneigung gegenüber anderen hervorruft, zuerst zerstört wurde. So viele reden von der Reinigung des Herzens, und so wenige wissen, was sie wirklich ist. Manche sagen, rein zu sein bedeute, frei von allen bösen Gedanken zu sein, aber es gibt keinen bösen Gedanken. Nenne es böse oder nenne es Teufel, wenn es irgendeinen solchen Gedanken gibt, dann ist es der Gedanke des Grolls einem andern gegenüber. Niemand mit Vernunft und Verstand möchte auch nur einen Tropfen Gift in seinem Körper behalten, doch wie unwissend ist ein Mensch, der in seinem Herzen einen bitteren Gedanken gegenüber seinem Mitmenschen hegt und nährt. Wenn ein Tropfen Gift den Tod des Körpers verursachen kann, dann gleicht es einem tausendfachen Tod, wenn das Herz den kleinsten Gedanken der Bitterkeit bewahrt.

In dieser Legende bedeutet das Öffnen der Brust das Öffnen des Egos, das wie eine Schale das Herz umgibt. Das Herausnehmen des Fremdkörpers bedeutet, dass jede Art von Gedanken oder Gefühl gegen andere entfernt wurde und die Brust, das bedeutet Herz, nur von Liebe, dem wahren göttlichen Leben, erfüllt wird.

III. 5. Die Symbolik religiöser Vorstellungen – Meraj, der Traum des Propheten Mohammed

Im Islam gibt es eine Geschichte vom Traum des Propheten, - ein Traum, der eine Einweihung in die höheren Sphären war. Viele nehmen sie wortwörtlich und diskutieren darüber, wobei sie am Ende nicht weitergekommen sind, als sie am Anfang waren. Nur vom Standpunkt des Mystikers aus kann man das Geheimnis herausfinden.

Es wird gesagt, dass der Prophet von Jerusalem zum Friedenstempel gebracht wurde, was bedeutet: vom äusseren Friedenstempel zum inneren Tempel des Friedens. Als Reittier wurde dem Propheten ein *buraq* gebracht, und *Jibra'il* begleitete ihn auf der Reise, um ihn zu führen. Vom *buraq* wird gesagt, es sei ein Tier des Himmels, das Flügel, einen Pferdekörper und ein menschliches Antlitz hat. Es symbolisiert den Körper zusammen mit dem Bewusstsein (mind). Die Flügel stellen das Bewusstsein und der Körper des *buraq* den menschlichen Körper dar, der Kopf bedeutet Vollkommenheit. Dies ist auch ein Bild des Atems. Der Atem ist der *buraq*, der in einem Augenblick von der äusseren Welt in die innere Welt gelangt. *Jibra'il* stellt in dieser Geschichte den Verstand dar.

Es wird gesagt, dass der Prophet auf seinem Weg Adam sah, der lächelnd auf die eine Seite und weinend zur anderen schaute. Dies zeigt, dass die menschliche Seele, wenn sie echte, menschliche Gefühle in sich entwickelt, sich am Fortschritt der Menschheit erfreut und über die Degeneration der Menschheit trauert.

Der *buraq* konnte nicht über einen bestimmten Punkt hinausgehen, was heissen will, dass der Atem uns nur eine gewisse Strecke zur mystischen Verwirklichung trägt, aber dann eine Stufe kommt, wo er uns nicht mehr begleiten kann. Als sie nahe beim Ziel ankamen, zog sich auch *Jibra'il* zurück, was bedeutet, dass auch der Verstand seine Grenzen hat.

Dann gelangte der Prophet in die Nähe jenes Vorhangs, der das Menschliche vom Göttlichen trennt, und rief laut den Namen Gottes mit den Worten: „Keiner ist ausser Dir", und die Antwort kam: „Wahrlich, wahrlich". Dies war die letzte Einweihung, aus der dann Mohammeds prophetische Botschaft aufblühte.

III. 6. Die Symbolik religiöser Vorstellungen -
Krishnas Flöte

In der Hindu-Symbolik wird *Krishna* mit einer Krone von Pfauenfedern und Flöte spielend dargestellt. Krishna ist die Idee der göttlichen Liebe, der Gott der Liebe. Die göttliche Liebe drückt sich darin aus, dass sie den Menschen durchdringt und sein ganzes Wesen erfüllt. Die Flöte ist darum das menschliche Herz, das leer, hohl gemacht wurde und damit zur Flöte für den Gott der Liebe wird. Wenn das Herz nicht leer ist, mit anderen Worten: wenn kein Raum darin vorhanden ist, dann ist dort auch kein Platz für die Liebe.

Rumi, der grosse persische Dichter, deutet diese Idee noch klarer. Er sagt: „Die Schmerzen und Sorgen, die der Seele während ihres Lebens widerfahren, sind gleichsam die Löcher, die der Spieler in ein Rohr schneidet, damit daraus eine Flöte wird. Das bedeutet, dass das menschliche Herz einem Rohr gleicht, das erst durch Leiden und Schmerzen zur Flöte wird, die Gott dann als Instrument gebraucht, um Seine Musik darauf zu spielen. Doch nicht jedes Rohr ist eine Flöte und nicht jedes Herz Sein Instrument. So wie das Rohr erst zu einer Flöte gemacht werden muss, so kann auch das menschliche Herz in ein Instrument verwandelt und dem Gott der Liebe dargeboten werden.

Das menschliche Herz wird zur Harfe der Engel, zur Laute Orpheus. Nach der Form des menschlichen Herzens wurde das erste Musikinstrument geschaffen. Doch kein irdisches Instrument kann jene Musik hervorbringen, die dem Herzen entsteigt und die sterbliche Seele zur Unsterblichkeit emporhebt.

Die Krone aus Pfauenfedern führt uns zu einer weiteren Offenbarung: dass die Musik des Herzens durch den Kopf ausgedrückt werden kann. Das Wissen des Kopfes und die Liebe des Herzens vermögen gemeinsam der göttlichen Botschaft ihren vollen Ausdruck zu geben. Pfauenfedern wurden zu allen Zeiten als Zeichen der Schönheit und des Wissens betrachtet; als Zeichen der Schönheit, weil sie schön sind und als Zeichen des Wissens, weil ihre Zeichnung die Form eines Auges hat. Durch scharfes Beobachten erlangt der Mensch Wissen. Wissen ohne Liebe ist leblos. So wird erst mit der Flöte das Symbol der Krone aus Pfauenfedern vollständig.

III. 7. Die Symbolik religiöser Vorstellungen - Feuerzungen

Die symbolische Bedeutung der Legende - des Mythos - ist, dass es einen Zeitabschnitt gibt, in dem die Seele des ernsthaften Suchers sucht; was bedeutet, dass sie das, wonach sie sucht, noch nicht gefunden hat. Als Jesus Christus noch auf der Erde lebte, waren die wunderbare Persönlichkeit des Meisters, der grosse Rausch, den seine Gegenwart verursachte und das Strömen der Botschaft, die er zu bringen hatte, so viel für seine Jünger, dass es weit über das hinaus ging, was man Freude oder Glück oder sonst erklärbar nennen könnte. All die Segnungen, die sie während seiner Gegenwart erhielten oder erfuhren, waren durch die Persönlichkeit des Meisters überdeckt. Die Zeit des Bewusstwerdens von dem, was sie empfangen hatten, kam nach der grossen Veränderung in ihr Leben, als die äussere Person des Meisters zum Himmel aufgestiegen war und die Fähigkeit zur Erkenntnis geöffnet wurde.

Doch nach der Auferstehung, als sie genügend Zeit gehabt hatten, um sich von den Gefühlen zu erholen, die ihre Herzen überwältigt hatten, öffnete die scheinbare Trennung von ihrem geliebten Herrn sozusagen die Tore ihrer Herzen und schuf Raum für die Erleuchtung, die ständig aus dem Geist der Führung strömt, dem Alpha und Omega, das immer war, ist und sein wird.

Nach der symbolischen Auslegung bedeuten die Flammenzungen, die von ihrer Stirn aufstiegen, das Licht der Botschaft, die Strahlen des Christusgeistes in Form von Gedanken, die in Worten ausgedrückt wurden. Es gibt eine Stufe im Leben eines jeden Sehenden, in der die Flammenzunge nicht nur eine Auslegung der Wirklichkeit wird, sondern eine Wirklichkeit selbst, seine eigene Erfahrung. Der Kopf ist das Zentrum des Wissens, und wenn dieses Zentrum sich öffnet, wird das bisher verdeckte Licht offenbar, nicht nur in der Vorstellung, sondern auch in der Form.

Das Wunder, das am folgenden Tag geschah, als die Apostel sich in verschiedenen Sprachen ausdrückten, kann richtigerweise in dem Sinn ausgelegt werden, dass jede Seele ihre eigene Sprache vernimmt. Denn jede Seele hat ihr eigenes Wort, so wie jede Seele die ihr eigene Illusion hat. Aus diesem Grund kann auf dieser Welt ein Mensch einen anderen nicht verstehen, und es ist mehr als ein

Wunder, wenn ein Freund, vielleicht ein Mensch auf dieser Welt einen voll verstehen kann. Was bedeutet, dass in dieser Welt die Sprache eines jeden einzelnen von keinem anderen verstanden wird, und wenn jemand auch nur ein wenig versteht, fühlt man sich mit ihm eins.

Die Erleuchtung durch den Christusgeist brachte eine Verzückung in ihr Leben, sodass sie in jeder Seele den Meister zu sehen begannen und mit jeder Seele eins wurden, inspiriert durch das Mitgefühl und die Liebe Christi. Und sie verstanden die Seelen so, wie sie sie sahen, und so sprachen sie mit Seelen, deren Sprache niemals verstanden worden war. Einfach gesagt, sie hörten den Schrei einer jeden Seele und antworteten einer jeden.

Die Botschaft bedeutet die Antwort auf den Schrei einer jeden Seele. Jeder grosse Prophet oder Lehrer hatte in seinem Leben viele Anhänger, die sich von seiner Persönlichkeit, seiner Güte und Liebe angezogen fühlten. Aber jene die zum Instrument seiner Botschaft wurden, deren Herzen zur Flöte des Meisters wurden, auf der er seine Musik spielen konnte, sind immer nur wenige Auserwählte gewesen, wie die zwölf Apostel Christi.

III.8. Die Symbolik religiöser Vorstellungen - Die Geschichte von Lots Frau

Die alte Methode das Geheimnis des Lebens zu enthüllen, bestand in der Form von Legenden. Die Legende von Lots Frau erzählt, dass Lot mit Abraham verwandt war und es Abrahams Liebe und Hilfe zu verdanken hatte, dass ihn zwei Engel vor der kommenden Zerstörung der beiden Städte warnten und ihm rieten, in die Berge zu fliehen. Lot wollte die Stadt zuerst nicht verlassen, aber schliesslich willigte er ein. Seine Schwiegersöhne wollten ihn nicht begleiten, aber seine Frau und seine beiden Töchter machten sich mit ihm auf den Weg in die Berge. Die Engel hatten ihnen geboten, nicht zurück zu sehen. Als Lots Frau es dennoch tat, wurde sie zur Salzsäule. Lot zog mit seinen beiden Töchtern weiter und erreichte die Höhle in den Bergen, die sein Ziel war.

Die beiden dem Untergang geweihten Städte bedeuten den Nordpol und den Südpol, die beiden Pole der Welt. Denn aller

Reichtum der Erde, aller Besitz, Macht und Ruhm, die der Erde angehören, sind der Zerstörung unterworfen. Dies wurde der menschlichen Seele, Lot, gelehrt, die mit Abraham verwandt ist, der menschlichen Seele, die von Brahma, dem Schöpfer, stammt. Die Verwandtschaft zwischen Lot und Abraham versinnbildlicht die Verwandtschaft der menschlichen Seele mit dem Schöpfer. Die beiden Engel sind die Engel des Lichts und der Vernunft. Wenn der Mensch erleuchtet wird, besteht die erste Lehre darin, die Seele vor dem Unheil zu warnen, dass allem bevorsteht, was dem Tod und der Zerstörung bestimmt ist. Diese Lehre wird im Sanskrit *vairagya* genannt, wenn dem Menschen die Augen aufgehen, dass alles, was er liebt und schätzt und zu besitzen und fest zu halten wünscht, dem Tod und der Zerstörung unterworfen ist.

Fünf Körper werden von den alten Mystikern als die Träger der Seele angesehen:

anandamayakosh	der Körper der Freude
vijnanamayakosh	der Körper der Weisheit
manomayakosh	der Körper des Gemüts (mind)
pranamayakosh	der Ätherkörper
annamayakosh	der physische Körper

Dieser letzte Körper nimmt die irdische Nahrung auf. Er lebt von irdischer Nahrung und wenn sie ihm entzogen wird, stirbt er. Denn er ist aus Erde erschaffen und lebt von der Erde. Anderer Art ist das Aufnahmegefäss für Äther. Dieser Teil des Menschen lebt durch den Atem und durch Aufnahme von Luft. Wenn ihm die Luft entzogen wird, kann er nicht leben. Diese beiden Körper bilden den materiellen, den physischen Teil des Menschen, und sie sind es, die in der Legende die ‚Schwiegersöhne' genannt werden.

Da ist weiter *manomayakosh,* das Gemüt, der Mentalkörper. Dieser Körper übt eine Wirkung und Gegenwirkung auf beide Teile aus, auf die physischen Körper und auf die Seele. Als Lot die beiden Städte verliess, die die physische Ebene bedeuten, um zum Ziel der Unsterblichkeit zu wandern, war seine Frau noch bei ihm. Denn es ist nicht notwendig, dass der Mentalkörper zurückbleibt, wenn die Reise zur Erleuchtung begonnen hat. Er vermag die Seele auf ihrer Reise zur Unsterblichkeit beleiten. Doch seine Bindung an die Erde, an die physische Ebene ist gross, weil er aus physischen Eindrücken aufgebaut ist, aus all den Eindrücken, die aus der physischen Welt stammen. Es ist nur natürlich, dass er hinter sich schauen will, um zu sehen, ob sein physisches Wesen oder sein spirituelles Wesen ihn richtig führe. Im Gemüt (mind) ist der Zweifel vorherrschend, ob er sich richtig oder falsch verhält, doch Zweifel und Glaube sind Feinde. Während der Glaube zum Endziel entgegen führt, zieht es den Zweifel zurück. Als das Gemüt, angezogen von all den Eindrücken des irdischen Lebens, zurückgezogen wurde, konnte es weder die Erde festhalten, noch mit dem Geist weiterziehen. Es blieb zurück – weder Erde noch Wasser, sondern Salz.

Nur die beiden Körper, die der Seele ganz nahe sind, folgten ihr. Es ist ganz natürlich, dass sie ihr folgten, denn sie sind ihr nahe verwandt, sowohl *vijnanamayakosh*, - der Körper der Weisheit, wie auch *anandamayakosh*, der Körper der Freude. Nun zog die Seele, die dem Endziel, der Ewigkeit zustrebte, - in der Geschichte ist es der Gipfel des Berges – weiter dem Berg entgegen. Bevor sie den Gipfel erreichte, kam sie zu einer Höhle, der Himmel genannt, - in der Metaphysik ‚Raum', im Sanskrit ‚Akasha' genannt. Dieser Ort hat die Kraft, die Seele auf ihrem Weg zur Ewigkeit aufzuhalten und für gewisse Zwecke zu gebrauchen. Die der Ewigkeit zustrebende Seele blieb zurück und war trunken von der Ekstase, die sie auf der Ebene der Freude und Weisheit erlebte. Und weil Ekstase stets befruchtend wirkt, so diente diese Freude einem grossen Zweck in der Geburt des Botschafters, im Sanskrit ‚bodhisattva' genannt. Der Botschafter wurde aus der Erfahrung der Seele geboren, der Weisheit und der Glückseligkeit, um der Welt gute Nachricht zu bringen.

Es mag die Frage entstehen, warum *manomayakosh*, die Mutter und *vijnanamayakosh* und *anandamayakosh* die Töchter bedeuten sollen. Die Antwort lautet, dass sie aus dem Bewusstsein (mind) geboren und von der Seele gezeugt sind. Wenn es nur die Seele geben würde, gäbe es weder Weisheit noch Freude. Beide zusammen Seele und Bewusstsein, bringen Freude und Weisheit hervor. Deshalb bedeuten die letzteren die Töchter, und das Bewusstsein bedeutet die Mutter. Die beiden niederen Ebenen sind durch die beiden Schwiegersöhne versinnbildlicht. Sie sind nicht unmittelbar aus Seele und Bewusstsein geboren, sondern sind von anderer Substanz, die Seele und das Bewusstsein in ihr Leben aufgenommen haben.

Durch diese Geschichte wird gezeigt, wie die Seele von der Sterblichkeit zur Unsterblichkeit gelangen kann, und welche Erfahrungen auf diesem Weg für sie nötig sind. Doch wenn der Botschafter auf diese Weise geschaffen wurde, dann ruht der Vater – die Seele – in Frieden. Darum wurde der Botschafter ‚Sohn' genannt und die Urseele ‚Vater'.

III. 9. Die Symbolik religiöser Vorstellungen

Die Idee, die den Worten Christi: „Esst mein Fleisch und trinkt mein Blut" zu Grunde liegt, bezieht sich auf das innere Wesen des Meisters. Mit seinem Blut meinte er das ewige Leben und mit seinen Fleisch die Allgegenwart. Damit wollte der Meister die Jünger lehren, dass seine physische Form, zu der sie sich hingezogen fühlten, nicht sein eigentliches Wesen sei, sondern dass sein wahres Wesen das alldurchdringende, ewigwährende Leben Gottes sei. In diesem Sinn sind auch Vater, Sohn und Heiliger Geist Eins.

Christus sprach zu den Fischern: „Ich will euch zu Menschenfischern machen." Damit meinte er: so wie ihr das Netz auswerft und Fische fangt, so wird sich durch eure Spiritualität eure Persönlichkeit in der Atmosphäre ausbreiten und die Herzen der Menschen, die nach Liebe hungern, werden sich von euch angezogen fühlen wie die Fische.

Die Liebe Christi zum Lamm drückt symbolisch aus, dass der Meister sich vor allem zu der Seele hingezogen fühlte, die so einfach und harmlos wie ein Lamm ist.

Die Dornenkrone versinnbildlicht Duldsamkeit gegenüber solchen Menschen, die den Dornen vergleichbar, bewusst oder unbewusst, immer verletzen. Von ihnen gibt es so viele auf der Welt, und sie sind es, die das Leben der Feinfühligen so schwer machen. Aber der Lehrer, dessen Herz die göttliche Mutter und den göttlichen Vater darstellt, kann nicht anders als tolerant sein und willig die Dornen auf sich nehmen, die ihn verletzen mögen, denn dies ist seine Krone, das Zeichen seiner Herrschaft im Königreich der Seele.

Christus sagt zu Petrus: „Ehe der Hahn kräht, wirst du mich dreimal verleugnen." Dies erklärt das menschliche Wesen. Der Glaube des Menschen hängt gewöhnlich vom Glauben der Menge ab.

Nennt die Menge den Kieselstein einen Diamanten, so nennt ihn der einzelne auch so. Jedermann beginnt, ihn als das zu betrachten und zu bezeichnen. Und wenn die Menge denkt, der Diamant sei ein Kieselstein, dann würde ein jeder den Glauben der Menge teilen.

Die Seele des Gottesboten - versinnbildlicht durch eine Taube - die zur Erde herabkommt, die aber nicht von dieser Welt ist, noch von ihr erkannt wird, bleibt unerkannt, bis der Hahn kräht und die Sonne aufgeht. Seine Worte leuchten und verbreiten ihr Licht über die Welt und die Seelen, die privilegiert sind durch ein Weniges an Erkenntnis, aber mit vielen Zweifeln, vermögen für einen Augenblick zu glauben, beeindruckt von der Kraft und Güte der Persönlichkeit des Meisters, um sie später unter dem Einfluss der Menge tausendmal wieder zu verleugnen, zu bezweifeln und ihnen zu misstrauen. Wie wahr ist ein Hindustani-Sprichwort, dass eine Seele gewöhnlich der Masse folgt.

Nur wenige Seelen gibt es, die zu ihrer Überzeugung stehen und standhaft bleiben, selbst wenn die ganze Welt sich dieser Überzeugung entgegenstellt. Wahrlich, den Gläubigen gehört jeder Segen.

III. 10. Die Symbolik religiöser Vorstellung - Die zehn Jungfrauen

Im Neuen Testament gibt es die Geschichte von den zehn Jungfrauen. Fünf von ihnen waren klug und fünf töricht. Es wurde ihnen gesagt, dass der Bräutigam kommen würde, und sie sollten ihre Lampen anzünden. Fünf machten sich bereit, brachten Öl und zündeten ihre Lampen an, während die anderen fünf warteten, bis der Bräutigam kam. Da gingen sie zu den anderen, die Lampen angezündet hatten und baten sie um Öl, doch wurden sie zurückgewiesen.

Diese Geschichte ist ein Symbol für die Aufnahme der Botschaft Gottes. Mit Jungfrau ist die unschuldige, für das Licht empfängliche Seele gemeint, die auf die Erleuchtung wartet. Fünf bedeutet die Menge. Nun gibt es zwei Arten von Menschen: die einen haben sich vorbereitet und sind bereit, die göttliche Botschaft zu empfangen, die durch den Bräutigam dargestellt ist; die anderen – die fünf törichten Jungfrauen – warten und warten, bis die Botschaft gekommen und vorüber gegangen ist. Zu allen Zeiten hat es diese beiden Arten von Seelen gegeben. Die einen werden in den Schriften die Gläubigen genannt, die anderen die Ungläubigen.

In jedem Zeitalter weisen Prophezeiungen der Botschafter dieser Zeit auf das nächste Kommen hin. Manchmal wurde gesagt, „ich werde kommen", und manchmal, „er wird kommen". „Ich werde kommen", wurde zu denen gesagt, die denselben Geist der Führung in jedem Kommen des Botschafters erkennen würden. „Er wird kommen", wurde zu jenen gesagt, für die Name und Gestalt einen Unterschied bedeuten und darum denselben Geist unter einem anderen Namen und einer anderen Gestalt nicht erkennen können. Zum Beispiel war das Kommen Jesu Christi das Kommen jenes Geistes, der in der Geschichte als Bräutigam bezeichnet wurde, doch wie wenige erkannten ihn und empfingen die Erleuchtung. Es waren nur jene, deren Lampen bereit waren, um angezündet zu werden. Öl bedeutet in dieser Parabel Liebe und Licht bedeutet Weisheit. Als ihre Lampen angezündet waren, kamen viele hinterher, aber der Segen und das Privileg im Kontakt mit dem Meister gewesen zu sein, waren vorüber. Sie hatten sich mit dem Licht zu begnügen, das von den Lampen jener kam, deren Lampen angezündet waren, aber die Gelegenheit, ihre eigenen Lampen anzuzünden, war verloren gegangen.

Das gleiche geschieht mit allen Dingen des Lebens. Jeder Augenblick unseres Lebens bietet uns eine Gelegenheit des Nutzens und Segens. Diejenigen, die wissen, wie sie die Gelegenheit nutzen und den Segen erlangen können, empfangen ihn. Jedermann scheint lebendig und wach zu sein, aber nur wenige Seelen sind wirklich lebendig und wach. Es gibt Gelegenheiten für Nutzen und Segen auf jeder Ebene unseres Lebens, auf der physischen Ebene, der mentalen Ebene und der spirituellen Ebene, und jede Gelegenheit ist von unschätzbaren Wert. Aber oft erkennen wir die Wahrheit erst, wenn es zu spät ist. Es gibt keine grössere und bessere Gelegenheit, als den Augenblick, der uns spirituelle Erleuchtung zu geben vermag, ein Augenblick, in dem wir den Segen Gottes empfangen. Es ist ein unbezahlbarer Augenblick. Wer darum weiss und es versteht und es zu nutzen vermag, ist gesegnet.

Teil IV

Atem
Pasi Anfas

Gatha I

1. Die Kraft des Atems
2. Die Kultivierung des Atems
3. Atem, das eigentliche Leben - Prana
4. Fünf Aspekte des Atems
5. Der Atemkanal
6. Der Rhythmus des Atems
7. Kasif und Latif
8. Atem - Träger des Selbst
9. Die Mystik des Atems
10. Farbe und Ton

Gatha II

1. Fikar
2. Regelmässigkeit des Atems
3. Lebenskraft
4. Voller Atem
5. Gedanke und Atmung
6. Sei dir jedes Atemzuges bewusst
7. Die Richtung des Atems
8. Der Atem in der Entwicklung des Gemüts (mind)
9. Zusammenziehung und Ausdehnung
10. Kommunikation durch den Atem

Gatha III

1. Die Länge und Breite des Atems
2. Inspiration
3. Gedankenlesen
4. Lebendiger Atem - nafsi garm
5. Die unbekannte Dimension
6. Atem und Meditation
7. Der Atem gleicht dem Wasser
8. Atem und Magnetismus
9. Subtile Wellen des Atems
10. Das Geheimnis des Atems

Gatha I

I. 1. Die Kraft des Atems

Es ist schwierig, den Atem in wenigen Worten zu definieren. Der Atem ist das wahre Leben in allen Wesen. Es ist die Kraft des Atems, die alle Bestandteile des Körpers zusammenhält. Lässt diese Kraft nach, dann verliert der Wille die Kontrolle über den Körper. Wie die Kraft der Sonne alle Planeten hält, so hält die Kraft des Atems jedes Organ. Darüber hinaus reinigt der Atem den Körper, indem er ihm neues und frisches Leben zuführt und alle Gase ausscheidet, die ausgeschieden werden sollen. Er nährt den Körper, indem er aus dem Weltall Energie und Substanzen aufnimmt, die notwendig sind, - nötiger als alles, was man isst und trinkt.

Der ganze Mechanismus des Körpers arbeitet durch die Kraft des Atems, und jede Störung im Wirken dieses Mechanismus ist durch irgendeine Unregelmässigkeit des Atems verursacht. Deshalb spüren Ärzte eine Störung in der Gesundheit eines Patienten, indem sie seinen Puls oder den Herzschlag fühlen. Ein Arzt wird sagen, dass die Veränderung in den Puls- und Herzschlägen durch die physische Krankheit des Körpers verursacht wird, während der Mystiker weiss, dass sie durch den Atem verursacht wurde.

Der Atem wirkt in seinen verschiedenen Aspekten auch unterschiedlich. In jeder Richtung wirkt der Atem auf eine besondere Art. Der Atem hat eine spezielle Aufgabe in jedem Organ des Körpers und seinen besonderen Einfluss auf jedes Element, aus dem der Körper besteht. Jede Bewegung, die man macht, wird durch die Kraft des Atems gelenkt, und gleichzeitig ist es allein der Atem, der die Kraft besitzt, irgendeine Bewegung anzuhalten. Zum Beispiel Gehen, Laufen, Sitzen und Stehen sind Tätigkeiten, die durch die Kraft des Atems ausgeführt werden, während Zittern, Schaudern oder unbeherrschte Bewegungen der Hände und Füsse einen Mangel an Kraft des Atems zeigen.

Der Atem wirkt auf verschiedene Weise im Mechanismus des Körpers. Hunger und Durst, sowie die Fähigkeit zu essen und zu trinken werden durch den Atem bewirkt. Das Öffnen und das Schliessen der Augen und die Aktivitäten aller Organe werden durch die Kraft des Atems gelenkt; ebenso wird das Ausstossen aller Gase und Exkremente durch den Atem bewirkt. Somit wird jede Aktivität des Körpers, äusserlich wie innerlich, durch den Atem gelenkt. Darum verursacht Unregelmässigkeit des Atems Krankheit und seine Regelmässigkeit führt zur Gesundheit. Heutzutage finden viele Ärzte verschiedene Gründe für Krankheiten heraus, während der Mystiker auf den Atem weist und ihn als Ursache betrachtet.

Krankheiten, besonders solche Krankheiten wie Nervosität, Herzflimmern und Lähmungen entstehen durch Mangel an Atemkraft. Alle Lungenkrankheiten werden durch Unreinheit des Atems verursacht. Beschwerden des Gehirns oder der Verdauungsorgane werden auch durch Unregelmässigkeit des Atems verursacht.

Dies zeigt, dass im Atem der Schlüssel zur Gesundheit, dem wahren Lebensglück, liegt.

I. 2. Die Kultivierung des Atems

Das Einziehen und Ausströmen der Luft, das man in der Nase und der Lunge spürt, ist das, was wir für gewöhnlich 'Atem' nennen. In Wirklichkeit verhält es sich jedoch damit wie mit dem Stamm eines Baumes, der viele Äste hat. Der Arzt betrachtet die Lunge als den Kanal des Atems, aber für den Mystiker sind die Lungen Äste des Baumes, dessen andere Zweige alle Teile des Körpers erreichen. Er bezeichnet alle diese Zweige mit verschiedenen Namen. Dieser Baum hat seine Wurzeln im Körper und hat Zentren, wo die Äste dem Stamm entspringen.

Es gibt fünf solcher Zentren im menschlichen Körper. In jedem von ihnen hat der Atem eine besondere Aufgabe. Durch das Studium der Mystik erkennt man. dass das menschliche Leben von der Tätigkeit dieser Zentren abhängt. Im allgemeinen sind sie im Innern des Körpers blockiert und geben darum nur ein trübes Licht, wenn man sich den Atem als Brennstoff und die Zentren als Laternen vorstellt. Sind diese Zentren nicht in gutem Zustand, bedeutet dies eine Kraftverschwendung, ausserdem bleibt dadurch dem Menschen die volle Erfahrung des Lebens versagt.

Kräfte, die als übernatürlich gelten, werden natürlich, wenn der Mensch ein natürliches Leben führt. Die erste Anforderung naturgemässen Lebens ist richtiges Atmen. Viele Leute atmen halb, viele nur ein Viertel oder noch weniger. Viele Krankheiten, wie Lungen- oder Nervenkrankheiten, können durch richtiges Atmen vermieden werden. Wenn der Atem eine bestimmte Richtung einnimmt, verursacht er Schlaf, ebenso bewirkt die Richtung des Atems Spannkraft oder Ermüdung. Mit Hilfe des Atems wird der eine durch Körperübungen stärker, während ein anderer sich bei körperlicher Arbeit erschöpft und verbraucht. Arbeiter in Indien, die schwere Lasten zu tragen haben, kennen eine gewisse Art zu atmen, dadurch vermögen sie schwer zu arbeiten und spüren kaum Ermüdung.

Nach Auffassung des Mystikers verleiht ein natürlicher, voller Atem vollkommene Gesundheit, aber seiner Ansicht nach atmet von hundert Menschen kaum einer richtig. Jeder Brahmane unterrichtet sein Kind vom neunten Lebensjahre an in der Kunst des Atmens. Da im allgemeinen fast jedermann nachlässig atmet, wird es nur selten jemanden bewusst, dass seine Art zu atmen nicht richtig ist.

Es gibt viele Ursachen, warum die Menschen im allgemeinen nicht richtig atmen, eine davon ist das Fehlen einer entsprechenden Erziehung. Da die Gesundheit wichtiger ist als alles andere auf Erden, und da sie gänzlich vom Atem abhängt, der das wahre Leben ist, muss der Pflege des Atems grösste Aufmerksamkeit geschenkt werden.

I. 3. Atem, das wahre Leben - *Prana*

Atem wird in der Sufi-Terminologie n*afs* genannt. Im Sanskrit heisst er p*rana*, das bedeutet 'das wahre Leben'. Er bringt Leben und Magnetismus in alle Teile des Körpers, denn Atem an sich ist Leben und Magnetismus. Entstellungen der Gestalt und der Gesichtszüge sind oft von einer Störung des Atems verursacht. Mangelndes Ebenmass in der Gestalt und in der Kraft können ebenfalls durch fehlende Regelmässigkeit des Atems verursacht sein.

Durch Körperübungen und Stimmbildung kann sich der Atem in verschiedenen Teilen des Körpers entwickeln. An den Fingern eines Violinisten kann man besonders gut beobachten, wie er durch stetes Üben auf der Violine eine Art Magnetismus, eine Art Leben in die Saiten bringt, die seine Finger berühren. Dieses Beispiel ist ein klarer Beweis dafür, dass es weder die spielenden Finger sind, noch die klingende Violine ist, sondern dass beide Instrumente des Lebens sind.

Die Bedeutung des Atems wird allmählich auch von der wissenschaftlichen Welt anerkannt, aber von diesem mystischen Thema bleibt noch vieles unerforscht. Die Mystik gründet sich auf der Wissenschaft vom Atem. Es gibt keinen Mystiker, sei er Buddhist oder Vedantist oder Sufi, der von einem anderen Verfahren als dem des Atems Gebrauch macht. Atem ist die erste Lektion und auch die letzte.

Ein Mystiker vermag seinen Atem in jeden Teil seines Körpers zu senden, und wird dadurch fähig, Leben, Strahlung und Magnetismus jedem kleinsten Teilchen zukommen zu lassen. Die Frage, ob er den Atem durch seine Willenskraft aussende, kann einfach mit ja beantwortet werden, doch das ist nicht genug. Wenn die Violine keine Saiten hat, kann man mit der Willenskraft allein nicht auf ihr spielen. Solange der Adept seinen Atem nicht ausgeglichen, kontrolliert und gereinigt hat und ihn bemeistert, kann er das gewünschte Ergebnis nicht hervorbringen. Es ist nutzlos, den Atem für übersinnliche und okkulte Zwecke benutzen zu wollen, ehe man ihn in den Zustand gebracht hat, in dem er richtig im Körper wirken kann. Viele bleiben erfolglos im Streben nach geistigen Zielen, weil sie übersinnliche Phänomene hervorbringen wollen, ehe der Atem im Körper richtig wirken kann.

Der Körper ist das Instrument für jegliche Erfahrung - weltliche wie geistige. Durch ein vertieftes Studium des Atems erkennt der Sucher nach der Wahrheit, dass jedes Teilchen des Körpers vom Atem geformt und ernährt wird, - und so auch vom Atem und dem Atem entsprechend sein Charakter geformt wird.

I. 4. Fünf Aspekte des Atems

Der Mechanismus des Körpers hängt in seinem Funktionieren von fünf verschiedenen Aspekten des Atems ab. Diese Aspekte sind die fünf verschiedenen Richtungen des Atems. Im Koran, wie auch in den hebräischen Schriften sind diese fünf Aspekte als Engel bekannt, die ihr feineres Wirken im menschlichen Leben versinnbildlichen. Die Propheten sprechen oft in symbolischen Ausdrücken von diesen Richtungen. So heisst es: „Ein Engel stehe zur Linken, einer zur Rechten des Menschen, einer vor und einer hinter ihm und einer ist in ihm." Wenn einer dieser fünf Aspekte nicht richtig arbeitet, bringt er Unregelmässigkeit in den Mechanismus des Körpers. Im Essen und im Trinken, im Gähnen und im Strecken, wie in allen Betätigungen des täglichen Lebens haben diese fünf Aspekte die Führung zu übernehmen.

Unter diesen fünf Aspekten gleicht der erste Atem, den man in der Nase fühlt, einem Baumstamm. Wenn man diesen Atem reinigt, entwickelt und beherrscht, werden zugleich alle fünf Aspekte entwickelt. Es gibt im menschlichen Körper Atome, die ein bestimmtes Organ bilden und in verschiedenen Rhythmen - je nachdem wie der Atem sie erreicht - mehr oder weniger aktiv sind. Atome, die nicht den geeigneten Atem erhalten, bleiben unentwickelt und sind infolgedessen nicht aktiv. Da die Zentren des Leibes im Zentrum des ganzen Mechanismus gelegen sind, ist es nicht verwunderlich, wenn der Atem im Durchschnittsmenschen nicht den innersten Teil erreicht, wie er es sollte.

Die Frage: „Wenn es natürlich ist, dass er sie erreiche, warum tut er es dann nicht?", kann damit beantwortet werden, dass der Mensch ein gekünsteltes Leben führt. Würde der Mensch ein naturgemässes Leben führen, hätte er es nicht nötig, die in ihm schlummernden Fähigkeiten erst durch meditative Übungen zu wecken. Pferd, Hund oder Katze wissen intuitiv um Tod, Krankheit oder Unglück im Haus, in dem sie leben. Die moderne Psychologie spricht dem Tier die Denkfähigkeit (mind) ab. Der Mensch aber, der so viel höher steht als die niedere Schöpfung und das Ideal aller Wesen ist, besitzt diese intuitive Kraft nicht. Die Ursache ist, dass die Tiere ein naturgemässeres Leben führen als der Mensch, obwohl auch das durch den Kontakt mit dem Menschen bereits verdorben ist. Die Kobra kann ihre Nahrung aus einer Meile Entfernung zu sich heranziehen; der Mensch dagegen muss mit seiner Hände Arbeit für sein tägliches Brot sorgen. Kurz gesagt, es gibt im Menschen Fähigkeiten, die durch die Künstlichkeit seines Lebens verschlossen sind, sodass sein Leben unvollkommen ist.

Um vollständiger zu leben, haben die Weisen aller Religionen den Atem zu Hilfe genommen, um jene Atome und Zentren zu wecken die Instrumente dieser Fähigkeiten sind. Sobald der Atem diese Zentren berührt, lässt er sie vibrieren, worauf sie ihre Arbeit tun.

Die Atemübungen, die einem *Murid* gegeben werden, sind daher dem Aufziehen einer Uhr vergleichbar. Einmal in 24 Stunden wird die Uhr aufgezogen, worauf sie ohne Antrieb weiterläuft.

I. 5. Der Atemkanal

Der Atem ist ein Kanal, durch den das innerste Leben sich ausdrücken kann. Der Atem gleicht einem elektrischen Strom, der zwischen dem ewigen Leben und seiner sterblichen Hülle fliesst. Diejenigen, die Intuition oder irgendeine übernatürliche Kraft erlangt haben, erreichten dies mit Hilfe des Atems. Aber die erste und wichtigste Vorbedingung ist ein reiner Kanal für den Atem, und dieser Kanal ist der menschliche Körper. Wenn dieser Kanal blockiert ist, hat der Atem keine Möglichkeit, frei zu strömen. Die Luft an sich ist nicht schlecht, aber wenn sie die Erde berührt, nimmt sie den Einfluss der Erde auf und kann verunreinigt werden. Genauso ist es mit dem Atem. Der Atem an sich ist rein, aber wenn der Kanal, durch den er wirkt, nicht in Ordnung ist, wird er unrein.

Der Atem vollführt einen Kreislauf durch den Körper, und der Kanal, durch den er fliesst, ist die Wirbelsäule. Die Mystiker messen diesem Kanal grosse Bedeutung bei und nennen ihn die Schlange und stellen ihn als Schlange dar, die sich in den Schwanz beisst. In fast allen Symbolen stellt die Schlange den Atemkanal dar. In der Terminologie der Yogis wird sie *Kundalini* genannt. Wird dieser Kanal durch Atemübungen gereinigt, ist es nicht nur eine Hilfe für den physischen Körper, sondern öffnet auch die Fähigkeit der Intuition und die inneren Tore, hinter denen das wahre Glück des Menschen verborgen ist.

Um diesen Kanal von allen Blockierungen zu reinigen, muss man die Regeln mystischer Reinigung und rhythmischen Atmens befolgen. Menschen, die das nicht richtig verstehen und nur halbwegs etwas darüber gelesen oder gehört haben, meinen, dass durch die Atemübungen gewisse *Chakras*, Zentren geöffnet werden und dass manche Arten von Schwierigkeiten die Folge seien. Betrachtet man dies aber von einem anderen Standpunkt aus, könnte man genauso gut sagen, dass ein Kind niemals seine Augen öffnen sollte, weil es dadurch allen Arten von Versuchungen ausgesetzt wird.

Alle Tugend beruht auf der Selbstbeherrschung. Es gibt keine Tugend, wenn einer wie tot daherlebt. Das Leben ist nur lebenswert, wenn es voll gelebt wird. Manche Leute halten nach Wundern Ausschau, aber es gibt kein grösseres Wunder als den Atem selbst, denn der Atem ist Leben und Licht, und im Atem ist der Ursprung von Leben und Licht. In der Beherrschung des Atems ist das Geheimnis der beiden Welten verborgen.

I. 6. Der Rhythmus des Atems

Beim Atem ist vor allem auf den Rhythmus zu achten, weil vom Atemrhythmus der ganze Mechanismus des Körpers abhängt. Die Hauptursache für Unregelmässigkeiten im Herzschlag oder im Puls liegt im mangelnden Rhythmus beim Atmen. Da es der Mensch gewöhnlich unterlässt, auf seinen Atem zu achten, so übersieht er auch die Tatsache, dass seine Gesundheit völlig vom rhythmischen Atem abhängt.

Rhythmus ist das zentrale Thema der ganzen Schöpfung. Schon das Kleinkind bewegt seine Hände und Beine in einem gewissen Rhythmus. Dies zeigt, dass niemand den Rhythmus lehrt, - er ist natürlich für alle Geschöpfe. Es ist die rhythmische Bewegung, die den Fisch zu schwimmen befähigt, und die Schlange, Bäume zu erklimmen. Wäre der Rhythmus nicht ein Instinkt, wüssten die Tiere nicht, wie zu laufen, und die Vögel nicht, wie zu fliegen. Das menschliche Leben wird von allen Seiten so beansprucht, so zersplittert, dass der Mensch oft Dinge vergisst, die äusserst wichtig für sein Leben sind, die die niederen Geschöpfe anscheinend besser in ihrem Leben bewahren.

Genauigkeit in der Arbeit und Ausgeglichenheit im Handeln eines Menschen, weisen auf seinen Rhythmus. Wenn er unausgeglichen ist, sein Leben Störungen unterliegt und ihm alles zu misslingen scheint, dann ist meistens sein Atemrhythmus nicht in Ordnung. Unregelmässigkeit zwischen Aktivität und Ruhe in den Lebensgewohnheiten, verursachen oft eine Störung im Atemrhythmus.

Oftmals werden die östlichen mystischen Übungen von vielen falsch verstanden. Wenn ein Lehrer seinem Schüler eine Atemübung gibt, meint er häufig nicht den Atem selbst, sondern dessen Rhythmus. Ein Gedanke, der zugleich mit der Atemübung gegeben wird, wird zu einem Gewicht und hält ihn dadurch länger in der Bewegung, indem er ihn aus seiner natürlichen Weise ändert. Dem Atemrhythmus folgen und ihn regelmässig halten, bringt die besten Resultate hervor.

I. 7. *Kasif* und *Latif*

Der Atem wird von den Sufis *kasif* und *latif* genannt. *Kasif* heisst dicht und *latif* heisst fein. Ein dichter Atem ist geräuschvoll und mühsam und strengt die Lungen und die Nerven an. Übungen mit dichtem Atem sind nützlich, um die Muskeln zu entwickeln und Kontrolle über die Nerven zu erlangen. Sie nützen auch den Lungen und sind der physischen Gesundheit zuträglich. In der spirituellen Entwicklung jedoch kann der Atem, - ehe er nicht fein gemacht wird - die wichtigen Zentren im Körper nicht durchdringen und nicht weit genug zu den innersten Teilen des Lebens gelangen.

Der Atem ist für den Sufi eine Brücke zwischen ihm und Gott. Er ist ein Seil für ihn, das am Himmel befestigt ist und zur Erde herabhängt. Mit Hilfe dieses Seils klimmt er empor. In der Sprache des Korans wird der Atem *burak* genannt, ein Pferd, das dem Propheten für seine Reise zum Himmel gesandt wurde. Die Hindus nennen ihn *prana*, was Leben bedeutet. Symbolisch stellen sie ihn als Vogel dar, der im Sanskrit *garuda* heisst, auf dem die Gottheit *Narayana* reitet.

Es gibt keine geistige Schulung, in der dem Atem nicht die grösste Bedeutung für den spirituellen Fortschritt beigemessen wird. Hat der Mensch mit Hilfe des Atems einmal die Tiefe des eigenen Wesens berührt, wird es ihm leicht, mit allem, was es im Himmel und auf Erden gibt, eins zu werden.

I. 8. Atem - Träger des Selbst

Der Atem ist ein Mysterium. In ihm ist das Geheimnis des Lebens verborgen. Der Atem beweist die Existenz des unsichtbaren Lebens.

Er ist hörbar und zugleich unhörbar. Er ist sichtbar und zugleich unsichtbar. Ein gewisser Grad seiner Aktivität und der Raum, durch den er wirkt, machen den Atem hörbar. Dies zeigt, dass da etwas existiert, dessen wir bewusst sind, eine Quelle, die niemand kennt, etwas das jeden Augenblick des Tages aktiv ist und nach dessen Muster der ganze Mechanismus von Natur und Kunst gebildet ist.

Niemand kann erklären, von woher der Atem in diesen sterblichen Leib gekommen ist. Niemand kann sagen, wohin er geht, wenn er diesen aus Lehm geformten Leib verlässt. Man kann nur sagen, dass etwas Leben Spendendes kam, diesen Leib eine Weile am Leben erhielt und dadurch bewies, dass dieser gleiche Leib, den man einst lebendig glaubte, nicht wirklich lebendig war, dass viel mehr es selbst das Leben war. Dies beweist dem Intellekt, selbst wenn er keinen Glauben hat, dass es einen Ursprung gibt, aus dem das Leben stammt und dass es wieder zu dem gleichen Ursprung zurückkehrt.

Das wahre Selbst des Menschen ist jener Teil seines Wesens, der von sich selbst weiss, dass er existiert, der sich seiner selbst bewusst ist. Wenn dieses Selbst anstelle des Leibes den Atem zum Träger nimmt, steigt es zu den höchsten Höhen auf, zu jenem Ziel, das die Quelle und der Ursprung aller Wesen ist.

I. 9. Die Mystik des Atems

Der Atem ist hörbar und sichtbar, und wenn ein spiritueller Mensch ihn durch geistige Übungen stärkt und reinigt, wird er wahrnehmbarer als ein Licht und ein Ton.

Leben und Licht sind in Wahrheit eines; der Atem ist das Leben, und der gleiche Atem ist auch das Licht. Der Atem ist in der Tat das Licht aller Sinne. Die Sinne des Sehens, des Riechens, des Schmeckens, des Hörens und des Fühlens nehmen alles durch das Licht des Atems wahr. Wenn der Atem den Körper verlässt, wird dieser trotz seines vollkommenen Mechanismus unbrauchbar. Es ist daher natürlich, dass jedes Sinnesorgan kraftvoll und durchdringend wird, sobald der Atem entwickelt und gereinigt ist.

Die Ursache dafür, dass kranke, schwächliche und physisch zarte Menschen häufig Visionen haben, liegt darin, dass durch den Mangel an Fleisch, Fett und Blut die Adern und Gefässe des

Körpers, sowie alle Sinnesorgane frei sind und nicht blockiert, wie dies bei einem muskulösen Menschen der Fall ist. Dadurch werden die Sinne natürlicherweise scharf und vermögen mehr wahrzunehmen, als im allgemeinen Wahrnehmungsbereich liegt. Auch nimmt ein solcher Mensch im Schlaf Eindrücke aus der inneren Welt auf, weil während des Schlafes der innere Sinn - den man den Ursprung aller Sinne nennen könnte - der äusseren Welt sozusagen den Rücken zukehrt und die innere Welt zu sehen beginnt.

Der Mystiker entwickelt und reinigt den Atem mit Hilfe von Übungen. Deshalb werden ihm nach einer gewissen Zeit alle Dinge der äusseren und inneren Welt klar. Manche sehen Licht vor sich, andere bemerken Farben vor ihrem Blick und wieder andere erblicken Formen. Wenn sie aber zu anderen darüber reden, die diese Phänomene nicht beobachten können, werden sie für Phantasten gehalten und von den Leuten oft verlacht. Daher spricht der Sufi nie von solchen Erlebnissen. Er denkt, es sei nicht ihre Welt und sie können es nicht verstehen, ehe sie auch zu dieser Sphäre emporsteigen.

Es gibt kein anderes Motiv, um über seine Erfahrungen zu sprechen als Stolz, und wenn jemand aus Eitelkeit dies tut, wird der nächste Schritt die Übertreibung sein. Wenn etwas einen veranlasst, sich anderen überlegen zu fühlen, wird er natürlicherweise auch dazu neigen, es noch eindrucksvoller zu machen. Abgesehen davon liegt es in der menschlichen Natur, die Freunde an den eigenen Freuden teilnehmen lassen zu wollen, und wenn jemand etwas sieht, dass ihm Freude macht, wird er sicher versuchen, es durch eine kleine hinzugefügte Übertreibung noch interessanter zu machen. Es gibt daher auf dem geistigen Pfad diese beiden Gefahren, deren der Adept sich bewusst sein muss, ehe er sich auf die Reise begibt. Aus diesem Grunde wurde die Mystik zu einer Geheimlehre gemacht, damit nicht jedermann damit spiele.

I. 10. Farbe und Ton

Atem ist in Wirklichkeit Licht, aber wenn das Licht seine Strahlen aussendet, erscheinen je nach der Richtung der Strahlen und der Kapazität des Empfängers Farben. Form und Farbe hängen beide von der Richtung des Lichts und der Lichtstärke ab. Nichts auf

Erden ist ohne Bedeutung. Jedes Geschehen hat seine Bedeutung, und jeder Augenblick hat seinen Sinn. Auch die Farben, die sich im Licht des Atems manifestieren, haben ihre Bedeutung, die mit jeweiligen Augenblick und den Umständen übereinstimmt.

Es gibt Versuche, Gedanken und Gefühle zu photographieren, und manche haben sogar versucht, Geister zu photographieren. Es ist schwer zu sagen, inwieweit diese Versuche erfolgreich sein können. Zweifellos bieten sie ein weites Feld für Betrug. Wenn es irgendein Mittel gibt, um einen Geist, - d.h. eine Form der inneren Welt - zu sehen, ist es nur der Atem, indem im Licht des Atems eine Form aus der inneren Welt sich manifestieren kann wie ein Bild in einer Zauberlaterne. Das Bild ist in Wirklichkeit in der Laterne. Was wir erblicken, ist nur seine Reflexion. Wer die Gestalt eines Verstorbenen sehen kann, sieht eine Reflexion vor sich, die sich im Licht des eigenen Atems manifestiert, die wirkliche Gestalt bleibt in der inneren Welt. Denn der Atem verbindet die innere mit der äusseren Welt, ähnlich dem von der Zauberlaterne ausgestrahlten Licht, das auf den Bildschirm fällt.

Viele Menschen glauben, dass es eine Farbe oder einen Ton gäbe, die zu einer bestimmten Person gehören, was ohne Zweifel Anlass zu viel Verwirrung und Kopfzerbrechen gibt. Viele sind begierig zu wissen, welcher Ton wirklich zu ihnen gehört. und welche Farbe ihre spezielle Farbe ist. Tatsächlich kann man diese Frage von zwei verschiedenen Gesichtspunkten aus betrachten, einem symbolischen und einem metaphysischen.

Vom symbolischen Standpunkt aus ist jeder Mensch in seiner besonderen Entwicklung sozusagen auf eine gewisse Höhe gestimmt und verhält sich zu einem andern etwa so wie das C auf dem Klavier zum G, oder das E zum A. Dies zeigt die Ursache, warum jemand mit dem einen harmonisch auskommen kann, mit einem anderen aber in Disharmonie ist. Es ist nicht der Fehler vom F oder G auf dem Klavier, wenn sie nicht harmonisch zusammenklingen, die Kombination verursacht die Disharmonie. Es liegt nicht immer am Ton, wenn etwas disharmonisch ist, sondern an der falschen Kombination. Spirituelle Vollkommenheit lässt den Menschen zum Grundton werden, der mit allen Tönen übereinstimmt. Und doch verursachte selbst jene Vollkommenheit, die Christus der Welt vorgelebt hatte, seine Kreuzigung.

Metaphysisch mag diese Frage so erklärt werden, dass im Menschen ein gewisses Mass an Leben vorhanden ist, das im Atem wahrgenommen werden kann. Dieses Mass zeigt sich dem Sehenden als Farbe und Ton. Diejenigen, die die Stufe dieser Kraft, auf der Ton und Farbe des Atems wahrgenommen werden, noch nicht erreicht haben, können sie durch die Stimme und den Ausdruck des Menschen erkennen.

Gatha II

II. 1. *Fikar*

Der Atem gleicht einer Schaukel in ständiger Schwingung und alles, was in diese Schaukel gelegt wird, schwingt mit der Bewegung des Atems. *Fikar* ist also keine Atemübung. Darum ist es beim *fikar* nicht notwendig, dass man in einer bestimmten Weise atmet, die von der gewohnten Atmung abweicht. *Fikar* heisst, sich der natürlichen Bewegung des Atmens bewusst zu werden, wobei man sich den Atem als eine Schaukel vorstellt, in die man einen bestimmten Gedanken legt, wie man ein Baby in die Wiege legt, um es zu schaukeln. Der Unterschied besteht in der gezielten Handlung derjenigen Person, die die Wiege in Bewegung setzt, während es beim *fikar* keiner Anstrengung bedarf, um den Rhythmus des Atems zu ändern. Der Atem muss seinem eigenen gewohnten Rhythmus überlassen werden. Man sollte nicht einmal versuchen, den Rhythmus des Atems zu regulieren, weil der ganze Mechanismus des Körpers bereits rhythmisch arbeitet. Der Atem ist von Natur aus rhythmisch, und dieser Atem an sich veranlasst den Menschen, den Rhythmus zu unterscheiden.

Wichtig ist beim *fikar* nicht der Atem, sondern die Konzentration. Im *fikar* schwingt der konzentrierte Gedanke mit der Bewegung des Atems; denn Atem ist Leben und er verleiht dem Gedanken, der mit dem Atem wiederholt wird, Leben.

Vom Rhythmus des Atems hängen Blutzirkulation, Herzschlag und Kopfpulsation ab, was bedeutet, dass der ganze Mechanismus des Körpers, wie auch des Bewusstseins (mind) durch den Rhythmus des Atems geregelt wird. Wenn ein Gedanke durch Konzentration mit dem Atem verbunden wird, so erreicht die Wirkung dieses Gedankens jedes Atom des Körpers und des Bewusstseins.

Einfach ausgedrückt: der im *fikar* festgehaltene Gedanke kreist mit der Blutzirkulation durch alle Gefässe des Körpers, und sein Einfluss wirkt auf alle Gemüts- und Gedankenkräfte (mind).

Fikar bewirkt so den Widerhall dieses Gedankens, der sich dann in den Gedanken, Worten und Handlungen eines Menschen ausdrückt. So wird mit der Zeit der im *fikar* festgehaltene Gedanke in unserem Selbst verwirklicht. Wer also seine Gedanken auf Gott richtet, erreicht mit der Zeit einen Zustand, in dem sein Selbst sich zum Wesen Gottes wandelt.

II. 2. Regelmässigkeit des Atems

So wie der Mechanismus des Körpers sowohl für seine Erhaltung wie für seine Gesundheit vom Atem abhängt, ebenso wichtig ist der Atem für den Unterhalt des Bewusstseins (mind) und seine regelmässige Tätigkeit. Verwirrung, Depression und andere Störungen des Gemüts (mind) entstehen meistens aus einer Störung im Atem. Krankheiten, wie Halluzinationen und Sinnestäuschungen sind oft durch falsches Atmen verursacht. Kommt zum Beispiel jemand daher gerannt oder hetzt sich ab, verliert er in dem Augenblick die Regelmässigkeit des Atems und ist dann unfähig, richtig zu denken.

Wenn die Wissenschaft und der Staat dies wüsste, so könnte man sicher gewisse Änderungen in der Gesetzgebung veranlassen. Viele, die für ein Verbrechen, das sie zu einer Zeit unregelmässigen Atmens begangen haben, im Gefängnis sind, würden dann vom Staat in eine Heilanstalt geschickt werden, um richtig atmen zu lernen, anstatt einer Gefängnisstrafe. Denn weder vermag das Gefängnis sie zu heilen, noch hat es einen Nutzen von ihrer Anwesenheit.

Damit möchte ich sagen, dass nicht nur Gemütskrankheiten, die zeitweise auftreten, durch unregelmässiges Atmen verursacht werden, sondern auch Störungen, die während des Tages auftreten und wieder vergehen, wenn man nicht richtig atmet. Menschen, die aufbrausen, ein reizbares Wesen haben, leicht ungeduldig werden, Wutanfälle, Leidenschaftsausbrüche oder Lach- oder Weinkrämpfe bekommen, weisen alle als Ursache Störungen in der Atmung auf.

Der Arzt weiss kein Heilmittel dafür, die moderne Psychologie hat die Zusammenhänge noch nicht gefunden, aber die Mystiker haben es von jeher geglaubt, - und nicht nur geglaubt, sondern angewandt -, und schliesslich herausgefunden, dass die Ausgeglichenheit des Gemüts (mind) völlig von der Regelmässigkeit des Atmens abhängt.

II. 3. Lebenskraft

Vom Atem hängt die Fähigkeit und die Wirksamkeit ab, mit der man seine Arbeit ausführt. Kurzatmigkeit verursacht im Menschen Ungeduld und Mangel an Ausdauer. Unregelmässigkeit im Atemrhythmus führt zu Verwirrung und lässt den Menschen leicht aufgeregt werden. Da der Atem die Lebenskraft ist, so ist es dieselbe Lebenskraft, die dem Menschen die Kraft verleiht, alles zu ertragen. Man kann immer feststellen, dass diejenigen, die leicht mürrisch werden, schnell aus der Fassung geraten oder in einem Augenblick verärgert sind, eine gewisse Schwierigkeit mit dem Atem haben. Wer von ihrer Schwierigkeit nichts weiss, fühlt sich leicht von ihnen belästigt; sie werden beiseite geschoben und als unangenehme Mitmenschen betrachtet. Was ihnen Not tut, wäre eine Schulung des Atems. Wenn ihr Körper und ihr Gemüt (mind) auf solche Art wieder hergestellt sind, wird man nichts Unangenehmes mehr in ihrem Wesen finden.

Ebenso ist es mit einem Künstler, der seines Schaffens müde wird und einen Mangel an Enthusiasmus fühlt, um sein Werk zu vollenden, der einen Mangel an Interesse und Inspiration verspürt, - all dies ist oftmals durch eine Störung im Atem verursacht.

Regelmässiges und rhythmisches Atmen verleiht dem Körper und dem Bewusstsein (mind) Gesundheit. Inspiration kommt von oben, aber als ein Licht. Es ist die Aufgabe des Bewusstseins, sie aufzunehmen. Wenn das Bewusstsein nicht bereit ist, sie zu empfangen, wird die Inspiration zwar kommen, aber sie wird nicht wahrgenommen. Das ist wie der Unterschied zwischen einem Metallgong und einem Holzgong. Der erstere wird widerhallen, der letztere nicht. Es ist nicht der Fehler dessen, der den Gong schlägt; es ist der Gong, der nicht schallt. Ebenso ist es mit dem Bewusstsein, das für die Inspiration empfänglich ist und dasjenige, das sie nicht wahrnehmen kann. Jedes Bewusstsein empfängt Inspiration; der Unterschied liegt nur darin, dass das eine sie empfängt, während das andere sie zurückweist.

Richtiges Atmen lässt den Geist (mind) vibrieren, und Vibration ist ein Zeichen von Leben. Alles, was stärker vibriert, ist lebendiger, was weniger vibriert, ist weniger lebendig. Genauso ist es mit Bäumen und Tieren, sie zeigen ihr Leben in ihrer Vibration. Der grösste indische Naturwissenschaftler, *Jagadish Chandra Bose*, sprach vor einiger Zeit an einer englischen Universität über das Atmen der Bäume. Bei Pferden ist dasjenige das beste, dessen Nüstern weit offen sind und dessen Atem voll ist, was es durch seinen Augenausdruck zeigt. Ein gutes Pferd zeigt Vibration durch das Zittern seiner Haut, wenn man es leicht auf den Rücken klopft. Es ist nicht wie ein versteinertes Pferd, das einen Schritt macht, nachdem zehn Peitschenhiebe seinen Rücken getroffen haben.

Im Menschen kann Leben in gleicher Weise wahrgenommen werden. Im Hindustanischen wird es *pani* genannt, was Wasser bedeutet. Sie sagen dort, dass ein Pferd oder ein Mensch eine ‚Wassernatur' besitze, das bedeutet ein flüssiges, lebendiges, geschmeidiges Wesen. Es ist der Atem, der dem Körper und dem Bewusstsein dieses Leben verleiht.

II. 4. Voller Atem

Die Bedeutung des Atems im Körper gleicht dem Einfluss des Wetters in der Welt. Indem Körper und Bewusstsein (mind) aufeinander einwirken und zurückwirken, werden beide vor allem durch den Einfluss des Atems gelenkt. Jedes Gefühl wird durch den Atem verursacht, durch die Richtung, in die er fliesst und seiner Stärke.

Es gibt drei verschiedene Atemrhythmen, die einen Einfluss auf das Bewusstsein ausüben. Der langsame Atem verschafft ihm Ruhe, und seine schöpferischen Fähigkeiten bekommen durch diesen Rhythmus einen Spielraum. Der gemässigte Atem hilft dem Bewusstsein, mit seinen Aktivitäten fortzufahren. Wenn man einen Arbeitsplan aufstellen möchte oder eine bestimmte Arbeit ausführen will, dann wäre die oben erwähnte langsame Aktivität des Atems nicht günstig, während sie beim Dichten oder Musizieren förderlich ist. Der beschleunigte Atemrhythmus verursacht Verwirrung, obwohl er physischen Aktivitäten Kraft verleiht. Man kann besser laufen oder schwimmen, wenn der Atem einen ziemlich raschen Rhythmus hat. Wenn er jedoch zu schnell wird, bringt er dem Bewusstsein Verwirrung und dem Körper Erschöpfung.

Wer nicht voll, d.h. frei und tief atmet, kann sich weder wohl fühlen noch seine geistigen Fähigkeiten gebrauchen. Oft findet man, dass gebildete und intelligente Menschen unfähig sind, so zu arbeiten, wie sie es wünschen oder eine Aufgabe, die sie begonnen haben zu vollenden. Sie halten dies manchmal für eine körperliche oder geistige Schwäche, einen Mangel an Begeisterung oder ein Versagen des Gedächtnisses und wissen nicht, dass es häufig eine Sache der Atemregulierung ist. Meistens glauben die Leute, dass die äusseren Sinne müde und erschöpft seien und sie am Denken hindern, aber in Wirklichkeit ist es das Fehlen der richtigen Atmung, denn die richtige Atmung lässt die geistigen Fähigkeiten klarer und die äusseren Sinne wahrnehmungsfähiger werden. Dies zeigt, dass das Bewusstsein durch den vollen Atem ein volleres Leben führen kann.

Für den Sufi ist deshalb der Atem ein Schlüssel zur Konzentration. „Der Sufi hüllt sozusagen seinen Gedanken in den Atem." Diesen Ausspruch *Rumis* würde ich dahingehend interpretieren, dass der Sufi sein geliebtes Ideal in die Schwingung seines Atem hineinlegt. Dabei erinnere ich das Wort meines Murshids, dass jeder Atemzug im Gedanken an den göttlichen Geliebten der einige Gewinn und jeder Atemzug ohne diesen Gedanken der einzige Verlust ist.

II. 5. Gedanke und Atmung

Der Gedanke wird ohne Worte durch den Atem übertragen. Die wahre drahtlose Telegraphie ist der richtig angelegte Atemstrom. Ohne Übung in der Konzentration und bei mangelnder Entwicklung des Atems ist es für jedermann schwierig, dies zu versuchen, obwohl unbewusst immer Gedanken mittels des Atems ausgetauscht werden. Der Wissenschaftler glaubt bereitwillig, dass ansteckende Krankheiten durch den Atem verbreitet werden. Sache des Psychologen dagegen wäre es zu erkennen, dass Gedanken und Gemütszustände, wie Humor, Depression, Energie, Trägheit auch durch den Atem übertragen werden. In der Gegenwart eines zornigen Menschen fühlt man sich erregt und selbst zum Zorn geneigt. Die Gegenwart eines humorvollen Menschen dagegen verbreitet eine Atmosphäre des Frohsinns. In der Gegenwart eines kalten Menschen wird einem kalt, beim Zusammensein mit einem warmherzigen Menschen wird einem warm ums Herz. All dies wir durch den Atem bewirkt. Könnte ein zorniger Mensch seinen Atem anhalten, solange sein Zorn währt, so würden seine Gefühle einen anderen viel weniger beeinflussen. Könnte ein Mensch, der gerne lacht, seinen Atem in der Gegenwart eines grossen Komikers anhalten, so würde ihn dieser viel weniger leicht zum Lachen bringen.

Yogis, die sich über die Gedanken und Gefühle ihrer Umgebung erheben, erlangen durch die Beherrschung des Atems Macht. So hängt auch die Methode der inneren Schulung der Sufis vom Wissen um die Wirkung des Atems ab. Das Wissen um den Gemütszustand eines andern, um seine Freude oder Gereiztheit, um Zuneigung oder Feindschaft, all dies erfahren wir durch den Atem.

Wer um den Rhythmus des Atems weiss, wessen Atem rein und fein ist, spürt mit der Zeit einen neuen Sinn, der ihm allmählich zu einer Sprache wird. Gedankenlesen ist nicht notwendigerweise Intuition, obwohl viele Gedankenlesen mit Intuition verwechseln. Es besteht kein grosser Unterschied zwischen der Wirkung dieser beiden Fähigkeiten; der Unterschied ist ungefähr der gleiche wie zwischen dem Telefon und dem Telegrafen. Gedankenlesen ist ein Wissen von aussen her, die Intuition ist ein Wissen von innen her, doch sind für beide ein rhythmischer Atem und ein klares Bewusstsein (mind) notwendig.

Der rhythmische Atem verhilft zu einem klaren Bewusstsein. Der Atem löst den Blutandrang, der das Denken verwirrt, das Gemüt bedrückt und den Menschen hindert, die Gedanken anderer und selbst die eigene Intuition wahrzunehmen.

Durch den Atem wird ein Gedanke besser als durch Worte auf einen andern übertragen, denn sobald ein Gefühl in Worten ausgedrückt wird, verliert es seine Lebendigkeit. Ein Gefühl ist in seiner eigenen Sphäre voller Leben und vermag vom Atem getragen, das Gemüt zu erreichen, zu dem es gesandt wird.

Wenn ein Mensch, dessen Bewusstsein nicht durch Konzentration entwickelt worden ist, versucht, seine Gedanken auszusenden, ist er nicht immer erfolgreich. Er gleicht einem Menschen, der versucht, eine Zielscheibe zu treffen, ohne sich je darin geübt zu haben. Es ist die Übung, die den Menschen vollkommen macht.

II. 6. Sei dir jedes Atemzuges bewusst

Durch die Kraft des Atems suchen die Tiere nach ihrer Nahrung. Durch den Atem nehmen sie wahr, was sie fressen oder was sie nicht fressen sollen, durch den Atem spüren die Raubtiere ihre Beute auf. Durch den Atem erhalten einige Tiere Warnungen vor Gefahren, und wiederum durch den Atem finden manche Tiere ihre Heilmittel, wenn sie krank sind. Wenn die niedere Schöpfung so viel durch die Kraft des Atems vollbringen kann, wie viel mehr könnte der Mensch erreichen, wenn er nur die richtige Weise der Atementwicklung kennen würde. Es ist der Atem, durch den die Vögel Warnungen vor Witterungsumschlägen erhalten und dann in Scharen von einem Ort zum andern ziehen. Durch den Atem wittern Rehrudel den nahenden Sturm, einen Wetterwechsel oder das Anschleichen eines Löwen oder Tigers.

Der Mensch, der fähig ist durch den Atem noch tiefere Dinge wahrzunehmen, - Warnungen und Rufe aus der Erde und vom Himmel, von den Plätzen, die für ihn zum Wohnen oder Niederlassen bestimmt sind, zwischen Freund und Feind zu unterscheiden und ihr Gefallen oder Missfallen wahrzunehmen -, vermag infolge seines Interesses an den Oberflächlichkeiten des Lebens nicht, die Kraft des Atems in vollem Umfang zu nutzen.

Yogis und Sufis und alle Schüler des inneren Kults glauben daher, dass der Atem das Mittel ist, um alles intuitive Wissen aus jeder Lebensrichtung zu empfangen. In tausend Dinge des täglichen Lebens vertieft, schenkt der Mensch dem Atem kaum einen Gedanken. Darum bleibt sein Herz gegenüber allen Offenbarungen verschlossen, die mit Hilfe des Atems zu erhalten sind. Im allgemeinen ist er sich seines Atems, dessen Rhythmus, dessen Entwicklung nie bewusst, ausser zu Zeiten, wenn er so müde ist, dass ihm der Atem versagt, oder so aufgeregt, dass er zu ersticken glaubt, oder wenn sonst etwas den Atem am Fliessen hindert.

Für den Sufi ist es wünschenswert, sich jedes Atemzugs bewusst zu sein. In den Sufischulen des Ostens halten es die Mitglieder einer gewissen Gemeinschaft für ihre Pflicht, die ganze Versammlung daran zu erinnern. Einer nach dem andern kommt dieser Pflicht nach. Sie rufen laut: *„Hosh ba dam"*, - das bedeutet, „Bleib des Atems bewusst" - *„Nazr ba kadam"*, - dieser Satz wird hinzugefügt, wenn sie gehen und bedeutet, „Blick hinab und siehe, wessen Füsse es sind, die da schreiten'."

II 7. Die Richtung des Atems

Es heisst, dass die Kobras, - riesige in dichten Wäldern oder in den Bergen lebende Reptilien, - Vögel und Tiere durch die Kraft des Atems anziehen. Wenn die Kobra hungrig ist, was in drei oder sechs Monaten einmal vorkommt, zieht sie ihre Beute durch Einatmen an sich heran. In ihrem Ausatmen liegt Magnetismus, Kraft und Einfluss, in ihrem Einatmen Anziehungskraft. Die Mystiker alter Zeiten haben viel von den Kobras gelernt. *Mahadeva*, der Herr der Yogis, trug eine Kobra als Halskette. Der Frieden und die Ruhe dieses Tieres, die Gelassenheit, mit der es auf seine Nahrung wartet, sind wunderbar und für einen Eingeweihten auf dem spirituellen Pfad höchst lehrreich. Wer den Atem beherrscht, wird in seinem Bewusstsein (mind) belebt und gestärkt, er wird ruhig und friedlich und erlangt Selbstbeherrschung.

Die Kobra hat einen weitreichenden Atem; so ist auch der Atem des Mystikers. Er ist nicht das, was man tiefe Atmung nennt. Ihm ist der Atem eigen, der das Innerste erreicht und jede Ebene des Wesens berührt.

Jede Bewegung raubt einem einen guten Teil des Atem, jede Erregung kostet viel Lebenskraft. Wer den Atem beherrscht, lernt zuerst, nicht nur jede Leidenschaft und Emotion, sondern auch jede Bewegung zu beherrschen. Indem man zuerst versucht, den Körper ruhig zu halten, kann man den Atem besser üben. Darum werden bei den Yogis verschiedene Körperhaltungen gelehrt. Jede Haltung ermöglicht dem Atem, eine bestimmte Richtung zu nehmen, denn jede Richtung, die der Atem nimmt, führt zu einem anderen Ergebnis. Die Haltung und der Gedanke helfen, den Atem in eine gewisse Richtung zu lenken. Da der Atem eine Lebenskraft ist, bringt er in jedes Zentrum, auf das er gelenkt wird, neues Leben.

II. 8. Der Atem in der Entwicklung des Gemüts (mind)

Verschiedene Verhältnisse und die in der Welt stattfindenden Veränderungen üben eine Wirkung auf das Gemüt (mind) aus, und die verschiedenen Zustände des Gemüts wirken ihrerseits auf den Körper ein. So wie körperliche Krankheiten den Menschen reizbar, verwirrt und erschöpft werden lassen, so verursachen verschiedene Gemütszustände Gesundheit oder Krankheit im Körper. Die Verbindung zwischen Körper und Gemüt (mind) ist der Atem, eine Verbindung, durch die Körper und Gemüt ihre Einflüsse austauschen und aufeinander einwirken. Wenn man sich bei Körperübungen des Atems bedient, wird die Gesundheit und die Atemkraft sozusagen auf das Gemüt projiziert. Wenn man sich der Konzentration bedient, wird das geistige Licht auf den Körper geworfen, das ihm alle Schwerfälligkeit und Steifheit nimmt und ihn leicht und heiter werden lässt.

In dieser Weise verhält sich der Atem wie ein Tennisball, der von einer Seite zur anderen geworfen wird, wobei die Kraft seiner Bewegung von der Seite herkommt, die ihm den Anstoss gab. Wenn er vom Körper auf das Gemüt (mind) gelenkt wird, gerät das Gemüt unter den Einfluss des Körpers; wird er aber vom Gemüt auf den Körper gerichtet, so wird der Körper dem Gemüt untertan.

Im Osten vermögen Derwische und Fakire, von denen viele nur von Almosen leben, tagelang ohne Nahrung bleiben und viele Nächte in schlaflosem Wachen verbringen, oft Dinge zu tun, die für einen Ringer, einen Boxer oder irgendeinen anderen muskulösen Menschen schwierig wären. Manche Derwische üben sich darin, durchs Feuer zu laufen, stundenlang im Wasser zu stehen, auf eisernen Dornen zu sitzen oder zu liegen, ihre blossen Arme und Beine zu peitschen oder sich selbst mit Messern oder Schwertern zu verwunden, - alles Dinge, die über die physische Kraft eines starken Mannes gehen. Oftmals leidet ein physisch starker Mann im Verhältnis zu seiner Kraft mehr, wenn er Schmerzen oder Folter ausgesetzt ist.

Dies erklärt, dass der Atem, obwohl seine Kraft die Hauptquelle physischer Entwicklung ist, dennoch in der geistigen Entwicklung das wichtigste ist, in der sein Einfluss noch viel wertvoller ist.

II. 9. Zusammenziehung und Ausdehnung

Der Atem übt einen grossen Einfluss und eine vollständige Kontrolle über zwei Vorgänge aus, die mittels seiner Kraft wirken: *qabz* oder Zusammenziehung und *bast* oder Ausdehnung. Der erste Vorgang zieht von aussen her Energie an, absorbiert und sammelt sie; der zweite stösst Energie von innen her hinaus. Auf diese Weise erhält, ernährt und bereichert die Kraft des Atems den Körper und das Bewusstsein und lässt sie leicht, klar und rein werden.

Das Einatmen ist Zusammenziehen, das Ausatmen Ausweiten. Von diesen beiden Vorgängen und ihrem regelmässigen Wirken hängen die Gesundheit und das Glück des Menschen ab.

Ein Mensch, der seinen Atem nicht beherrscht, gleicht einem König, der keine Macht über sein Reich hat. Wenn ein Mensch diese beiden Atemvorgänge zu beherrschen gelernt hat, muss er wissen, was er im Leben anziehen und was er abstossen soll. Ein Meister des Atems weiss dies intuitiv. Selbst Vögel und Tiere wissen, was sie essen und trinken dürfen und was nicht. Durch aufmerksames Beobachten der niederen Schöpfung haben Naturforscher erkannt, dass Tiere und Vögel auf Nahrung verzichten, wenn ihre Gesundheit es erfordert.

Ich wurde oft gefragt, warum eine Geburt mit Schmerzen verbunden sei. Die Antwort lautet, dass unser Leben sich sehr weit von der Natur entfernt hat. Der heutige Mensch lebt ein so künstliches Leben, dass er kaum verstehen kann, wie ein naturgemässes Leben sein mag. Er hält das Gewohnte für das Natürliche und überlegt sich nicht, wie weit entfernt unser Leben von einem naturgemässen Leben ist. Selbst die Haustiere beginnen, Geburtsschmerzen zu haben infolge ihrer Gemeinschaft mit den Menschen.

Jahrelange *fikar*-Übungen helfen den Atemrhythmus zu regulieren und auf allen Gebieten des Lebens alles nach Wunsch anzuziehen oder abzuweisen. Mit Hilfe von *fikar* wird nicht nur die Verdauung, die Blutzirkulation und der ganze Körperrhythmus regelmässig, sondern auch die durch die Entwicklung des Atems zunehmende Konzentrationsfähigkeit macht es möglich, alle unangenehmen Eindrücke abzuweisen, die Verzweiflung und Depression verursachen können. Durch Kraft des *fikar* wird auch das Gedächtnis gestärkt, sowie die Fähigkeit Gedanken festzuhalten.

Gleichzeitig wird man durch die Kraft des Atems fähig, jeden Gedanken loszulassen den man vergessen möchte, und jeden tief eingeprägten Eindruck aus dem Herzen auszulöschen.

II. 10. Kommunikation durch den Atem

Der Atem ist der Vermittler zwischen dem äusseren und dem inneren Leben. Mit Hilfe des Atems können die für den Körper notwendigen Elemente angezogen werden, und mit Hilfe des Atems gelangt man zu Gedanken und Inspiration. Mit Hilfe des Atems kann auch alles Unerwünschte aus dem Körper und dem Bewusstsein (mind) ausgestossen werden. Das Geheimnis der Telepathie und des Gedankenlesens liegt in der Wissenschaft vom Atem als Mysterium. Wenn man aus dem Innern Inspiration zu erlangen wünscht, ist der Atem der Schlüssel. Der Atem ist ein Lebensstrom, aber nur wenige kennen seinen Wert! Der Atem an sich ist schon ein Wunder. Es offenbart sich, sobald der Atem völlig beherrscht wird.

Das Gesetz der Umwandlung liegt ebenfalls im Geheimnis des Atems. Was wir geben oder von anderen erhalten, ohne dass wir es sehen oder hören, was wir nur als Wirkung des Kontakts mit jemanden wahrnehmen, wird durch den Atem bewirkt; denn durch die Vermittlung des Atems wird immer etwas gegeben und genommen, - doch nur so wenige sind sich dessen bewusst! In der Gegenwart eines Menschen fühlt man sich zum Lachen veranlasst, in der Gesellschaft eins anderen möchte man weinen. Der eine Mensch macht uns fröhlich, der andere traurig. Ohne ein gesprochenes Wort werden durch den Atemstrom manchmal zwischen zwei Menschen Gedanken und Gefühle übertragen, ohne dass sie es wissen.

Der Atem ist ein Bindeglied, das Menschen miteinander verbindet, wobei die Entfernung keine Rolle spielt, sobald die Verbindung des Atems einmal hergestellt ist. Die Kommunikation wird sicher und klar sein, wenn nur das Band zwischen liebenden Herzen fest geknüpft ist. Es gibt viel Gemeinsames zwischen der Wissenschaft von der Elektrizität und der Wissenschaft vom Atem. Der Tag ist nicht mehr fern, an dem Wissenschaft und Mystik sich auf dem gleichen Grund begegnen: in der Erkenntnis jener Elektrizität, die im Atem verborgen ist.

Gatha III

III. 1. Die Länge und Breite des Atems

Das Bewusstsein (mind) ist schöpferisch und der Gedanke lebendig; aber woraus erschafft das Bewusstsein einen Gedanken? Aus den Atomen der mentalem Sphäre. Die Strömung, die die gewünschten Atome anzieht, um daraus einen Gedanken zu formen, ist der Atem, nicht jener Atem, der äusserlich wahrnehmbar ist, sondern ein Teil des Atems, den nicht jedermann bemerkt.

Je grösser die Länge und Breite des Atems ist, desto grösser wird die Möglichkeit einen Gedanken zu bilden. Aus diesem Grunde sind die Gedanken der Heiligen und Mystiker, die Meister des Atems sind, inhaltsreicher und in sich vollständiger und erweisen sich als ausdrucksvoller und beeindruckender.

Die Breite des Atems besteht in seinem Volumen. Sie entsteht durch die Fähigkeit eines Menschen mit weit offenen Nasenflügeln und offener Lunge zu atmen. Hierin liegt auch das Geheimnis der Stimmkraft. Hinter der Stimme eines Armeekommandanten, die durch die Reihen der Soldaten tönt und sie zum Kampf ermutigt, steht der Atem als das ganze Geheimnis. Ali brachte durch die Anrufung des heiligen Worts, das er manchmal über das Schlachtfeld zu schmettern pflegte, den Feind zum zittern.

Die Länge des Atems weist auf die Länge des Lebens; ein langer Atem ist ein Zeichen von langem Leben. Weites Atmen hängt nicht nur von weiten Nasenflügeln und offenen Lungen ab, sondern auch von dem Raum, den der Körper dem Atem bietet, nicht nur der Nase und der Brust, sondern auch des Kopfs und des Unterlaids.

Es gibt Menschen, deren Atem wohl Volumen oder Breite hat, aber keine Länge, und andere, deren Atem Länge besitzt, aber keine Breite. Es ist aber die Ausgeglichenheit von Länge und Breite des Atems, die das Bewusstsein im Gleichgewicht halten.

III. 2. Inspiration

Die Inspiration stellt sich ein, wenn Licht auf einen gewissen Begriff geworfen wird. Dies wird durch die auf das Bewusstsein (mind) gerichtete Ausstrahlung des Atems bewirkt. Es gibt zwei Schatten: der eine wird auf den Himmel projiziert, der andere fällt zur Erde; der erste ist nur den Mystikern bekannt, den anderen kennt jeder. Wenn der entwickelte Atem ausströmt, erzeugt seine Ausstrahlung Licht. Die verschiedenen Schattierungen und Stärkegrade dieses Lichts, die sich in verschiedenen Farben darstellen, lassen den Mystiker die einzelnen Elemente erkennen, die durch bestimmte Farben bezeichnet werden.

Der gleiche Atem hat eine andere Wirkung, wenn er nach innen gerichtet wird. Einem Scheinwerfer gleich fällt er auf das Bewusstsein und zeigt dem Verstand das gesuchte Objekt wie im Tageslicht. So erkennt der Mensch ohne jede Anstrengung alles, was er zu wissen wünscht und drückt es seiner besonderen Befähigung entsprechend aus.

Inspiration und Befähigung sind also zwei verschiedene Dinge. Die Inspiration findet ihren vollkommensten Ausdruck in hochentwickelten Seelen. Doch ist die Inspiration unabhängig von der Befähigung. Das vom Atem auf das Bewusstsein gerichtete Licht unterscheidet sich jedes Mal in seiner Ausstrahlung. Trägt es weit, so erleuchtet es die innersten Winkel des Herzens, wohin nie Licht gedrungen ist. Trägt der Atem noch weiter, so erreicht das Licht den Geist Gottes, die Fülle aller Erkenntnis.

III. 3. Gedankenlesen

Es sind die durch den Atem verursachten Vibrationen, die zu Gedankenwellen werden und den Gedanken von einem Bewusstsein (mind) zum anderen tragen. Deshalb hängt das Gedankenlesen sehr von der Position ab, in der zwei Menschen einander gegenübersitzen; denn eine bestimmte Position macht es dem Atem leichter anzukommen als eine andere, obwohl es nicht immer notwendig ist, dass ein Mensch dem andern gegenübersitzt, um Gedankenwellen über den Atem zu erhalten. Wenn die Gedankenkraft stark und der Atem kräftig genug ist, um die Gedankenwellen zu übertragen, muss ein Mensch, ob er dem andern nun das Gesicht oder den Rücken zuwendet, den Gedanken empfangen.

Die Mystiker projizieren nicht nur ihren Atem und sehen ihren Wesenszustand vor sich selbst offenbart, sondern können sich selbst auch empfänglich machen, um die Gedankenwellen eines anderen zu empfangen, die von dessen Atem übertragen werden. Diese Aufnahmefähigkeit ermöglicht nicht nur einem Adepten, die Gedanken anderer Menschen zu lesen, sondern einem Mystiker wird auch der Zustand eines anderen durch die Projektion von dessen Atem auf sein Herz offenbart.

Einfacher ausgedrückt: Seelen sind mit Spiegeln zu vergleichen. Zwei sich gegenüber befindliche Spiegel werfen einer des andern Bild zurück, einer die Reflexion des andern offenbarend. Der Spiegel, dessen Fläche nichts anderes widerspiegelt, kann das Bild des andern Spiegels zurückwerfen.

So befähigt der Atem einen Sufi nicht nur seinen eigenen Lebenszustand zu sehen und zu erkennen, sondern auch den Zustand jener zu kennen und zu verstehen, mit denen er in Berührung kommt.

III. 4. Lebendiger Atem - *nafsi garm*

Der Atem eines Menschen kann sozusagen den Atem eines anderen überwältigen, geradeso wie ein kleiner Bach von einem grossen Strom hinweggespült werden kann. Hierin liegt das Geheimnis, den Zustand eines anderen zu erkennen. Ein Sufi, dessen Atem lebendig ist, was bei den Sufis *nafsi garm* genannt wird, vermag durch seinen Einfluss die Gedanken, Gefühle und Schwingungen in der Atmosphäre eines anderen zu zerstreuen. Auf diese Weise ist er imstande, seine Gedanken oder Gefühle zu übertragen und aus seinen eigenen Schwingungen die Atmosphäre für einen anderen zu schaffen, die für dessen Förderung notwendig sind. So kann er einem Menschen Leben und Gesundheit bringen und auf seinen Charakter einwirken.

Es besteht ein grosser Unterschied zwischen einem entwickelten und einem unentwickelten Atem. Er ist ebenso gross, ja sogar noch grösser als der zwischen zwei Stimmen. Eine geschulte Singstimme ist ganz verschieden von einer ungeschulten Sprechstimme. Es ist eine psychologische Tatsache, dass die Stimme und das Wort eines Menschen mit ausgebildeter Stimme mehr Eindruck machen als Stimme und Rede eines Menschen mit ungeschulter Stimme. Wie viel stärker muss dann der Einfluss des Atems im Stillen wirken. Hierin liegt der geheimnisvolle, magnetische Einfluss des Mystikers, der heilt, harmonisiert, erhebt und gleichzeitig kräftigt.

III. 5. Die unbekannte Dimension

Der Atem ist Licht an sich, das projiziert wird wie ein Scheinwerferstrahl, der auf einen Gegenstand fällt. Ist der Atem grob und unentwickelt, so ist er voller materieller Atome, die sein Licht trüben. Aber ein entwickelter Atem ist manchmal nicht verschieden vom Sonnenlicht, sondern sogar noch heller. Der Atem, der das Licht einer anderen Dimension ist, die der heutigen Wissenschaft unbekannt ist, kann für die gewöhnlichen physischen Augen nicht sichtbar sein. Die Drüsen der physischen Augen müssen erst durch *pasi anfas* gesäubert und gereinigt werden, ehe die Augen das Licht des Atems sehen können.

Was die Menschen Aura nennen, ist das Licht des Atems, aber nicht jedermann sieht es. Ein strahlender Gesichtsausdruck ist der Beweis einer Aura, die ihn zum Leuchten bringt, und sein Fehlen bedeutet Mangel an Licht im Atem. Ein Sehender erkennt die Zeichen des Todes klarer und früher als ein Arzt es vermag. Der Grund liegt darin, dass der Sehende die Aura sieht, der Arzt dagegen nur den körperlichen Zustand.

In Indien herrscht ein Glaube, dass es einige Kobras gibt, die ein Licht in ihrem Kopf haben, - ein Licht, mit dem sie ihren Weg im Dunkeln finden. Sie graben meilenlange Gänge in die Erde und beleuchten sie mit ihrem eigenen Licht, das in ihrem Kopf zentriert ist. So wie zwei Drähte, ein positiver und ein negativer, das elektrische Licht offenbar werden lassen, so lassen die beiden Ströme des Atems, *jelal* und *jemal*, wenn sie im Kopf auf die richtige Art verbunden werden, das Licht offenbar werden.

Viele erfahren das Phänomen des Atemlichts und zweifeln doch, ob es wahr sein kann, da sie denken, es sei vielleicht eine Einbildung.

Andere, denen es unmöglich ist, dieses Licht zu sehen, bestätigen ihren Zweifel. Der Sufi erlebt dieses Licht durch die Entwicklung des Atems, was für ihn zum Beweis der Existenz jener Dimension wird, die der Alltagswelt unbekannt ist.

III. 6. Atem und Meditation

Warum wird bei den Hindus der Atem *prana* genannt? - Weil er das innere Wesen nach aussen bringt. Er ist ein Strom, der von den äusseren Sphären zum Geist im Inneren fliesst. Was er von den äusseren Sphären dem inneren Geist zuführt, ist nicht annähernd so bedeutend wie das, was er aus der inneren Sphäre des Lebens nach aussen bringt.

Aus diesem Grunde wirkt der Atem belebend. Darum muss natürlicherweise der Atem eines gesunden Menschen auf einen anderen in seiner Nähe heilend wirken. Der Atem eines Meisters wird die Gedanken anderer beleben und der Atem eines spirituellen Menschen wird die ihn Umgebenden erleuchten. Durch den Atem kann ein geistig entwickelter Menschen anderen, mit denen er in Berührung kommt, seine physische Energie, seine Gedankenkraft und seinen spirituellen Einfluss verleihen.

Wünscht jedoch ein Mensch anderen Kraft zu geben, ohne selbst genügend Kraft zu besitzen, so wird er geschwächt, ja gebrochen, wenn die Anforderung an seine Kraft zu gross ist und ihm selbst zu wenig Kraft bleibt. Die Sufis betrachten deshalb mit Meditation verbundene Atmung für wichtiger als alles übrige in der Welt, - wichtiger als ihre Nahrung, ihren Schlaf oder ihr Wohlergehen.

III. 7. Der Atem gleicht dem Wasser

Der Atem gleicht dem Wasser. Das Fliessen des Atems ist wie das Fliessen eines Stroms. Einatmung und Ausatmung weisen auf Ebbe und Flut.

Teile der Erde, die das Wasser nicht berührt, bleiben unfruchtbar. So bleiben die Zentren im Körper mit all ihren angeborenen intuitiven Fähigkeiten unproduktiv, wenn der Atem sie nicht erreicht. Auch haben verschiedene Krankheiten trotz aller ersichtlichen Gründe oft eine Hauptursache, und das ist der Mangel an freiem Atemfluss. Viele Operationen könnten vermieden und mancherlei Krankheiten geheilt werden durch das Wissen über das Wunder des Atems.

Die heiligen Flüsse der Hindus, Ganges und Jamuna, sind äussere Symbole von *jelal* und *jemal*, den beiden Richtungen des Atemflusses. Der Ort, wo sie zusammenfliessen, wird *sangam* genannt - Begegnung oder Vereinigung - und wird von den Hindus als äusserst heilig angesehen. *Sangam* ist das Zusammentreffen dieser beiden entgegengesetzten Strömungen. Es gleicht der Begegnung der beiden Richtungen im Zentrum, die von den Sufis *kemal* genannt wird.

Das Wasser steigt, fliesst dahin, fällt, läuft im Zick-Zack und steht, wenn es gestaut wird. So ist es mit dem Atem. Jeder oben genannte Vorgang im Atem hat eine Bedeutung und eine besondere Wirkung, wie auch das Wasser sich in seiner Kraft und seinem Magnetismus verändert, während es in den oben erwähnten Richtungen fliesst.

Wasser wirkt stärkend, und Atem ist Leben an sich. Kein Stärkungsmittel kann wirksamer und besser sein als der Atem. Die Gegenwart eines geistig entwickelten Menschen kann deshalb eine Heilung in Fällen herbeiführen, in denen alle Heilmittel versagen.

Wasser ist lebensnotwendig, und Atmung ist die Vorbedingung fürs Leben. Ohne ihn ist Leben unmöglich. Wasser fällt als Regen von oben; so kommt auch der Atem von oben, wenn auch aus einer anderen Dimension.

Wasser steigt als Dampf auf; so steigt der Atem mit Gasen auf, auch mit Freude und Depressionen. Reines Wasser ist gesundheitsbringend, reiner Atem gibt Leben.

Wasser nimmt alles auf, was ihm beigemischt wird, so auch der Atem.

III. 8. Atem und Magnetismus

Im Mechanismus des menschlichen Körpers ist das Nervensystem sozusagen die Hauptbatterie, in der durch den Vorgang des Atmens Magnetismus erzeugt wird. Zu Zeiten, in denen das Nervensystem nicht gut funktionieren kann, gerät die Batterie in Unordnung und arbeitet nicht richtig. Um diese Batterie wieder in Ordnung zu bringen, nehmen viele Menschen Medikamente und andere Heilmittel, die das Nervensystem anregen. Doch anstatt es zu stärken, schwächen sie es, und schliesslich wird es von den eingenommenen Medikamenten abhängig.

Die Nahrung für das Nervensystem besteht in dem, was der Atem aus dem Raum an sich zieht. Die Wissenschaft nennt das, dem Organismus Sauerstoff zuführen. Der Mystiker geht weiter und sagt, dass dem Menschen durch den Atem nicht nur Sauerstoff zugeführt wird, sonders jenes Leben und jene Intelligenz, jene Kraft und Ausstrahlung, die dem Nervensystem zu vollkommener Ordnung verhelfen, was nicht nur zu vollkommener Gesundheit, sondern auch zu einem stetig zunehmenden Magnetismus führt, der sich in Worten und Gedanken, in Bewegungen und im Handeln des Menschen ausdrückt und seine Atmosphäre mit Magnetismus auflädt, der ihn umgibt und gegen jeden fremden Einfluss, - physischen wie geistigen - schützt und es ihm ermöglicht, ein volleres Leben zu leben.

III. 9. Subtile Wellen des Atems

Das Einatmen weist auf die Absorptionsfähigkeit, die bei allen lebenden Wesen und auch bei Gegenständen vorhanden ist. Kleine Keime, Würmer, Bäume und Pflanzen haben diese Absorptionsfähigkeit und atmen auf diese Weise. Ebenso haben alle lebenden Wesen und Dinge die Tendenz, Fremdstoffe auszuscheiden, die ihr System nicht assimilieren kann.

Nicht nur das Ein- und Ausatmen durch die Nase erfüllt diese beiden Funktionen der Absorption und des Ausscheidens, sondern es bestehen noch feine Atemwellen, die nach verschiedenen Richtungen des Körpers wirken und die oben erwähnten Funktionen auf ihre eigene Art und nach ihrem eigenen Rhythmus verrichten, z. B. das Strecken und Dehnen, das Augenblinzeln, das Ausscheiden von Wasser und Exkrementen aus dem Körper. Wenn eine dieser subtilen Atemwellen, die in irgendeiner Weise im Körper wirken, gestört wird, entsteht in dem betreffenden Körperteil Krankheit. Dies beeinflusst allmählich auch andere Teile des Körpers.

Gleichmässigkeit im Ein- und Ausatmen erhält das Gleichgewicht im Leben und Wesen des Menschen. Der Einfluss eines Menschen entspricht der Reichweite seines Atems. Je nach der mehr oder weniger vollen Atmung lebt der Mensch ein mehr oder weniger volles Leben. Es kann sein, dass ein Kind nur darum sehr klein bleibt, weil seine Atmungskapazität ihm nicht ermöglicht, tief und voll zu atmen. Wenn ein junger Mensch sich nicht voll entwickelt, liegt die Ursache häufig in einer ungenügenden Atmung. Auch altert ein Mensch früher, wenn er nicht richtig atmet. Wenn Menschen sich müde und matt fühlen, ohne eigentlich krank zu sein, liegt das oft an einer falschen Atmung.

Der Geist (spirit) schafft sich den physischen Körper aus sich selbst. Darum hängt dessen Leben, trotz aller physischen Nahrung, vollständig vom Geist ab. Es ist möglich, eine gewisse Zeit ohne zu essen und zu trinken zu leben, aber nicht ohne zu atmen. Der Grund liegt darin, weil der physische Körper aus dem Geist geschaffen ist, muss er, um existieren zu können, Geist einatmen. Der Atem nährt nicht allein den physischen Körper, sondern trägt zur Erhaltung aller Ebenen der menschlichen Existenz bei.

III. 10. Das Geheimnis des Atems

Atem durchdringt, Atem berührt, Atem absorbiert, Atem kräftigt, Atem heilt. Darum vermögen Seelen mit grossen Kräften ihre Gedanken und Gefühle in das Bewusstsein (mind) und die Herzen anderer eindringen zu lassen. So wie der Atem eine Atmosphäre schafft, so durchdringt er nicht nur die Körper anderer, sondern auch den Raum, indem er die ganze Atmosphäre mit seinem besonderen Magnetismus auflädt.

Die Herzen der Menschen können mit den Gongs in einem Tempel verglichen werden. Jedes gesprochene Wort schlägt sie an, aber durch den Atem werden sie berührt, ohne dass ein Wort gesprochen wird. Durch den Atem zieht der Mensch Krankheiten an, aber auch das Unwohlsein oder die Depression anderer, wie auch ihre Freude und ihr Glück. Der Atem eines Menschen, der an Leib und Seele gesund ist, wirkt belebend. Der Atem spiritueller Menschen, die andere mit Liebe und Sympathie umgeben, wirkt in natürlicher Weise heilend.

Es ist nicht übertrieben zu sagen, dass das ganze Wunder des

Lebens im Geheimnis des Atems besteht. Sobald man das Wissen vom Atem erlangt hat und ihn durch Übung zu meistern versteht, erlebt man im Inneren wie aussen Wunderbares. Viele bleiben Zweifler, bis sie das Geheimnis des Atems ergründet haben. Sobald sie es kennen, nennen sie es, so wie die Hindus es seit Jahrhunderten nennen: Atem-Leben.

Teil V

Kultivierung des Herzens
Suluk

Gatha I   Die Entwicklung der Persönlichkeit:

1. Der Sinn für Schönheit und Aufrichtigkeit
2. Die störende Wirkung eines anderen Ego
3. Was ist das Ego
4. Das Ego wird trainiert wie ein Pferd
5. Was das Ego braucht und was es nicht braucht
6. Schulung durch Nicht-Befriedigen der Eitelkeit
7. Der ständige Kampf mit dem Ego
8. Drei Stufen der Entwicklung des Ego
9. Die animalische Seite im menschlichen Ego
10. Selbstbewusstsein

Gatha II   Die Schulung des Ego

1. Eitelkeit
2. „Selig sind die Armen im Geiste"
3. Die drei Teile des Ego
4. Notwendigkeit und Gier
5. Demut
6. Training durch Enthaltsamkeit
7. Die zwei Seiten des menschlichen Ego
8. Schulung als Wissenschaft wie als Kunst
9. Vergebung
10. Zurückhalten von Impulsen

Gatha III

1. Freundliches Verhalten
2. Vom Wesen der Freundlichkeit: Achtung - adab (1)
3. Vom Wesen der Freundlichkeit: Achtung - adab (2)
4. Achtung, Respekt - adab
5. Ehre - ghairat
6. Rücksicht - khatir
7. Teilen mit anderen - tawazu'
8. Bescheidenheit - haya (1)
9. Bescheidenheit - haya (2)
10. Selbstlosigkeit - Inkisar

Gatha I

I. 1. Die Entwicklung der Persönlichkeit -
Der Sinn für Schönheit und Aufrichtigkeit

Persönlichkeit ist das Geheimnis des ganzen Lebens. In der Entwicklung der Persönlichkeit ist es nicht notwendig, die psychischen oder okkulten Fähigkeiten zuerst zu fördern. Der Beginn der Entwicklung geschieht auf natürliche Weise. Doch zweierlei ist bei der Entwicklung der Persönlichkeit notwendig: der Sinn für Schönheit und das Bewahren der Aufrichtigkeit.

Man kann den Schönheitssinn definieren als ein sich zu Eigen machen von allem, was im Denken, Reden und Tun als schön erscheint. Für gewöhnlich schätzt man an andern alles Schöne, übersieht jedoch den Mangel an eben dieser Schönheit in den eigenen Gedanken, Reden und Handlungen. So wird man z.B. die ehrerbietige, bescheidene, liebenswürdige Haltung, die ein anderer einem entgegenbringt, zu schätzen wissen, aber den eigenen Mangel an solcher Haltung andern gegenüber nicht bemerken.

Dafür gibt es zwei Gründe. Der eine besteht darin, dass der Mensch vorwiegend nach aussen schaut anstatt nach innen und einen anderen erblickt, ehe er sich selber sieht. Der andere Grund liegt daran, dass der Mensch von Natur aus selbstsüchtig ist. Er beansprucht alles Gute für sich selbst und verschwendet kaum einen Gedanken daran, diese Dinge auch anderen zukommen zu lassen. Die Tatsache, dass alles im Leben ein natürlicher Widerhall ist, nämlich dass man früher oder später zurückerhält, was man gegeben hat, ist ihm unbekannt. Diese Unkenntnis macht ihn rücksichtslos. Daher erscheint einem sensiblen Menschen das Leben ringsherum voller Dornen zu sein. Er erwartet aber Rosen und keine Dornen. Dies zeigt, dass die Seele sich nach dem Guten und Schönen sehnt. Ein solcher Mensch empfindet dann Mitleid mit sich selbst und tadelt die anderen, anstatt sie zu bemitleiden. Wenn er nur bedenken würde, dass andere des Mitleids ebenso bedürfen wie er selber; doch nicht jeder denkt an die Schmerzen und Leiden anderer. Sobald der Mensch in seinem Leben beginnt, die eigenen Sorgen zu vergessen und an die Leiden anderer zu denken, hat er den ersten Schritt zur Heiligkeit getan.

Rosen und Dornen entstammen derselben Pflanze und spriessen aus derselben Wurzel. Der Heilige und der Sünder entstammen aus demselben Ursprung - Gott, dem Vater der ganzen Menschheit. Die Schönheit, der Duft und die Farbe, die in der Wurzel verborgen sind, haben sich in der Rose offenbart, im Dorn sind sie nicht zum Ausdruck gekommen. Der Unterschied zwischen der Pflanze und dem menschlichen Wesen besteht im freien Willen. Ein Mensch kann sich nicht damit entschuldigen: „Ich wurde als Dorn geboren, wie kann ich da zur Rose werden?" Da der Mensch einen freien Willen hat, ist er auch dafür verantwortlich, wenn er zum Dorn wird, und es ist sein Verdienst, wenn er zur Rose wird. Er muss wissen, dass so wie Farbe, Duft und Schönheit in der Wurzel verborgen sind, auch alle Güte und Schönheit aus demselben Ursprung stammen. Diese Eigenschaft, die vom Leben der Meister ausstrahlte, leuchtet noch immer und wird immer leuchten. Was Freunde anzieht, ist nicht immer Macht, Besitz oder Schönheit, was wirklich Mensch anzuziehen vermag, ist die Persönlichkeit.

Nun zu der anderen Eigenschaft der Persönlichkeit - der Aufrichtigkeit, die unbedingt bei der Entwicklung der Persönlichkeit zu beachten ist. Viele Leute geben um des guten Benehmens willen ihren Manieren und Reden einen feinen Schliff. Aber Politur ist nicht unbedingt wirksam, sie ist nicht das Beeindruckende an einem Menschen. Schönheit ist es, die alles durchdringt. Je grösser die Schönheit ist, desto grösser ist ihr Eindruck. Was Manieren genannt wird, - was blosse Manier ist - hat keinen Tiefgang, sondern ist nur ein Spiel. Jeder Gedanke, jede Rede oder jede Handlung birgt in sich eine psychische Kraft, die in anderen einen Eindruck hinterlässt. Und diese psychische Kraft stammt aus der wahren göttlichen Essenz im Menschen.

Zweifellos gibt es Menschen, die im Namen der Aufrichtigkeit ihren Mangel an Schönheitssinn zum Ausdruck bringen, indem sie sagen: „Ich bin ein freimütiger Mensch und sage die Wahrheit, ohne mich darum zu kümmern, wie du sie aufnimmst." Dies zeigt, dass es der Aufrichtigkeit ohne Schönheitssinn an Gleichgewicht fehlt, wie es auch der Schönheit ohne Aufrichtigkeit an Gleichgewicht mangelt. Wie Musik von Rhythmus und Ton abhängt, so ist die Persönlichkeit vom Schönheitssinn und von der Aufrichtigkeit abhängig.

I. 2. Die Entwicklung der Persönlichkeit –
Die störende Wirkung eines anderer Ego

Durch einen tieferen Einblick ins Leben stellen wir fest, dass es das Ego eines anderen Menschen ist, das uns am meisten im Leben stört; es ist das Ego, das die meisten Misstöne ins Leben bringt. Wer die rechte Art der Entfaltung der Persönlichkeit kennt, weiss, dass die erste Aufgabe im Leben darin besteht, das Ego so weit wie möglich auszulöschen. Christus sagt: „Selig sind die Armen im Geiste." Geistige Armut bedeutet, dass das Ego gemildert worden ist. Das Denken, Reden und Handeln eines Menschen, dessen Ego gemildert ist, bekommt einen gewissen Zauber. Manchmal zeigt ein Mensch nach erlittenen Enttäuschungen und Leiden in seinem Wesen einen gewissen Charme. Dieser Charme rührt von der Milderung des Egos her. Indessen ist jede Tugend, die sich unter dem Einfluss des Lebens von selbst entwickelt hat, nicht im gleichen Sinne eine Tugend wie die durch eigene Anstrengung erworbene.

Jede schöne Handlung oder Rede. jeder schöne Gedanke ist durch das Auslöschen des Egos entstanden. So bedingt z.B. jede Höflichkeitsbezeugung ein Zügeln des Egos. Schönheit der Rede beruht immer auf eben diesem Zurücknehmen des Egos, und ebenso verhält es sich mit den Gedanken. Sobald ein Ego sich unbeherrscht äussert, verletzt es das Ego eines andern. Bei den niederen Geschöpfen wird die Neigung zu kämpfen nur durch das Ego verursacht, und der Mensch besitzt diese Neigung nicht im geringeren, sondern eher im höheren Masse. Diese Neigung schafft sowohl im Leben des einzelnen, wie in dem der Menge Unruhe und Aufruhr. Die Familienfehden der Vergangenheit, wie die heutigen Kriege stammen alle aus derselben Quelle, dem Ego.

Der Gedanke der Selbstverleugnung im Christentum drückt, - wenn richtig betrachtet - eher die Idee der Überwindung des Egos als die der Entsagung aus. Menschen, in deren Nähe wir uns wohl, entspannt und friedlich fühlen, haben immer ein sanftes Ego. Je grösser ein Mensch ist, desto feiner ist sein Ego. Es kann dafür kein besseres Beispiel geben als Jesus, wie er die Füsse seiner Jünger wäscht.

Was des Menschen Ego bildet, das ist jegliche Art von Befriedigung des Egos, was es bricht, ist Geduld und Entsagung. Zur Frage, ob es ratsam sei, das Ego so zu zerstören, dass ein so verfeinerter Mensch von anderen übervorteilt werden kann, ist zu sagen, dass es nicht notwendig ist, dem Ego entgegen zu arbeiten, doch soll man es beherrschen.

Es wäre nicht übertrieben, wenn ich sage, dass des Menschen grösster Feind sein Ego ist, sein eigenes Ich. Wenn er es nicht beherrscht, dient sein Denken, Reden und Handeln der Befriedigung seines Egos. Je mehr er es befriedigt, desto mehr verlangt es von ihm und ist doch nie zufrieden. Kein anderer besitzt im Leben solche Macht, den Menschen zu versklaven, wie sein eigenes Ego.

In Wahrheit ist der Mensch von göttlicher Essenz, und weil er das ist, hat er das Recht, Herrscher seines eigenen Lebens zu sein, das sein eigenes Reich ist. Durch die Befriedigung des Egos fällt der Mensch aus der Herrscherwürde in die Sklaverei, und am Ende wird ihm sein eigenes Leben zur Last. Um sein eigenes Königreich zu gewinnen, muss er die Illusion zerstören, dass er durch die Befriedigung seines Egos seine Macht kundtue; er befriedigt seinen Feind, wenn er sein Ego zufrieden stellt. Ein persischer Dichter sagt:

„Jedes Mal, wenn ich mit meinem Feind Frieden schliesse,
hat er die Gelegenheit, sich zu neuem Kampf zu rüsten."

Der grosse Kampf, den die Sufis, die Heiligen und die Yogis kämpfen, ist der Kampf mit dem Ego. Aber der Heilige kämpft mit seinem eigenen Ego, während der Durchschnittsmensch mit dem Ego anderer Leute kämpft. Der Unterschied im Ergebnis dieser beiden Kämpfe besteht darin, dass Sieg oder Niederlage des Durchschnittsmenschen vorübergehend sind, aber der Sieg des Heiligen ewig ist. Der erstere, sobald er einen Kampf beendet hat, muss einen neuen beginnen, während der letztere, wenn es ihm einmal gelang, siegreich ist. Und schliesslich ist alles, was der erstere gewinnt, nicht sein eigen, weil sein Königreich nicht sein eigen ist. Aber der Heilige ist König in seinem eigenen Königreich.

I. 3. Die Entwicklung der Persönlichkeit - Was ist das Ego?

„Erkenne dich selbst, und du wirst Gott erkennen", sagte der grosse Sufiphilosoph Ali. Sich selbst zu erkennen ist das Allerschwierigste auf Erden; denn was man zuerst wahrnehmen kann, ist nur ein Teil des Selbst, ein begrenzter Teil. Wenn man sich fragt: „*Was* in mir ist das Ich?" findet man den Körper und das Bewusstsein (mind). aber in beiden ist man begrenzt und getrennt von den andern. Diese Auffassung seines Wesens veranlasse den Menschen. sich als Individuum wahrzunehmen. Würde man tief genug in sein Inneres tauchen, so würde man zu einem Punkt gelangen, wo das Ich ein unbegrenztes Leben lebt. Diese Erkenntnis bringt den Menschen zum wahren Verstehen des Lebens. Solange er sein unbegrenztes Selbst nicht zu erkennen vermag, lebt er ein Leben der Begrenzung, ein Leben der Illusionen. Wenn man aus dieser Illusion heraus ‚Ich' sagt, ist das in Wirklichkeit ein falscher Anspruch. Daher erhebt fast jedermann einen falschen Anspruch auf das Ich ausser den wenigen, die zum wirklichen Verstehen der Wahrheit gelangt sind.

Dieser falsche Anspruch wird in der Sufisprache *nafs* genannt, und die Vernichtung dieses falschen Selbst ist das Ziel des Weisen. Zweifellos gibt es nichts Schwierigeres in der Welt als die Vernichtung dieses falschen Ichs. Dieser Pfad der Vernichtung ist der Pfad der Heiligen und Weisen. Man mag fragen: „Warum sollte man sich die Mühe nehmen, dieses Ego zu vernichten? Da das Leben ohnehin voller Mühen und Leiden ist, warum noch diese Schmerzen hinzufügen?" Die Antwort lautet, dass auch eine Operation Schmerzen verursacht, doch ist es besser, sie zu ertragen, um geheilt zu werden.

Dem Ich ist die Intoleranz angeboren, sie gehört zu seiner Natur, weil es andere Ichs gibt, die es stören. Darum möchten zwei Hähne miteinander kämpfen, wenn sie sich begegnen, weil das Ego des einen das des andern reizt. Selbst ein stilles Leben wie das eines Felsen kann ein anderes Ich reizen, zum Beispiel einen Stier, der auf den Felsen losstürmen und ihn mit seinen Hörnern zerschmettern möchte. Das Ego will seiner Natur entsprechend allein existieren und kann anderen keine Existenzberechtigung gewähren. Indessen liegt die Ursache hierzu noch tiefer, sie gehört zu den tiefsten Fragen der Metaphysik, jedoch kann der moralische Aspekt davon verstanden werden.

Je feiner ein Ego wird, desto weniger reizt es die andern. Auf den verschiedenen Entwicklungsstufen der Menschen kann man diese allmähliche Entwicklung des Ego beobachten. Es gibt Menschen, die anscheinend keine Dornen haben, und doch haben sie einen, der in der Gegenwart anderer fühlbar wird, es ist ihr Ego. Andere gleichen der Rose in ihrer Zartheit, ihrer Schönheit und ihrem Duft. Zweifellos ist nicht jedermann eine Rose, aber jeder wünscht sich die Rose und nicht den Dorn. Das beste Training besteht darin zu versuchen, dieses dornige Ego in eine Rose umzuwandeln. Das ist sehr schwer. Je feiner und höher entwickelt das Ego wird, desto härter wird das Leben für den Menschen. Je feiner und höher entwikkelt wir werden, desto grössere Prüfungen werden uns im Leben auferlegt. Je feinfühliger wir werden, umso mehr werden wir zu leiden haben. Der Dorn kann einen andern Dorn nicht verletzen, aber der kleinste Stich kann eine Rose verletzen. Es ist nicht verwunderlich, wenn ein Ego, dass zur Blume geworden ist, nicht gerne zwischen Dornen lebt, aber es ist sein Schicksal, und ungeachtet aller Leiden ist es besser eine Rose zu sein als ein Dorn.

Um auf die Frage zurückzukommen, warum ein Ego das andere reizt, lautet die Antwort, dass man das Wesen anderer Egos verstehen muss. Wenn ein Hund einen andern anbellt, und dieser mit dem Schwanz wedelt, so tut er das, um dem andern begreiflich zu machen, dass er nicht kämpfen wolle. Diese Moral lehrte Christus vom Anfang bis zum Ende. Wollen wir die Schönheit des Lebens voll erfahren, müssen wir unser Ich so fein wie möglich machen. Dies ermöglicht den gröberen Egos, in Kontakt zu kommen. Daraus ist Gut und Böse entstanden. Das, was wir böse nennen, kommt immer vom groben Ego; vom feinen Ego kommt, was wir gut nennen.

I. 4. Die Schulung des Egos – Das Ego wird trainiert wie ein Pferd

Das Ego wird vom Sufi genauso trainiert wie ein Pferd von seinem Reiter. Ein Zaum wird ihm angelegt und sein Herr hält die Zügel in der Hand. Dieses Training nennen die Hindus *Yoga,* d.h. mit Hilfe der Enthaltsamkeit die Beherrschung des Ichs zu erlangen. Oft, wenn ein Mensch unrecht tut, möchte er dies gar nicht tun, sondern er ist nicht fähig, sich von solchem Tun zurückzuhalten. In erster Linie ist Unrecht tun fast immer die Folge von Gelüsten und

Leidenschaften oder dem Befriedigen der Eitelkeit. Deshalb werde von den Mystikern oft das Fasten und besondere Körperhaltungen geübt. Je mehr man den Gelüsten und Leidenschaften nachgibt, desto mehr wird man deren Sklave, bis man in einen Zustand gerät, in dem man gegen das eigene Gewissen redet und handelt. Untugenden, wie Betrug, Schmeichlerei, Falschheit und alle anderen ihresgleichen rühren von Mangel an Willenskraft her und von der Widerstandslosigkeit gegenüber den Leidenschaften.

Um das Ego zu schulen, ist es nicht unbedingt nötig, sich aller physischen Wünsche zu enthalten.

Der Gedanke ist, ein Verlangen zu beherrschen, anstatt sich von ihm beherrschen zu lassen. Die Klage einer jeden Seele und die Reue jeder Seele hat immer den gleichen Grund: die Versklavung des Menschen durch das Nachgeben gegenüber seinen Begierden. Wenn man sich mit der Begierde identifiziert, erlaubt man ihr, einen zu beherrschen. Und man bemitleidet sich selbst, was die Sache noch schlimmer macht. Das Verlangen nach einem momentanen Genuss wird zu einer Entschuldigung für das Nachgeben. So schiebt z.B. jemand, der zu spät aufsteht, die Schuld auf die Kälte: er habe nicht anders können wegen der Kälte, sagt er. Der Verstand liefert immer und für alles eine Entschuldigung. Aber den Konsequenzen kann man nicht entgehen, und die Reue, die folgt, beweist, dass ein Fehler begangen wurde.

Hat ein Mensch sich einmal an seine Fehler gewöhnt, stumpft sein Gefühl dafür ab, und er hat keine Skrupel mehr. Er wird dann zu einem Sklaven seiner Fehler und gleicht einem Wurm. Die Fehler werden zu seinen Lebensgewohnheiten. Darum bedeutet in der Sprache der Hindus das Wort für Hölle ein Ort voller Würmer. Mit anderen Worten: man nährt sich von seinen Fehlern, und die Fehler finden ihre Nahrung in einem. Bei genauer Beobachtung sind derartige Fälle nicht selten. Manche kann jedermann beobachten, andere sind verborgen.

Diejenigen, die den Wert der Selbsterziehung kennen, halten sie für das Wichtigste im Leben. In dieser Erziehung besteht der erste Schritt darin, sich zu fragen: „Warum muss ich dieses Ding haben? Warum soll ich es nicht haben? Wenn es für mich nicht gut ist, warum soll ich es dann haben? Und wenn es für mich gut ist, warum soll ich es dann nicht haben?" Wenn jemand es sich so zur Gewohnheit gemacht hat, mit seinem Ego in dieser Weise über jede physische Begierde zu reden, wird er immer imstande sein, das zu tun, was er tun sollte.

I. 5. Die Schulung des Ego -
Was das Ego braucht und was es nicht braucht

Um das Ego erziehen zu können, ist es notwendig zu unterscheiden zwischen dem, was sein Recht ist und dem, was nicht sein Recht ist. Das Ego neigt dazu, sowohl nach dem zu verlangen. was es braucht, als auch nach dem, was es nicht braucht. Das erste ist sein natürlicher Appetit, das letztere seine Gier, die der Natur eines Hundes gleicht, der seinen Knochen auch dann noch vor anderen Hunden hütet, wenn er das Fleisch längst davon abgenagt hat. Zudem hat das Ego die Neigung, immer mehr von dem zu verlangen, was ihm gefällt, unbekümmert um Recht und Billigkeit und auch unbekümmert um die Nachwirkungen. So mag ein Mensch mehr und mehr essen, bis er davon krank wird. Jede Art von Befriedigung der Gelüste und des Appetits hinterlässt die Neigung, noch mehr davon haben zu wollen. Ferner gibt es ein Verlangen nach Abwechslung in den Erlebnissen, und wenn man ihm nachgibt, nimmt es kein Ende.

Das Übermass des Verlangens der Gelüste und Leidenschaften erzeugt im Menschen immer einen Rausch, der sich dermassen steigern kann, dass die begrenzten Mittel, über die er verfügt, zur Befriedigung seiner Wünsche nicht mehr ausreichen. Dann ist es nicht verwunderlich, dass er mehr als sein Eigentum verbraucht und nach dem ausschaut, was anderen Leuten gehört. Wenn das beginnt, beginnt natürlich auch das Unrecht. Wenn er nicht erhalten kann, wonach ihm gelüstet, fühlt er sich gequält und enttäuscht. Wenn ein Mensch seine Gelüste mehr befriedigt als andere, so trachten diese darnach, ihm den Genuss streitig zu machen. Natürlich erwartet man von einem denkenden Menschen, dass er dies begreift und sein Ego von allem Unnötigen entlastet.

Zur Erziehung des Ego gehört es, dass man isst, um zu leben und nicht lebt, um zu essen. Das gilt für alle Dinge, nach denen es einem gelüstet. Es gehört zum Wesen des Verlangens, das nichts es für immer befriedigt, und oft kostet das Vergnügen eines Augenblicks mehr, als es wert ist. Wenn man die Augen davor verschliesst, ergreift man das momentane Vergnügen, ohne zu bedenken, was nachher kommen wird. Die Erziehung des Egos bedeutet keineswegs ein trauriges Leben der Entsagung oder ein Einsiedlerleben. Sie bedeutet, im Leben weise zu sein und zu erkennen, was wir uns wünschen und warum wir es wünschen und welche Folgen daraus entstehen, was wir uns leisten können und was nicht. Es bedeutet auch, ein Verlangen vom Standpunkt der Gerechtigkeit aus zu begreifen und zu wissen, ob es recht ist.

Wenn man dem Ego im Übermass seiner Gelüste auch nur im Geringsten nachgibt, so beherrscht es einem. Deshalb muss in der Erziehung des Ego selbst die geringste Sache vermieden werden, die uns mit der Zeit beherrschen könnte. Das ideale Leben ist ein Leben der Ausgeglichenheit nicht unbedingt ein Leben der Entsagung. Entsagung darf nicht um ihrer selbst willen geübt werden, wohl aber, wenn nötig, um des Gleichgewichts willen.

Wahrlich, im Gleichgewicht besteht das ideale Leben.

I. 6. Die Schulung des Egos -
Schulung durch Nicht-Befriedigen der Eitelkeit

Zunächst wird das Ego durch den Einfluss des Körpers und erst später durch das Bewusstsein (mind) geformt. Dieser Aspekt des Egos lebt für die Eitelkeit, die einen Menschen veranlasst, Gutes und auch Böses zu tun. Er möchte immer seinen Stolz befriedigen, wenn dies zunimmt, endet es in Tyrannei und Grausamkeit.

Ein Mensch erwartet von den andern, dass sie ihn so sehen, wie er zu sein glaubt. Oft ist seine Selbsteinschätzung übertrieben und macht es anderen unmöglich, ihn so zu bewundern, wie er es wünscht. Menschen wollen um ihrer Kleider, ihrer Juwelen, ihres Reichtums, ihrer Grösse und ihrer sozialen Stellung willen bewundert werden, und wenn sich dieses Verlangen steigert, macht es den Menschen blind und unfähig, Recht von Unrecht zu unterscheiden. Es ist natürlich, dass das Verlangen nach Dingen, die seine Eitelkeit befriedigen, ständig zunimmt.

Die Neigung, mit Hass und Vorurteil auf andere herabzusehen, sie für geringer als sich selbst zu halten, entspringt dem Ego. Es gibt sogar Fälle, dass Leute Geld ausgeben, um dadurch imstande zu sein, andere zu beleidigen. Einen Menschen zu demütigen, ihn zum Nachgeben zu zwingen, ihn in eine unterlegene Stellung zu bringen, ihn verächtlich zu machen, - das lassen sie sich etwas kosten.

Das Verlangen seine Eitelkeit zu befriedigen, kann ein solches Ausmass erreichen, dass ein Mensch für die Befriedigung dieser Eitelkeit sogar sein Leben hinzugeben imstande ist. Mancher ist nicht freigiebig aus Güte, sondern aus Eitelkeit. Je eitler ein Mensch ist, desto weniger Mitgefühl empfindet er für andere; denn seine ganze Aufmerksamkeit gilt nur seiner eigenen Befriedigung, und anderen gegenüber ist er blind. Dieses Ego schränkt sozusagen das Leben ein, weil es den Mensch begrenzt. Kälte, Stolz, Eifersucht, all das stammt aus diesem Ego.

Nichts ist für die Umgebung eines Menschen so unangenehm wie Hochmut in irgendeiner Form. Und welchen Nutzen hat eine Meinung, die uns schmeichelt, unsere Umgebung jedoch verletzt? In Wirklichkeit entsteht die wahre Befriedigung eines Menschen aus der Wertschätzung, die andere für ihn empfinden, nicht aus seiner eigenen Meinung über sich selbst. Nichts ist so abstossend wie ein stachliges Ego. Äussere Manieren können ein Ego, das nicht sanft ist, nicht verbergen. selbst wenn es sich noch so demütig gibt. Es offenbart sein wahres Wesen plötzlich, unwillkürlich durch ein Wort oder eine Handlung, die auf andere aufreizend wirkt.

Die Schulung dieses Egos erfordert mehr Sorgfalt als die des anderen Egos; denn es ist schwieriger und subtiler, die Gelüste des Gemüts zu erkennen und abzuwägen als die des Körpers. Zweifellos ist die Eitelkeit dem Ego von Natur aus eigen, und das Ego ist für jeden Menschen natürlich. Doch es gibt Wünsche des Gemüts (mind). die notwendig sind und solche, die nicht notwendig sind. Je mehr man sein Ego beherrscht, desto leichter wird es den im Herzen verborgenen Tugenden und Vorzügen, sich zu entfalten.

Das Ego hat eine falsche Vorstellung von Grösse; doch die Auslöschung dieses Egos führt zu echter Grösse.

I. 7. Die Schulung des Ego - Der ständige Kampf mit dem Ego

Für einen Menschen, der auf dem Pfade Gottes wandelt, gibt es nur einen Kampf - das ständige Ringen mit dem Ego. Es ist das Ego, das das Licht der Seele verhüllt, und das unter ihm verborgene Licht ist „das Licht unter dem Scheffel". Des Menschen Gerechtigkeitssinn, seine Logik, sein Verstand, seine Intelligenz, seine Gefühle - alles wird vom Ego überdeckt. Wenn er jemanden beurteilt, geschieht es vom Standpunkt der eigenen Interessen aus; wenn er nachdenkt, verfertigt sein selbstsüchtiger Geist das Ergebnis in seinen Gefühlen kommt sein Selbst zuerst; es trübt seine Intelligenz. So ist der Zustand des Durchschnittsmenschen.

In dem Masse wie man die Hülle von der Seele abstreift, wird man gerechter, wahrhaftiger, aufrichtiger, liebevoller. Selbstsucht entwickelt den Sinn für die eigenen Interessen, und oft erlangt jemand dadurch irdischen Reichtum. Da aber alle Dinge dieser Welt der Veränderung, dem Tod und dem Zerfall unterworfen sind, wird er am Ende mit leeren Händen dastehen, während der Selbstlose, dem vielleicht - wegen seines mangelnden Sinnes für die eigenen Interessen - irdische Güter versagt blieben, schliesslich im Besitz einer Einsicht ist und reich an den Eigenschaften der Liebe, Gerechtigkeit und Intelligenz.

Die ganze Tragik des Lebens besteht darin, dass man sein natürliches Selbst aus den Augen verliert, und der grösste Gewinn im Leben ist, mit seinem wirklichen Selbst in Berührung zu kommen. Das wahre Selbst ist von vielen Schichten des Ego verdeckt; überwiegend sind es Hunger und Leidenschaften, danach kommen Stolz und Eitelkeit. Man muss unterscheiden lernen zwischen dem Natürlichen und dem Unnatürlichen, dem Notwendigen und dem Überflüssigen, dem Glückbringenden und dem Sorgen Verursachenden.

Zweifellos ist es für viele Menschen schwierig, zwischen Recht und Unrecht zu unterscheiden. Wenn wir aber dem eigenen Ego von Angesicht zu Angesicht gegenüberstehen und es als etwas erkennen, das bereit ist, uns den Krieg zu erklären, und wir dann die Willenskraft wie ein gezogenes Schwert handhaben, schützen wir uns gegen unseren grössten Feind - unser eigenes Ego. Es wird eine Zeit im Leben kommen, in der wir sagen können: „Mein ärgster Feind war in mir selbst."

I. 8. Die Schulung des Ego – Drei Stufen der Entwicklung des Egos

Es gibt drei verschiedenen Stufen, durch die hindurch das Ego sich entwickelt. um zum Idealzustand zu gelangen.

Die erste Stufe wird von den Sufis *Ammara* genannt. Auf dieser Stufe ist das Ego mit der Befriedigung seiner Leidenschaften und Gelüste zufrieden.

Von dieser tierischen Stufe aus kann das Ego zu einer höheren Stufe aufsteigen, dem menschlichen Ego, das seine Befriedigung in der Eitelkeit findet. Dieses Ego wird von den Sufi *Lauwama* genannt. Diese Stufe veranlasse einen Menschen im Anfang sich so zu verhalten, dass er auf jede Weise seinen Mitmenschen Leid, Verletzungen und Ungerechtigkeit zufügt. Dies dauert so lange an, bis er die wahre Natur der Eitelkeit zu verstehen lernt, dass sowohl alles Gute wie auch alles Böse aus der Eitelkeit entsteht. Wenn die Eitelkeit aufhört, den Menschen zu bösem Tun zu veranlassen, hat er die wahrhaft menschliche Stufe erreicht - *Mutmaina*.

Wenn aber die Eitelkeit den Menschen veranlasst, Gutes zu tun, wird er *human*, - das Wort im orientalischen Sinn gebraucht, in dem es mehr bedeutet als human, da es sich von zwei Worten herleitet: *Hu* - göttlich und *manas* - Bewusstsein.

Die erste Lektion, die das Ego zu lernen hat, um sich zur humanen Stufe zu entwickeln, ist Stolz in der Form der Selbstachtung. Da der Mensch die Neigung hat, gute Kleidung und schönen Schmuck zu tragen, um in den Augen anderer so zu erscheinen, wie er es als schön betrachtet, so muss er die gleiche Neigung bei der Gestaltung seiner Persönlichkeit spüren, indem er sie mit jedem Handeln und Verhalten in der Weise schmückt, die er als gut und schön betrachtet.

I. 9. Die Schulung des Ego - Die animalische Seite im menschlichen Ego

Im menschlichen Ego gibt es eine Seite, die man die animalische nennen könnte, die aber noch schlimmer ist als die animalische Natur. Es gibt zahme Tiere, die harmlos sind und geneigt zu lieben und Liebe zu erwidern. Ein Teil der menschlichen Natur kann jedoch mit einem Dorn oder dem Horn eines Nashorns verglichen werden; denn diesem Ego macht es Freude, andere zu verletzen oder ein Leid anzutun. Vom wissenschaftlichen Standpunkt aus nennt man dies eine Sucht oder betrachtet es als krankhaft, aber psychologisch gesehen ist alles, was unter dem menschlichen Ideal ist, ein Defekt, den er überwinden könnte, wenn er wüsste wie.

Gelegentlich kann man jemanden beobachten, dem es Vergnügen bereitet, ein Pferd oder einen Hund zu peitschen. In verschärftem Masse tritt dieser Defekt zutage, wenn jemand Gefallen daran findet, einen Mitmenschen zu verletzen oder zu quälen. Der geistige Aspekt dieses Defekts zeigt sich, wenn jemand andern Verachtung und Widerwillen entgegen bringt oder Missachtung zeigt, wo Achtung oder Ehrerbietung am Platze wäre.

Man verursacht Schmerzen durch Ironie, Sarkasmus und grobe Ausdrucksweise. Es gibt Blicke, die verwunden, und selbst durch allerlei leichte Änderungen des Verhaltens kann man andere kränken und Genugtuung dabei empfinden. Wenn diese Neigung sich entwickelt, wird der Mensch natürlicherweise in seiner ganzen Umgebung unbeliebt. Manche zeigen ihre Abneigung nach aussen, andere nicht, und der Betreffende nimmt es übel, wo er es spürt. Oftmals klagt man die andern für die eigenen Fehler an.

Ein derartiges Ego kann sich zu einem Monstrum entwickeln. Die Seele muss diesem Prozess von innen her zuschauen und ihn zulassen, während der Betreffende zu stolz sein mag, um es offen zuzugeben. Die Seele im Innern erschrickt oft vor diesem Monstrum und fürchtet seinen Anblick. Wenn dieses Monster-Ego sich so weit entwickelte, dass es eine Welt von Leid und Qual geschaffen hat, befindet sich die Seele selbst in der Hölle. In diesen äusseren Zuständen besteht die einzige Hölle, die es gibt, sowohl im Diesseits wie im Jenseits.

Doch sogar nachdem der Mensch ein solches Ego erschaffen hat, vermag er noch glücklich zu werden, wenn er es zu überwinden vermag, bis es zu seinem Freund und Diener wird.

I. 10. Die Schulung des Ego - Selbstbewusstsein

Der Mensch hat die Neigung, viel über das nachzudenken, was andere von ihm halten, und bei manchem nimmt diese Neigung rasch überhand. Dadurch entwickelt sich eine Befangenheit, die die

Wurzel verschiedener menschlicher Schwächen ist. Sie schwächt den Menschen physisch und geistig und macht ihn von der Meinung anderer abhängig. Er lebt sozusagen von der guten Meinung der andern und ist wie tot, wenn sie eine schlechte Meinung von ihm haben.

Diese Veranlagung macht einen Menschen empfindlich, ja oft überempfindlich. Sie erreicht häufig einen solchen Grad, dass er bei jedem Wort nach Beifall um sich schaut und jede Bewegung auf Erzielung einer gewissen Wirkung berechnet. Hierdurch werden sowohl der Körper wie das Bewusstsein (mind) schwerfällig und für die Seele belastend. Sie entwickelt im Wesen jene Schwäche, die gemeinhin als Reizbarkeit bezeichnet wird, da sie an jeder Kleinigkeit Anstoss nimmt. Manche Menschen sind so geartet. dass es sie freut, jede mögliche Schwäche im Wesen eines andern aufzudecken. Es wird für sie zum Zeitvertreib, zur Unterhaltung, aber das Leben eines empfindlichen Menschen kann dadurch so schwierig werden, dass er weder im noch ausser dem Hause Ruhe findet. Jedermann kommt ihm boshaft vor, die Gegenwart anderer geht ihm auf die Nerven. Er versucht, sich zurückzuziehen und eine Abgeschlossenheit zu finden, die das Leben ihm nicht zu finden erlaubt. Befindet sich ein solcher Mensch in einer Situation, in der er reden, singen oder irgendwie auftreten soll, versagt er und kann nicht sein Bestes geben. Wenn er anderen Leuten begegnet, kann er keine Kritik ertragen und auf keinen Scherz eingehen. Die Anwesenheit anderer wird seiner Seele zur Last. Ein so empfindlicher Mensch hat immer den Wunsch, verborgen zu bleiben und sich von andern fernzuhalten, die er mit Nervosität, Abneigung oder Angst betrachtet. Wie gross auch die Tugenden oder Verdienste eines solchen Menschen sein mögen, so bleibt er doch unfähig, seine Gaben frei zur Geltung zu bringen.

Steifheit beim Gehen, auch Unbeholfenheit, eine starre Sitzhaltung ohne Flexibilität sind die Folgen der Befangenheit. Sie gibt den Lippen einen harten Ausdruck, versteift die Zunge, macht die Stimme tonlos und hindert einen daran, das zu sagen, was man sagen möchte. Sie legt sich wie eine Kette um die Gestalt und alle Glieder des Körpers, und im Befangenen ist nichts von jener Weichheit, die wie ein Fluidum durch jede Lebensäusserung fliessen sollte. Das einzige Heilmittel besteht darin, sich selbst zu vergessen und sein ganzes Sinnen und Trachten auf seine Arbeit und jede unternommene Beschäftigung zu richten.

Gatha II

II. 1. Die Schulung des Ego – Eitelkeit

Der Mensch hat das Verlangen, Gutes zu tun und Böses zu vermeiden, weil er dadurch seine Eitelkeit nährt. Unter tausend guten und tugendhaften Menschen gibt es kaum einen, der Gutes tut und Böses vermeidet, weil es seine natürliche Veranlagung ist. Die Mehrheit jener, die in Kunst, Wissenschaft, Religion oder Politik engagiert sind, sind sich jederzeit der Meinung anderer bewusst, und sie können in den Linien, denen sie folgen, nur schaffen, wenn sie von irgendeiner Seite Anerkennung bekommen. Die kleinste Feindseligkeit oder Opposition entmutigt sie und erstickt ihre Absichten. Unter Tausenden gibt es eine grosse Seele, die während ihres Lebens fest und stark an ihrem Ziel festhalten kann, unerschüttert und ungeschwächt durch Widerstand von irgendeiner Seite. Es ist jener Mensch, der am Ende gewinnt und Dinge vollbringt, die einen Wert haben.

Im Leben aller grossen Seelen, die wunderbare Taten vollbracht haben, werden wir sicher dieses verborgene Geheimnis finden. Sie haben es nicht gelernt, es ist ein Teil ihres Wesens, und der Nachdenkliche erkennt hierin eine Philosophie, die lehrt, dass es das menschliche Ego ist, das ihn fesselt und ihm am Fortschritt auf allen Pfaden des Lebens hindert. Das Ego macht den Menschen nicht nur befangen, sondern lässt ihn zum Feigling werden und macht ihn hilflos. Er ist schüchtern, weil er seine eigene Begrenzung sieht, und er ist hilflos, weil alles Stärkere ihn überwältigt, weil er sein eigenes Wesen in gewissen Grenzen einschränkt.

Neben allen anderen Nachteilen, die das Selbstbewusstsein mit sich bringt, gibt es darüber hinaus einen, der den Menschen davon abhält zu erkennen, dass der Gedanke an das Ich ihn von Gott fernhält. Im menschlichen Herzen ist nur für einen Raum, entweder für sich selbst oder für Gott.

II. 2. Die Schulung des Ego - „Selig sind die Armen im Geiste"

Jesus Christus sagt, „Selig sind die Armen im Geist". Warum ist hier nicht das Wort 'Ich' gebraucht anstelle von 'Geist'? Der Blick eines Menschen, sein Ausdruck, seine Haltung, alles spricht von seinem Ego und gibt an, in welchem Masse es hart oder weich ist. Die Menschen versuchen, das wahre Wesen ihres Ego durch eine diplomatische Ausdrucksweise und gute Manieren zu verhüllen, dies aber vermag das Ego nicht wirklich zu verbergen, das sich selbst in allem ausdrückt, was sie reden oder tun. Jedes Teilchen des menschlichen Körpers und seines Bewusstseins wird von diesem Ego beherrscht. Wenn es irgendetwas gibt, das mit dem Wort 'Geist' gemeint ist, wie es oben gebraucht wird, ist es dieses Ego. Der kleinste Widerspruch erregt Unwillen im Menschen, während Lob seiner Eitelkeit schmeichelt und dem Ego zu Herzen geht.

Nun aber erhebt sich die Frage: „Wenn dieses Ego die Hauptsache in der Entwicklung des Menschen ist, warum sollen wir es dann bekämpfen? Ist es nicht das innerste Wesen des Menschen?" Die Antwort lautet, dass es den Geist des Menschen und den Geist Gottes gibt. Beide sind voneinander verschieden und doch das gleiche. Denken wir an das Meer und an den Tropfen, - wie ungeheuer gross das eine und wie klein das andere. Wie kann der Mensch sich zu dem Anspruch erkühnen, er sei Gott. Nur Leere, in der das Echo hallt, wird in einem Herzen gefunden, das solche Grösse beanspruchen kann. Die wahre Leere ist erfüllt vom göttlichen Licht. Und es ist ein solches Herz, dass sich in Demut zum Nichts wandelt, sodass es das Licht ausstrahlt.

Das Ego des Menschen gleicht einem Lampenschirm, und der Geist Gottes ist das Licht. 'Arm' ist im Sinne von dünn gesagt, und wenn das Ego arm oder dünn ist, scheint der Geist Gottes hindurch. 'Reich im Geiste' würde bedeuten dick oder dicht in der Ego-Natur, die dann wie eine Mauer vor dem im Herzen verborgenen göttlichen Licht stehen würde.

II. 3. Die Schulung des Ego - Die drei Teile des Ego

Das Ego besteht aus drei Teilen: dem physischen, dem mentalen und dem spirituellen Ego. Das mentale Ego verdeckt das spirituelle Ego, und das physische Ego verdeckt das mentale Ego. Das Ego ist tatsächlich eines, dies sind die drei verschiedenen Aspekte des Egos.

Das physische Ego wird durch die Befriedigung der körperlichen Gelüste genährt. Nach einem Mahl oder einem erfrischenden Getränk spürt man eine Art Anregung, und ohne Zweifel verdeckt dies mit einer zusätzlichen Hülle das innere ‚Ich'. Darum gibt es einen Unterschied zwischen Schlaf und Meditation. Obwohl beide Ruhe bewirken, so wird doch die eine Ruhe durch die Stimulierung des Körpers verursacht, die andere stellt sich ohne sie ein. Es gibt Fälle von meditierenden Menschen, die nur zwei oder drei Stunden am Tag schlafen, ohne krank zu werden. Ein Mensch, der gut schlafen kann. ist gesund, und doch kann er jederzeit krank werden.

Die Befriedigung eines jeden Gelüsts bedeutet eine momentane Anregung und Ruhe für den Körper. Aber diese momentane Befriedigung verursacht weitere Gelüste, und jede Erfahrung der Befriedigung eines Gelüsts weckt das Verlangen nach mehr Befriedigung. So wird das Ego, die Hülle über unserem mentalen und spirituellen Wesen, dichter und dichter, bis es alles Licht aus dem Innern verschliesst.

Es gibt einige, die essen um zu leben, aber es gibt viele, die leben um zu essen. Der Körper ist ein Instrument der Seele, um die äussere Welt zu erleben, wenn aber das ganze Leben diesem Instrument gewidmet wird, dann wird der Mensch, für den dieses Instrument existiert, seiner Lebenserfahrung beraubt.

Die Blindheit, die das physische Ego verursacht, kann klar bei niederen Geschöpfen erkannt werden, - der Löwe ist bereit, mit einem anderen Löwen zu kämpfen; der Hund bewacht den abgenagten Knochen und lässt ihn nicht von einem anderen Hund berühren. Das gleiche physische Ego macht den Menschen stolz auf seine Kraft, seine Schönheit, seine Macht, seinen Besitz.

Wenn es einen Funken Licht gibt, wird er sich mit der Zeit zu einem leuchtenden Stern ausdehnen; wenn es die geringste Dunkelheit gibt, wird sie sich ebenso ausdehnen und das ganze Leben in einen Nebel hüllen. Im Rausch seines physischen Ego wird der Mensch so interessiert an der Befriedigung seiner Gelüste, dass er bereitwillig nicht nur seinen Feind, sondern sogar seinen liebsten Freund kränken oder verletzen kann. So wie ein Betrunkener nicht weiss, was er sagt oder tut, so ist auch ein Mensch verblendet durch sein physisches Ego berauscht und vermag leicht etwas zu sagen oder zu tun, ohne Rücksicht auf die Freude, das Wohlbefinden, das Glück, die Harmonie oder den Frieden anderen.

II. 4. Die Schulung des Ego - Notwendigkeit und Gier

Bei der Befriedigung körperlicher Gelüste sind zwei Dinge zu unterscheiden: Notwendigkeit und Gier. Eine Befriedigung, die lebensnotwendig ist, ist das eine, eine stets zunehmende Lust an der Befriedigung körperlicher Begierden das andere. Wenn der Mensch handelt, ohne dies zu beachten, sei es bei der Befriedigung der Begierde oder durch Enthaltsamkeit, macht er Fehler. In der Schulung des Ego ist es nicht notwendig, der Natur Gewalt anzutun. Unterscheidungsfähigkeit ist erforderlich, um zu verstehen, wie weit man sein Verlangen befriedigen darf, und wann man sich zurückhalten soll, um die Befriedigung nicht zur Sucht werden zu lassen.

Ein heftiges Verlangen nach körperlicher Befriedigung hat einen schlechten Einfluss auf die Mentalität, was sich psychisch ungünstig auf einen selbst und auf die Umgebung auswirkt. Es erzeugt Eifersucht, Neid und Gier im Wesen, und wenn diese Gedankengänge intensiv sind, wirken sie seelisch vergiftend. Im Osten besteht ein unter dem Namen *Nazr* bekannter Glaube, dass jede Speise und jedes Getränk eine vergiftende Wirkung haben kann für den, der davon isst oder trinkt, wenn sie dem bösen Blick ausgesetzt waren. Diesen Aberglauben kennt man in der einen oder anderen Form in fast allen Teilen des Ostens. Ihm liegt die psychologische Vorstellung zugrunde, dass ein intensives Neidgefühl einen Gedankenstrom hervorruft, der sicher sein Gift verbreitet zum Schaden dessen, gegen den das Gefühl sich richtet.

Wenn wir die ganze Unrast der heutigen Welt betrachten, stellen wir fest, dass sie vom physischen Ego verursacht wird. Hinter Kriegen und Revolutionen scheint das Verlangen nach Luxus, Vergnügen und grösserem irdischen Gewinn zu stehen. Da jedoch das Glück der Welt von den ethischen Werten der Mehrheit abhängt, hängt auch der Friede der Welt von der Erziehung des Menschen zu den psychischen Gesetzen vom Glück ab.

II. 5. Die Schulung des Ego - Demut

Auf dem Pfad der Schulung des Ego muss vor allem Demut erlernt werden. Das ständige Bemühen, das Ego auszulöschen, bereitet den Menschen für den höheren Pfad vor. Die Demut kann dadurch geübt werden, dass man bei jedem Gedanken, bei jedem Tun und im Umgang mit anderen die eigene Persönlichkeit vergisst. Zweifellos ist dies schwierig und mag im täglichen Leben unausführbar scheinen, doch wird es sich schliesslich als der erfolgreiche Weg erweisen, nicht nur im spirituellen Leben, sondern auch in den Alltagsangelegenheiten.

Im allgemeinen ist man geneigt, die eigene Persönlichkeit in den Vordergrund zu stellen, was zwischen zwei Seelen, deren Bestimmung und Glück in ihrer Verbundenheit liegt, eine Mauer aufrichtet. Im Geschäftsleben, im Beruf, in allen Lebensverhältnissen ist es notwendig, dass man sich mit dem andern zu dieser Einheit verbindet, in der der Zweck des Lebens erfüllt wird.

Es gibt zwei Arten dieser Selbstentäusserung, die man mit anderen Worten Nachgiebigkeit nennen kann; die eine ist Schwäche, die andere innere Bereitschaft, die erstere ist ein Mangel, die letztere eine Tugend. Die eine entsteht aus einem Mangel an Willenskraft, die andere aus Herzensgüte. Bei der Schulung des Ego muss man deshalb darauf bedacht sein, nicht etwa eine Schwäche zu entwickeln, die man dann als Tugend ausgibt. Die beste Art vorzugehen besteht darin, das Leben seinen natürlichen Lauf nehmen zu lassen. und sich dabei gleichzeitig das höchste Ideal vor Augen zu halten. Dies schafft den Ausgleich und macht den Weg leicht.

Die Worte Christi, die den Menschen lehren, mit einem andern zwei Meilen zu gehen, der möchte, dass er eine Meile mit ihm gehe, weisen auf die grosse Bedeutung der Harmonie im Leben. Und seine Worte 'widersteht nicht dem Übel' weisen noch deutlicher auf die Wichtigkeit der Harmonie im Leben, besonders dass es besser ist, Böses zu vermeiden oder sich davon fernzuhalten, als dagegen zu kämpfen.

Wenn Christus Nachgiebigkeit lehrt, will er damit sagen, dass man seine Wünsche denen anderer anpassen soll. Zweifellos ist dabei Unterscheidungsfähigkeit notwendig. Es soll jene Übereinstimmung sein, die zu immer grösserer Harmonie führt; nicht jene, die anfänglich Harmonie zu sein scheint, aber schliesslich zu grösserer Disharmonie führt. Bei der Schulung des Egos muss Ausgeglichenheit als höchstes Prinzip angesehen werden.

II. 6. Die Schulung des Ego - Training durch Enthaltsamkeit

Es gibt keinen besseren Weg zur Schulung des Ego, als ihm das zu verweigern, was es zur Befriedigung seiner Eitelkeit haben möchte. Spiritualität kann als Fähigkeit, als Kapazität bezeichnet werden, oder einfacher ausgedrückt als Tiefe. In manchen Menschen ist diese Kapazität, diese Tiefe natürlicherweise vorhanden; in anderen kann sie geschaffen werden. Um Regenwasser zu sammeln, gräbt man den Boden auf und schafft einen Raum, in dem sich das Wasser sammeln kann. Ebenso muss man, um das geistige Leben und Licht empfangen zu können, in sich selbst einen Raum schaffen. Der Egoist hat keinen solchen Raum, denn sein Ego lässt das Herz hart werden, sodass es das Göttliche nicht mehr aufnehmen kann. Je mehr man die Wünsche des Egos, die seine Eitelkeit befriedigen, unerfüllt lässt, desto grösseren Raum schafft man, der dann mit dem göttlichen Leben angefüllt werden kann. Manchmal ist es schmerzhaft und oft erscheint es hart, dem Ego alle seine Wünsche zu versagen, aber das Ergebnis ist immer eine grosse Befriedigung
Wenn der Wille fähig wird, das eigene Leben zu lenken und nicht den körperlichen Gelüsten und Launen nachzugeben, dann hat die Herrschaft des Goldenen Zeitalters begonnen, sagen die Hindus. Da gibt es weder Ungerechtigkeit noch Belohnung. Wenn der Mensch Beeinträchtigungen in seinem Leben begegnet und einen Mangel an Harmonie in seiner Umgebung, sollte er in seinem inneren Reich Zuflucht suchen, welches das Königreich Gottes ist. Für einen Sufi ist der Leib der Tempel Gottes und das Herz Sein Altar. Solange der Mensch Gott von Seinem Tempel, Seinem Altar fernhält, herrscht sein begrenztes Ego. Diese Herrschaft wird von den Hindus das Eiserne Zeitalter genannt.

Wer sein Herz Gott nicht geöffnet hat, um darin zu wohnen, mag ein guter Mensch sein, aber sobald sein Leben in die Betriebsamkeit der Welt verstrickt wird, kann sich sein Ego vom schlechten zum schlimmeren wandeln, bis es schliesslich in die schlimmste Gemütsverfassung gerät, in den Zustand, den die religiöse Sprache als Satan bezeichnet.

Um das ‚Ich bin nicht, sondern Gott ist' verwirklichen zu lernen, muss man sein Ich zunächst gegenüber seinen Mitmenschen verleugnen. Den andern Achtung entgegenbringen, einen Menschen oder eine Handlung ertragen, die einem unangenehm sind, Toleranz üben, die Fehler anderer übersehen, die Schwächen im Mitmenschen verdecken, bereit sein zu verzeihen - alle diese Dinge gehören zur ersten Lektion der Selbstüberwindung.

II. 7. Die Schulung des Ego –
Die zwei Seiten des menschlichen Ego

Zum Wesen des menschlichen Ego gehören zwei Seiten; die eine Seite bemüht sich um die natürlichen Bedürfnisse und kann als das animalische Ego bezeichnet werden. Aber die andere Seite offenbart sich, wenn das Ego aus keinem anderen Grund als Intoleranz in Aufregung gerät. Dieses Empfinden ist eine Art von Verblendung oder Rausch und entsteht aus einem Übermass an Energie, dass ungehemmt der Seele entströmt und sozusagen das Licht der Seele verhüllt, so wie der Rauch das Licht einer Flamme verdecken kann. Damit der göttliche Geist unser Leben leiten kann, muss die Seele von allem Rauch gereinigt werden, bis nur die Flamme übrig bleibt, um unser Leben zu erleuchten.

Während der Zeit der Unwissenheit gehört es zum Wesen des Egos, dass es sowohl von allem, was sehr schön oder sehr machtvoll ist, wie auch von dem, dass nicht an den Standard seines Ideals heranreicht, beunruhigt wird. Diese Sensibilität kann sich in solchem Masse steigern, dass alles, was ihm nicht Wohlbefinden, Freude oder Glück verschafft, seinen Widerwillen weckt. Dieser Zustand der Unwissenheit des Egos wird im Sanskrit von den Weisen *ahankar* genannt, und alle Lehrmethoden der Weisen zu allen Zeiten und in allen Teilen der Welt dienten dem Erkennen und Verstehen dieser, der ursprünglichen Natur des Egos anhaftenden Unwissenheit und dann der Reinigung des Egos durch Sanftmut, Selbstbeherrschung, Demut, Toleranz und Versöhnlichkeit.

Man kann diese Unwissenheit verbergen, aber damit ist es nicht getan. Oft werden äusserliche Manieren zur Maske, hinter der sich etwas Hässliches verbirgt. Nur eines vermag das Ego aus dieser Unwissenheit zu befreien, nämlich die Liebe zu Gott, die Versenkung in Gott und das Wissen um Gott.

Gottesliebe entspringt dem Gottesglauben. Zuerst muss der Glaube da sein, aber der Glaube bedarf einer Stütze. Er kann durch den Glauben anderer in der Umgebung unterstützt werden; Lernen und Forschen wird ihn stärken. Aber wem die Menschenliebe unbekannt ist, der wird nie die Gottesliebe kennen. So wie wir den Maler in seinem Bild sehen können, den Dichter in seiner Dichtung, den Musiker in seiner Musik, so können wir Gott in der Menschheit schauen.

II. 8. Die Schulung des Ego –
Schulung als Wissenschaft wie als Kunst

Es ist sowohl eine Wissenschaft wie eine Kunst, die Natur des menschlichen Ego zu verstehen und es zu schulen. Man kann die Natur des menschlichen Ego verstehen, indem man das menschliche Wesen studiert, aber die Art der Schulung kann man durch die Schulung des eigenen Ego erlernen. Man kann es dadurch schulen, indem man allem gegenüber, dass eine aufreizende Wirkung auf einen hat, geduldig bleibt; denn jeder Misston, der die Seele trifft, irritiert das Ego. Wenn man dieser Gereiztheit nachgibt und ihr Ausdruck verleiht, entwickelt man ein unangenehmes Wesen, und wenn man sie unterdrückt und sich nichts anmerken lässt, zermürbt es einen innerlich. Der Gedanke ist es, sich über alle solchen Störungen zu erheben.

Das Leben an sich hat eine aufreizende Wirkung, die jede feinfühlige Seele empfinden kann. Wer sich aller störenden Einflüsse entziehen möchte, hätte besser daran getan, es mit dem Leben, das ein ständiger Missklang ist, gar nicht zu versuchen. Leben ist Bewegung, und es liegt in der Natur der Bewegung, irgendwo anzustossen. Es bedarf nicht der Kraft, um den störenden Einflüssen des Lebens standzuhalten. Kein Wall aus Stein oder Eisen kann für immer den Wellen des Ozeans standhalten, aber ein Holzstück, klein und leicht, kann mit den Wellen steigen und fallen und bleibt doch unbeschädigt und sicher obenauf. Je leichter und kleiner das menschliche Ego wird, desto grösser wird die Kraft im Ertragen. Zwei ausgeprägte Ego schlagen aufeinander ein. Das kleine, das leichte Ego gleitet just darüber hinweg, wenn die mächtige Welle eines starken Ego daherkommt und gegen einen stärkeren Wall prallt, der es zurückwirft.

Die Kunst mit den Ego verschiedener Entwicklungsgrade umzugehen, besteht darin, Freundlichkeit, Toleranz und Vergebung - alles Äusserungen der Herzensgüte - zu erlernen. Wenn man mit einem andern auf der gleichen Ebene steht, ist man dem Einfluss seines Egos unterworfen. Erhebt man sich aber darüber hinaus, so verlieren alle Anstrengungen des anderen Egos ihre Wirkung. Es gibt ein hindustanisches Gedicht, Verse von Ghalib:

„Die Welt erscheint mir wie ein Kinderspielplatz.
Wie doch die Kleinen fortwährend mit ihrem Spielzeug
beschäftigt zu sein scheinen."

Wahrlich, das Geheimnis des Friedens ist unter der Verhüllung des Ego verborgen.

II. 9. Die Schulung des Ego - Vergebung

Um Vergebung zu lernen, muss man zuerst Toleranz lernen. Aber es gibt Menschen, denen man nicht vergeben kann. Nicht, weil man es nicht sollte, sondern weil es zu schwierig ist, weil es über die Kraft geht. In einem solchen Fall sollte man als erstes vergessen. Der erste Schritt zur Vergebung ist zu vergessen.

Gewiss, je feiner ein Mensch ist, desto leichter wird er durch die kleinste Störung, die Reibung und Disharmonie in der Atmosphäre verursacht, verletzt. Ein Mensch, der Stösse austeilt und erhält, ist imstande, ein leichtes und bequemes Leben in der Welt zu führen. Für den feinfühligen Menschen ist das Leben schwierig, denn er kann die erhaltenen Verletzungen nicht zurückgeben und empfindet sie stärker als der Durchschnittsmensch.

Viele suchen sich vor all den verletzenden Einflüssen zu schützen, indem sie eine Art Mauer um sich bauen. Aber der Himmel wölbt sich so hoch über der Erde, dass keine Mauer hoch genug gebaut werden könnte. Es bleibt daher nichts anderes übrig, als inmitten aller disharmonischen Einflüsse zu leben, die Willenskraft zu stärken und alles zu ertragen und dabei doch die Feinheit und Würde des Wesens, zusammen mit einem lebendigen Herzen zu bewahren. An der Kälte der Welt zu erkalten ist Schwäche, an der Härte der Welt zu zerbrechen ist ebenso Schwäche, aber in der Welt zu leben und doch über ihr zu stehen, das gleicht dem „Wandeln auf dem Wasser".

Es gibt zwei wesentliche Pflichten für den Menschen, der in Liebe und Weisheit leben will: die Liebe in unserem Wesen ständig zunehmen und sich ausbreiten lassen Und den Willen so zu stärken, dass das Herz nicht so leicht brechen möge. Ausgeglichenheit ist das Ideal im Leben. Der Mensch muss feinfühlig und doch stark sein, liebevoll und doch kraftvoll.

II. 10. Die Schulung des Ego - Zurückhalten von Impulsen

Da die Weisen wissen, dass es im Wesen des Ego liegt, sich zu erheben, sich zu regen und die Atmosphäre zu stören, üben sie sich darin, das Ego in seinen freien Impulsen zu zügeln. Die Neigung des Ego, sich zu erheben, zeigt sich in dem Verlangen zu stehen, wenn andere sitzen, zu laufen, wenn andere gehen, zu tanzen, wenn andere stillstehen. Auf der geistigen Ebene zeigt es sich in der Neigung zum Stolz, zur Eitelkeit, zum Dünkel und im Wunsch, anderen gegenüber seine Überlegenheit zu zeigen, - all dies stammt aus dem Ego. Dadurch, dass die Weisen Demut, Freundlichkeit und Milde lernen, machen sie sich selbst, wie es in der Bibel heisst, zu 'Armen im Geist' - „Selig sind, die da geistig arm sind".

Diese Verhaltensweisen werden manchmal gelehrt, aber wenn man sie nicht in sich selbst fühlt, werden sie zu leeren Formen und Konventionen ohne Geist, Leben oder Wirkung. Liebe allein kann diese Verhaltensweisen lehren, die das Ego in Schranken halten.

Wenn man sie nicht von der Liebe lernt, lernt man sie durch Leiden. Schmerz vernichtet das Ego, und wenn das Leben reich an Schmerzen ist, üben sie einen mildernden Einfluss auf das Ego aus.

Die Weisheit ist eine grosse Lehrerin; sie zeigt dem Menschen, wohin es führt, wenn er sein Ego frei und unbeherrscht gehen lässt, und was er durch die Beherrschung des Egos erreichen kann. Stellen wir uns vor, ein Reiter sitze auf seinem Pferd ohne die Zügel in seiner Hand und lasse sein Pferd frei gehen, wohin es will. Jeden Augenblick ist er in Lebensgefahr. Glücklich ist, wer auf dem Pferd reitet und die Zügel fest in der Hand hält, - er ist der Meister seiner Reise.

Gatha III

III. 1. Freundliches Verhalten

Freundliches Verhalten wird in der Sufischulung als Hauptsache betrachtet, denn die Sufis haben zu allen Zeiten grosses Gewicht auf die Kunst der Persönlichkeit gelegt. Da der Sufismus eine religiöse Philosophie der Liebe, Harmonie und Schönheit ist, ist es für einen Sufi von grösster Bedeutung, dem in seiner Persönlichkeit Ausdruck zu verleihen. Zweifelsohne wird im Osten grosses Gewicht auf gutes Benehmen gelegt. Die Fürstenhöfe des Ostens waren Schulen guter Manieren, obwohl viel Gekünsteltes damit verbunden war. Auf dem Sufipfad wurden die gleichen Sitten wie am Hofe aber mit Aufrichtigkeit gelernt. Der Sufi-Vorstellung gemäss stammt alle Schönheit von Gott, somit ist ein schönes Verhalten ein Ausdruck des Göttlichen. In der jetzigen modernen Zeit scheinen sich die Menschen gegen gute Sitten zu sträuben, weil sie alles Aristokratische ablehnen, so wie viele die Religion ablehnen, weil sie sich über Priester geärgert haben. Wenn ein Mensch sich gegen die Schönheit sträubt, kann er nicht auf dem richtigen Pfad sein. Die heutige Ablehnung aller Schönheit, die es in Form von Kultur oder Benehmen gibt, ist ein Kampf gegen die Zivilisation.

Der Sufi nennt ein Verhalten, das sich aus dem Wissen um die Einheit, aus der Erkenntnis der Wahrheit und aus der Liebe zu Gott ergibt *akhlaq Allah*, das bedeutet die Lebensart Gottes. Mit anderen Worten: wenn Gott in einem Menschen verwirklicht wird, so zeigt sich in seinen Handlungen das Verhalten Gottes.

Das folgende sind verschiedene Aspekte des Verhalten, die bei den Sufis als *ilmi adab* bekannt sind:

adab	Achtung, Respekt
khatir	Rücksichtnahme
tawazu'	Gastfreundschaft oder Willkommen
inkisar	Demut oder Selbstlosigkeit
khulq	Anmut
matanat	Ernsthaftigkeit
halim	Zartheit des Gefühls

salim	Harmonie
wafah	Treue, Loyalität, Beständigkeit
dilazari	Sympathie
kotah kalam	Zurückhaltung im Reden
kam sukhun	sparsame Wortwahl
mu'tabar	Selbstachtung, Wort halten, vertrauenswürdig sein
buzurgi	Ehrwürdigkeit
ghairat	Ehre oder Stolz
haya	Bescheidenheit

Dazu gehören auch: Mut, Erfahrung, Grosszügigkeit, Vergebung, Offenheit, Toleranz, sich auf die Seite des Schwächeren stellen, die Fehler anderer verhüllen, als wären sie die eigenen aus Mitgefühl und Achtung füreinander.

III. 2. Vom Wesen der Freundlichkeit: Achtung - *adab* (1)

Es gibt keinen Menschen auf der Welt, der nicht ein gewisses Anrecht auf Achtung hätte. Wer einem andern Achtung erweist, achtet in ihm sich selbst, denn Achtung erzeugt Achtung, und Missachtung ruft Missachtung hervor. Die beste Erziehung, die man einem Kind geben kann, ist eine respektvolle Haltung, nicht nur seinen Eltern, Freunden und Verwandten, sondern auch Haushalthilfen gegenüber. Als der Prophet eines Tages hörte, wie sein Enkel einen der Sklaven beim Namen rief, sagte er zu ihm: „Nenn ihn 'Onkel', denn er ist im vorgerückten Alter." Wenn man einen Menschen achten möchte, findet man sicher etwas in ihm, was Achtung verdient, und wenn wirklich nichts Achtenswertes in ihm gefunden werden kann, gäbe ihm allein schon die Tatsache, dass er ein menschliches Wesen ist, ein Anrecht auf Achtung.

Eine Form der Achtung besteht darin, einen anderen Menschen für besser als sich selbst zu betrachten aus Bescheidenheit oder Wohlwollen, selbst wenn man ihn nicht dafür hält. Niemand wird respektiert, der keinen Respekt für andere empfindet. Es gibt noch eine andere Form der Achtung, die darin besteht, die Überlegenheit eines anderen in bezug auf Alter, Erfahrung, Wissen, Güte, gesellschaftlicher Stellung. Moral oder Spiritualität anzuerkennen. Selbst wenn man einen Menschen überschätzt hat, ist dies kein Verlust; denn die Achtung, die wir einem Menschen erwiesen haben, gilt in Wirklichkeit Gott. Wer Achtung verdient, hat ein Anrecht darauf. Wenn aber jemand keine Achtung verdient, und wir ihn trotzdem respektieren, zeigt dies eine wohlwollende Gesinnung. Für einen feinfühligen Menschen bedeutet es eine grosse Enttäuschung eine Gelegenheit zu versäumen, um Achtung zu erweisen, während einem groben Menschen dies gleichgültig ist.

Es gibt viele schlaue Menschen, die ihre Missachtung in ironische Redewendungen kleiden und um jemanden zu beleidigen, sarkastische Bemerkungen in höflicher Form sagen. Auf diese Weise geben sie sich den Anschein, keine Missachtung an den Tag zu legen, während sie doch ihren Wunsch zu kränken befriedigen. In manchen Menschen ist ein Verlangen, anderen Unrecht zu tun, und sie befriedigen es, indem sie sie durch Verachtung in Gedanken, Worten oder Taten verletzen. Wenn der Mensch nur wüsste, dass er im Leben zurückempfängt, was er gibt. Nur folgt die Erwiderung oft nicht sofort, sondern nach einer gewissen Zeit.

Nur der ist wirklich respektvoll, der anderen Respekt erweist. Wer ihn jedoch gierig von anderen erwartet, wird immer enttäuscht. Auch wenn man nur Achtung erweist, um selbst geachtet zu werden, ist es eine Art von Handel. Der geistig Entwickelte wird grosszügig Achtung schenken, ohne auch nur einen Augenblick zu erwarten, dass ihm dafür wieder Achtung zuteil werde.

Bringt man einem Menschen nicht nur zum Schein, sondern aufrichtig aus einem Herzensbedürfnis heraus, Achtung entgegen, so steigt ein Glücksgefühl als Frucht dieser respektvollen Haltung in einem auf, dass durch nichts anderes hervorgerufen werden kann.

Vielen Menschen ist man für Hilfe, Freundlichkeit, Schutz, Unterstützung, Dienste oder Beistand verpflichtet, und nichts Materielles in der Welt, weder Gold noch Silber, kann die Dankbarkeit so vollkommen ausdrücken wie wahre Achtung. Bedenke also, was du nicht mit Gold oder Silber zurückzahlen kannst, vermagst du nur auf eine Weise zu vergelten - durch bescheiden dargebrachte Achtung.

III. 3. Vom Wesen der Freundlichkeit: Achtung - *adab* (2)

Eine respektvolle Haltung ist das erste und wichtigste Erfordernis in der Entwicklung der Persönlichkeit, nicht nur Respekt gegenüber jemandem, den man als höher stehend betrachtet, sondern gegenüber allen, denen man im Leben begegnet, gemäss dem, was ihnen zukommt. Aus Eigendünkel erweist der Mensch weniger Ehre dort, wo mehr Ehre angebracht wäre, und aus Unwissenheit erweist er mehr Ehre, wo weniger angebracht wäre. Jemanden zu achten, erfordert nicht nur den Wunsch zu achten, sondern eine Kunst der Ehrerbietung. Wer diese Kunst nicht kennt, kann Respekt in falscher Weise ausdrücken. Es ist Selbstachtung, die uns veranlasst, andere zu achten. Wer keine Achtung vor sich selbst hat, kümmert sich wenig darum, ob er einen anderen Menschen respektiert, oder ob Achtung im Leben überhaupt notwendig sei.

Zu achten heisst zu ehren. Es ist nicht nur das Verbeugen oder ein äusseres Verhalten, in denen sich Respekt ausdrückt. Ein respektloser Mensch kann seinen Kopf vor einem andern neigen und ihn mit seinen Worten ins Gesicht schlagen. Wahre Achtung entsteht aus der Achtung, die aus einem aufrichtigen Gefühl herrührt. Äussere Höflichkeitsformen haben ohne das innere Gefühl keinen Wert. Erfüllt von einer respektvollen Haltung drückt ein Mensch sein Gefühl im Denken, Reden und Tun aus, was ein wahrer Ausdruck von Achtung ist. Ein aufrichtiges Gefühl von Achtung, bedarf keiner Worte, selbst das Schweigen kann von ihr zeugen.

Achtung äussert sich auf drei verschiedene Weisen. Die eine ist gegeben, wenn die Position oder der Rang eines Menschen Respekt verlangen, sei es freiwillig oder unfreiwillig, und in Situationen, in denen man nicht umhin kann, Respekt zu erweisen, was dann nichts anderes ist als ein äusserer Ausdruck von Respekt. Die zweite Ausdrucksweise besteht darin, dass jemand einem anderen Menschen durch sein respektvolles Verhalten gefallen möchte, ihn fühlen lassen möchte, wie respektvoll er ist, und welche guten Umgangsformen er hat. Bei dieser Ausdrucksweise hat man zwei Ziele im Auge: dem anderen zu gefallen und durch sein Verhalten selbst Befriedigung zu empfinden.

Die dritte Weise ist das Gefühl wahrer Hochachtung, die vom Herzen kommt, und der man nie genügend Ausdruck verleihen kann. Doch wenn man nicht imstande ist, sie völlig auszudrücken, kann sie doch gefühlt werden, weil es ein lebendiger Geist der Achtung ist.

Ein Merkmal von Menschen, die von ihrer Herkunft her eine Tradition hinter sich haben, zeigt sich in ihrem respektvollen Verhalten. Für sie bedeutet Respektlosigkeit, sei es von ihrer Seite oder von Seiten anderer, Mangel an Schönheit. Das Leben hat viele schöne Dinge - Blumen, Juwelen, Schönheit der Natur, der Form, der Linie, der Farbe, aber die Schönheit der Umgangsformen übertrifft sie alle, und alle guten Manieren wurzeln in einer respektvollen Haltung.

Es ist sehr schade, dass dieses Thema nicht als das allerwichtigste angesehen wird, dass es besonders heute zu beachten und zu entwickeln gilt, wo die Welt sich in Richtung des Kommerzialismus bewegt, der zur Schönheit der Materie in Form von Gold und Silber neigt, anstatt zur Schönheit im Charakter und in der Persönlichkeit.

III. 4. Achtung, Respekt - *adab*

Der höchste Ausdruck der Liebe ist Achtung. Achtung gebührt nicht nur dem Höhergestellten oder dem Alter, sondern selbst einem Kind; nur sollte man wissen, in welchem Masse und in welcher Form sie ausgedrückt werden sollte. Die Liebe zum Partner, zum Freund oder Verwandten, zu den Eltern, zum Lehrer oder Seelsorger findet den schönsten Ausdruck in einer aufrichtig respektvollen Haltung. Kein Liebesbeweis kann kostbarer sein als ein Wort oder ein Verhalten der Achtung.

Sehr oft entstehen Konflikte zwischen Religionen, weil Menschen ihre eigene Religion achten, auf die Religion eines anderen mit Verachtung herabblicken. Wer die Religion des Freundes nicht respektiert, sollte wenigstens seinen Freund respektieren und aus Achtung für ihn seine Religion mit Achtung betrachten. Bei aller Liebe, Hingabe und Aufrichtigkeit geschieht es doch häufig, dass eine Freundschaft zerbricht, nur weil der eine oder andere Teil sich gegen das Gesetz der Achtung vergeht.

Was ist Anbetung? - Anbetung besteht nicht im Tanzen vor Gott; Anbetung ist eine Äusserung der Ehrerbietung gegenüber Gott, dem alle Verehrung gebührt. Wer Gott anbetet und den Menschen verachtet, dessen Anbetung ist eitel, seine Frömmigkeit ist ein Wahn. Der wahre Gottesanbeter erblickt Gott in allen Erscheinungen und indem er andere achtet, achtet er Gott.

Dies kann sich so weit entwickeln, dass der wahrhaftige Anbeter Gottes, des Allgegenwärtigen, behutsam über die Erde schreitet und sich in seinem Herzen vor jedem Baum und jeder Pflanze neigt; dann besteht zu allen Zeiten, ob er wache oder schlafe, eine Verbindung zwischen dem Anbetenden und dem göttlichen Geliebten.

III. 5. Ehre - *ghairat*

Ghairat, Schutz oder Verteidigung der Ehre, wird von weisen Menschen als Eigenschaft betrachtet, als Ritterlichkeit, die in der Regel nur bei wenigen Seelen gefunden wird. Der Mensch, dem der Sinn dafür fehlt, ist nicht besser als ein Haustier, ein Hund oder eine Katze. Wenn ihr Meister sie nicht will, kann er sie ausschimpfen oder wegjagen, doch sie kommen schwanzwedelnd zurück, denn es ist kein Gefühl des Stolzes in ihnen, der verletzt werden kann. Sie empfinden nur die Unbequemlichkeit, einen angenehmen Ort verlassen zu müssen. Sie konnten zwar das Missfallen ihres Herrn spüren, empfinden aber keinen Kummer darüber. Im Menschen dagegen ist Ehrgefühl vorhanden, das sich im Laufe seiner Entwicklung verstärkt. Der Mensch sollte nicht nur demütig sein, es ist auch nötig, dass er stolz ist. Stolz ist ein Zeichen der Entwicklung, Ehre entsteht aus dem Stolz. Wenn es weder Stolz noch Ehre geben würde, gäbe es auch keine Tugend.

Häufig verwechseln Mensch g*hairat,* diesen Sinn für Ehre, mit Selbstüberschätzung oder mit Eifersucht. Aber auch der Sinn der Eifersucht, der darin besteht, die eigene Ehre zu verteidigen, kann nicht anders als ein Tugend bezeichnet werden. Die Menschen nennen es Selbstüberschätzung, aber sie kennen die Bedeutung der Ehre nicht. Im Geist der Ehre ist ein göttlicher Funke verborgen, denn es ist die Vollkommenheit der Ehre, die den Logos, das Ich darstellt, den die Sufis *kibria nennen.*

Gewiss kann ein Mensch, bei dem dieses Ehrgefühl ohne

Weisheit entwickelt wurde, auf eine törichte Weise überempfindlich werden und statt seine Ehre zu verteidigen, verteidigt er einen Wahn und kann sogar dafür sterben, wie wir es in der Geschichte von Othello lesen. Ein Mensch, in dem *ghairat*, dieses echte Ehrgefühl, entwickelt ist, sieht diese Ehre nicht nur in Bezug auf seine Person, sondern auch bei seinem Freund, bei geliebten Menschen, seiner Mutter, seiner Frau oder seiner Schwester, bei allen, die er achtet, liebt und mit denen er sich verbunden fühlt.

Der Ehrbegriff *ghairat* hat seine Licht- und Schattenseiten im Umgang mit Freunden, im Geben und Nehmen. Sehr oft ziehen Menschen den Tod der Unehre vor, und von einem höheren Standpunkt aus sind sie im Recht. Alle diejenigen, mit denen schwer auszukommen ist, die eine Sorge für ihre Verwandten sind, ihren Freunden eine Last, Bekannten eine Plage und Fremden ein Ärger, all diesen Leuten fehlt es an Ehrgefühl. Dies zeigt, dass ein entwickeltes Ehrgefühl das Leben harmonischer gestaltet, denn ein Mensch mit Ehrgefühl mischt sich nicht in anderer Leute Angelegenheiten, drängt sich niemanden auf und belästigt seine Mitmenschen nicht mit Unannehmlichkeiten, selbst wenn er dadurch mehr Sorgen zu tragen hat.

Eine Geschichte erzählt, dass vier Menschen wegen des gleichen Verbrechens gefangen genommen und vor einen weisen König geführt wurden, damit dieser über sie richte. Er sah den ersten an und sagte: „Hängt ihn!" Er sah den nächsten an und verurteilte ihn zu lebenslänglichen Gefängnis. Er sah den dritten an und befahl, ihn des Landes zu verweisen. Dann schaute er den vierten an und sagte: „Das hätte ich nie von dir erwartet, dass du eines solchen Verbrechens fähig wärst." - Die drei ersten erlitten ihre Strafe; der vierte jedoch ging nach Hause und wurde am folgenden Tag tot aufgefunden. Diese eine Wort des Königs war schlimmer für ihn als der Tod.

Ghairat ist ein Zeichen edler Geburt, wie auch immer die Verhältnisse sein mögen, in denen ein Mensch lebt. Er mag in Lumpen gekleidet sein, doch dieser Geist der Ehre wird durch alle äusseren Umstände hindurch scheinen und für seine edle Art zeugen.

Demut und Stolz, beide haben ihren Platz im Leben. Wo Stolz angebracht ist, hat Demut keinen Platz. Einst ging der Nizam von Hyderabad über Land spazieren. Da sah einer seiner Ritter zufällig einen Dorn, der in des Königs Schuh steckte. Er eilte herbei, bevor einer der Diener es gesehen hatte und zog den Dorn heraus. Der König wandte sich zu ihm und sagte: „War keiner der Diener da? Das wäre ihre Aufgabe gewesen, nicht deine. Da du diese Arbeit auf dich genommen hast, kannst du nicht länger mein Ritter sein. Bitte, zieh dich zurück!" Nicht die Unterwürfigkeit seiner Umgebung gereicht dem König zu Ruhm und Ehre, sondern ihr Sinn für Ehre macht ihn zum wahren Herrscher.

Für den Sufi gilt das Ehrgefühl nicht seiner eigenen Persönlichkeit. Er gib sich selbst keinen grösseren Platz als dem Staub unter seinen Füssen. Das Grundthema seines Lebens ist Einfachheit und seine Moral ist Demut. Doch erinnern wir uns, dass der Sufi den Atem Gottes atmet. Er ist sich der Ehre Gottes bewusst. Sein Stolz ist darum grösser als der Stolz irgend eines Menschen. In der Trunkenheit dieses Stolzes zeugt er für seine Gottes-Bewusstheit.

III. 6. Rücksicht - *Khatir*

Khatir bedeutet Rücksicht einem andern gegenüber, die sich in der Form von Achtung, Hilfe oder Dienstbereitschaft äussert. Häufig erfordert sie ein Opfer, manchmal sogar Selbstverleugnung. Rücksichtnahme ist die höchste Eigenschaft, die im menschlichen Wesen gefunden werden kann. Rücksicht gegenüber dem Alter, der Erfahrung, dem Wissen, der Stellung, den Verdiensten eines Menschen, aber auch gegenüber seinen Schwächen, all dies ist in dem Wort *khatir* enthalten.

Wenn dieser Geist der Rücksichtnahme entwickelt ist, erstreckt er sich nicht nur auf den einen Menschen dem diese Rücksicht gilt, sondern auf alle, die mit ihm in irgendeiner Verbindung stehen. Den Gesandten eines Königs nicht achten, heisst soviel, wie den König nicht achten.

Für den Sufi gehört diese Haltung zu seiner Moral. Der Sufi lernt Rücksicht, indem er bei seinem *Murshid* beginnt, aber dies findet seinen Höhepunkt in Rücksicht gegenüber Gott. Wenn jemand zu dieser Zartheit des Gefühls gelangt, nimmt er schliesslich auf jeden Menschen in der Welt Rücksicht. Für den Sufi bedeutet es eine grosse Enttäuschung, wenn er es einmal versäumt, einem andern Rücksicht zu erweisen; denn er betrachtet es nicht als ein Versagen gegenüber einem Menschen, sondern gegenüber Gott. Wer auf das menschliche Empfinden Rücksicht nimmt, ist wahrhaft fromm.

Ohne Zweifel bedarf es unendlicher Ausdauer und Geduld, allzeit und allen gegenüber Rücksicht zu üben. Ist dabei anscheinend auch nichts gewonnen, so bedeutet die Rücksichtnahme auch keinen Verlust. Den Lohn für diese Tugend bringt die Zukunft. Rücksichtsvolles Verhalten ist das Merkmal des Weisen.

III. 7. Teilen mit anderen - *Tawazu'*

In der Sufiterminologie bedeutet *tawazu'* mehr als nur Gastfreundschaft. Es heisst, alles, was man besitzt, bereitwillig darzubieten. Mit anderen Worten: seinen Freund an allem Guten, was man im Leben besitzt, teilnehmen zu lassen und damit für sich selbst die Lebensfreude zu vergrössern.

Ist diese Neigung entwickelt, so werden uns Dinge, die uns Freude und Vergnügen bereiten, durch das Teilen mit einem anderen noch mehr erfreuen. Diese Neigung entsteht aus dem Adel des Herzens. Sie ist Grosszügigkeit, ja, mehr noch als Grosszügigkeit; denn Grosszügigkeit hat ihre Grenze in der Mitfreude am Glück eines anderen, aber das eigene Glück mit einem anderen zu teilen, ist noch grösser. Es ist eine Eigenschaft, die einem selbstsüchtigen Menschen fremd ist, und wer sie besitzt, ist auf dem Pfad zur Heiligkeit.

Tawazu' kostet nichts, es ist eine Wesenshaltung. Wer von Natur aus nicht gastfreundlich ist, dessen Gastfreundschaft hat keinen Wert. Wer das Beglückende dieser Eigenschaft erfahren hat, fühlt eine grössere Befriedigung darin, sein einziges Stück Brot mit einem anderen zu teilen, als es selbst zu essen. Zwiespältigkeit im Wesen hält all solche schönen Eigenschaften der Seele vom Menschen fern. Das Bewusstsein der Einheit schafft dagegen alle guten Eigenschaften im Menschen. Gastfreundschaft erweist man nicht nur im Schenken oder Teilen von Freude, selbst in Worten, im Verhalten oder Handeln kann man dieses Gefühl äussern. Der Wunsch, jemanden willkommen zu heissen, zu begrüssen, ihm Achtung zu erweisen, einen Platz anzubieten, ihn mit Zuvorkommenheit zu behandeln, die Art ihn zu verabschieden, all dies zeugt von *tawazu'*.

III. 8. Bescheidenheit - *Haya* (1)

Haya, Bescheidenheit, ist das feinste menschliche Gefühl. Bescheidenheit ist nicht unbedingt Sanftmut oder Demut oder Selbstlosigkeit oder Stolz. Bescheidenheit ist eine Schönheit an sich, und es liegt in deren Wesen, sich selbst zu verhüllen.

Diese Bescheidenheit macht den Künstler lebendig, inspiriert den Dichter und beseelt den Musiker. Im Denken und Reden, im Tun und Benehmen, in den Bewegungen eines Menschen bildet Bescheidenheit einen zentralen Ausdruck der Anmut. Ohne Bescheidenheit ist Schönheit tot, denn Bescheidenheit ist der Geist der Schönheit. Schweigen in Bescheidenheit spricht lauter als kecke Worte. Der Mangel an Bescheidenheit kann Kunst, Dichtung, Musik und alles, was schön ist, zerstören.

Wenn man fragt: „Was ist Bescheidenheit?", so wäre es schwierig, es in Worten zu erklären. Es ist ein Gefühl, das aus einem lebendigen Herzen aufsteigt. Ein totes Herz hat kein Gespür dafür. Der bescheidene Mensch, verglichen mit dem unbescheidenen, gleicht einer Pflanze, die neben einem Felsen steht. Wenn das Herz des Unbescheidenen der Erde gleicht, so gleicht das Herz des Bescheidenen dem Wasser. Bescheidenheit ist Leben an sich; ein Leben, das sich seiner Schönheit bewusst ist, doch bestrebt, diese auf alle Arten zu verhüllen, ist Bescheidenheit.

Zugleich ist Bescheidenheit der Beweis von Aufrichtigkeit und Klugheit. Die Rakete ruft laut: „Ich bin das Licht", und ist im Nu vergangen. Der Diamant strahlt ständig in seinem Licht und schweigt.

III. 9. Bescheidenheit - *Haya* (2)

Bescheidenheit ist nicht mit Schüchternheit oder Feigheit gleichzusetzen. Der Tapferste kann bescheiden sein, - ja, Bescheidenheit vollendet die Tapferkeit. Bescheidenheit ist der Schleier vor dem Antlitz der Grossen; denn Bescheidenheit ist Gott selbst, allen unsichtbar ausser denen, die ihm nahe sind. Schönheit in allen ihren Formen und Farben, in all ihren Wandlungen und Ebenen wird reicher und doppelt so schön durch Bescheidenheit. Bescheidenheit ist nichts

Angelerntes. Sie liegt in der Natur des Menschen; denn sie ist etwas Natürliches.

Bescheidenheit verhüllt nicht nur alles, was schön ist und vermehrt dadurch die Schönheit, sondern sie verhüllt auch alles, was nicht schön ist und fügt es so allem Schönen ein. Ein edles Herz kann sich sogar zu einem solchen Grad der Bescheidenheit erheben, dass es den Fehler eines anderen zu verteidigen und so darzustellen versucht, als sei er kein Fehler – selbst wenn er weiss, dass es ein Fehler ist.

Ein bescheidener Mensch wird aus innerer Würde nie heftig werden und wird aus Rücksicht und Achtung nicht argumentieren und recht behalten wollen, wenn er mit einem Menschen zu tun hat, der Bescheidenheit nicht kennt. Die Folge wird sein, dass er oft unterliegt. Jedoch darf man nicht erwarten, immer zugleich aufwärts und abwärts zu steigen. Der Mensch sollte aufwärts streben und dabei zugleich all das opfern, was denen, die hinabsteigen, zuteil wird. Oder er muss hinabsteigen und all das preisgeben, was die erlangen werden, die emporsteigen. Das Leben verlangt fortwährend Opfer. Auf allen Lebensweg gilt es einen Kampf zu kämpfen. Darum soll derjenige, dessen Seele in die Höhe strebt, eher den aufwärts führenden Weg wählen als den hinabführenden.

Der Prophet Mohammed hat gesagt: *„Al haya wa'l imam – Wahrlich, Bescheidenheit ist grosse Frömmigkeit."*

III. 10. Selbstlosigkeit - *Inkisar*

Das Wort *inkisar* bedeutet in der Sufiterminologie Selbstlosigkeit. Die menschliche Natur ist so beschaffen, dass der Mensch dazu neigt, jedes Geschöpf, dass sich neben ihm erhebt, niederzuschlagen. Alle lebendigen Geschöpfe, nicht nur der Mensch, haben diese Veranlagung. Um sich dagegen zu schützen, graben sich viele intelligente Wesen der niederen Schöpfung Löcher in die Erde, um darin zu leben und sich vor Tieren, die ihnen nachstellen zu verstecken. Kaum heben sie von Kopf aus ihrer Höhle, müssen sie sich in acht nehmen, dass sie nicht die Beute hungriger Feinde werden. Da die Menschheit weiter entwickelt ist, schlägt er wohl nicht gleich das Wesen nieder, dass sich neben ihm erhebt, aber fühlt sich doch beunruhigt bei dessen Anblick. Weil der Sufi diese Veranlagung der menschlichen Natur versteht und das Geheimnis des ganzen Lebens zu erkennen sucht, hat er jenen Geist in seiner Essenz, der zu den Urgründen aller Dinge gehört, nachgespürt. Er nennt ihn *kabir* oder *kibria*, das Ego oder egoistisch. Dieser Geist hat dem Sufi gelehrt, dass jede Selbstüberschätzung nicht nur dem Menschen, sondern auch Gott missfällt. Die Haltung, die er einnimmt, um diesen erregenden Geist nicht zu wecken, nennt er *inkisar*, was Selbstlosigkeit bedeutet.

In der Theorie schient dies leicht zu sein, doch es in die Tat umzusetzen, ist eine grosse Kunst. Es ist eine Kunst, die ein sorgfältiges Studium der menschlichen Natur benötigt und genaue Beobachtung und ständige Übung erfordert. Sie lehrt, vorsichtig zu sein bei allem Reden und Tun, um die Gefühle anderer möglicht nicht zu verletzen. *Inkisar* lehrt den Menschen die Empfindlichkeit seiner Mitmenschen zu erkennen und Einfühlsamkeit zu üben.

Dieser Sinn wird immer lebendiger, je weiter er sich entwickelt. Deshalb wird der Mensch immer mehr Fehler in seinem eigenen Leben entdecken, je weiter er auf diesem Pfad voranschreitet. Diese Haltung wird so verfeinert, dass man nicht nur dadurch einen Fehler begeht, Stolz oder Anmassung zu zeigen, sondern sogar indem man Bescheidenheit und Demut zum Ausdruck bringt. *Inkisar* erfordert ein ausserordentliches Feingefühl. Man muss fähig werden, bei jeder Handlung oder bei jedem gesprochenen Wort das Licht oder den Schatten zu sehen, die sie verursachen. Hat ein Mensch diese Kunst erlernt, so meistert er dieselbe Kunst, die Christus den Fischern mit den Worten verhiess: „Kommt her zu mir, ich will euch zu Menschenfischern machen."

Der Sufi legt grösseren Wert auf dieses Verhalten als der Yogi, denn der Weg des Yogi ist Askese, der des Sufi jedoch die Entwicklung wahrer Menschlichkeit im eigenen Wesen. Aus prophetischer Sicht ist *inkisar* etwas Grösseres als das sogenannte Gutsein. Es ist der einzige Weg, Gott wohl zu gefallen. Ein guter Mensch, der stolz ist auf sein Gutsein, verwandelt seine Perlen in Kieselsteine. Ein schlechter Mensch, geplagt von Gewissensbissen über begangene Fehler, kann Edelsteine aus seinen Kieseln machen.

Selbstlosigkeit ist nicht nur den Menschen, sondern auch Gott wohlgefällig. Es gibt keinen Augenblick im Leben, in dem Gott nicht um seine Worte und Taten weiss. Doch über die Worte und Taten hinaus kennt Gott auch die Haltung eines Menschen, die er oft in seinen Worten und Taten verbirgt. Nichts ist vor Gott verborgen, der ein vollkommener Richter und Verzeiher ist. Von Seinem Wohlgefallen oder Missfallen hängt Glück oder Unglück im Leben des Menschen ab. Darum hat der Mensch nicht nur die Aufgabe, auf das Wohlgefallen oder Missfallen seiner Mitmenschen zu achten, sondern auch darauf, was Gott wohlgefällt oder missfällt. Ihm, dem alle Schönheit, aller Reichtum, alle Herrlichkeit und alle Grösse zu eigen ist, kann der Mensch nichts darbringen, was von irgend welchem Wert wäre, es sei denn seine Selbstlosigkeit.

Man kann sich das Leben als ein Haus vorstellen, in dem es mehrere Türen gibt, durch die der Mensch hindurch gehen muss, wenn er in diesem Gebäude herumgeht. Der Rahmen einer jeden Tür ist kleiner als des Menschen Gestalt. Da es in der Natur des Menschen liegt, aufgerichtet zu gehen, stösst er bei jedem Versuch sich aufzurichten, mit dem Kopf gegen den Türrahmen. Nur dadurch kann er sich hiervor bewahren, dass er sich bückt. Diese logische Lehre machen sich die Weisen zunutze und wandeln sie zu guter Lebensart.

Teil VI

Alltagsleben
Taqwa Taharat

Gatha I

1. Alltagsleben
2. Unser Körper als Instrument
3. Der Atem
4. Äussere und innere Reinigung
5. Innere Reinigung
6. Vegetarische Kost
7. Die fünf Elemente des Körpers
8. Reinigung
9. Nüchternheit
10. Fasten

Gatha II

1. Die Reinheit des Körpers
2. Reinigung
3. Reinheit des Bewusstseins (1)
4. Reinheit des Bewusstseins (2)
5. Reinigung des Bewusstseins
6. Die Macht des Bewusstseins
7. Standard von Gut und Böse
8. Der Eindruck von Krankheit und Schwäche
9. Bewahren eines reinen Bewusstseinszustands
10. Das Freihalten des Gemüts von unerwünschten Eindrücken

Gatha III

1. Herzensreinheit (1)
2. Das Reinhalten des Herzens
3. Das Strahlen des Gesichts
4. Unschuld
5. Weise den Eindruck von Fehlern und Mängeln zurück
6. Herzensreinheit (2)
7. Ekstase
8. Reinigung des Bewusstseins von Angst
9. Bewahre das Herz frei von Gift
10. Die wahre Reinigung des Bewusstseins

Gatha I

I. 1. Alltagsleben

Zu den notwendigsten Dingen im Leben eines Adepten gehört es, dass er Bewusstsein (mind) und Leib für das spirituelle Leben bereit macht. Mit anderen Worten man muss zu seinem natürlichen Selbst werden, ehe man die Wanderung auf dem geistigen Pfad beginnt. Was die Strenggläubigen „Reinheit" nennen, ist eben diese Natürlichkeit. Reines Wasser oder reine Milch heisst Wasser oder Milch in dem ihnen eigenen Zustand. Sobald einem Objekt eine andere Substanz beigemischt wird, verliert es seine Reinheit. Spirituell werden bedeutet, das eigene Bewusstsein von den fremden Bestandteilen reinigen, die sein natürliches Empfinden beeinträchtigen.

Konzentration, Kontemplation und Meditation tragen alle dazu bei, das Bewusstsein wieder natürlich werden zu lassen, aber die Mittler, deren sich der Geist bedient, um das Leben zu erfahren, sie müssen ihm helfen, natürlich zu werden. Diese Mittler sind das Bewusstsein und der Leib. Wie hervorragend auch ein Musiker sein mag, wenn sein Instrument verstimmt ist, kann er nichts damit anfangen. Auch ist es nicht richtig, dass es nur auf den Geist (spirit) ankomme, und dass der Leib nicht zähle. Vielmehr ist es notwendig, dass Bewusstsein und Leib zuerst zu tauglichen Mittlern des Geistes gemacht werden.

Der Unterschied zwischen einem frommen und einem spirituellen Menschen besteht darin, dass der fromme Bewusstsein und Leib seinem eigenen Geist zum Gebrauch bereit macht, während der spirituelle beide, wenn sie bereit sind, Gott darbietet. Frömmigkeit ist der erste Schritt, Spiritualität der folgende. Es ist keine Übertreibung zu sagen, dass Reinheit an Göttlichkeit grenzt. Der Leib soll als Tempel Gottes betrachtet werden, und dieses heilige Gotteshaus muss auf jede Weise gereinigt werden. Dann spiegelt sich Gottes Licht darin.

Tiere und Vögel haben alle das Bedürfnis, sauber und rein zu sein, und für den Menschen ist es notwendig, dieses Bedürfnis zu fördern. Das hilft nicht nur auf dem geistigen Pfad, sondern auch bei der Entwicklung des Bewusstseins. Dem Künstler in seiner

Kunst, dem Forscher in seiner wissenschaftlichen Arbeit, auf allen Lebensgebieten trägt es zum Glück bei. Wenn jemand dies vernachlässigt, muss das nicht heissen, dass er Reinheit nicht schätzt, sondern dass er aus Nachlässigkeit Dinge übersieht, die von grösster Wichtigkeit sind. Der eigene Leib steht einem von allen Dingen in der Welt am nächsten, und sein Einfluss übt eine grosse und unmittelbare Wirkung auf das Bewusstsein und die Seele aus. Viele Krankheiten werden durch mangelnde Berücksichtigung der notwendigen körperlichen Sauberkeit, die eine eigene Wissenschaft und Kunst ist, verursacht.

Auf die Seele und das Bewusstsein macht der eigene Körper den ersten Eindruck; alles andere kommt nachher. Sicherlich gibt es Menschen, die auf eine so hohe Ebene der Spiritualität gelangt sind, dass der Zustand des Körpers für sie keine Bedeutung mehr hat. Doch soll man sie nicht als nachahmenswertes Vorbild betrachten. Der normale Weg ist für alle der sichere Pfad.

Die Frage, ob dies einen nicht allzu sehr im Denken an sich selbst bestärke, kann so beantwortet werden, dass das Denken an sich selbst nur dann vorhanden ist, wenn das Licht Gottes fehlt. Angesichts alles wahrhaft Schönen vergisst der Mensch sich selbst.

I. 2. Unser Körper als Instrument

Der Körper ist ein Instrument, um Lebenserfahrungen zu machen. Beide Welten, sowohl die innere wie die äussere, spiegeln sich in diesem Instrument. Darum ist die Reinheit des Körpers die erste wesentliche Voraussetzung, ja die wesentlichste auf dem Pfade zum geistigen Ziel. Jede Zivilisation hat ihre besonderen Methoden der Reinlichkeit, der Mystiker jedoch gibt sich mit dem allgemeinen Brauch nicht zufrieden.

Die Mystiker haben zwei Standpunkte: der eine besagt, dass die äusserliche Reinlichkeit unwesentlich sei, der andere dagegen, dass sie höchst wichtig sei. So wie die Arbeit eines Astronomen vom Teleskop abhängt, und es für ihn unerlässlich ist, es so sauber wie möglich zu halten, so notwendig ist es im Leben eines Mystikers, den Körper in tauglichem Zustand zu erhalten.

Alle Kanäle des Körpers sind mit den Zentren verbunden, die von grösster Wichtigkeit für die geistige Entwicklung sind, und von deren Sauberkeit (cleanliness) und Reinheit (purity) diese geistige Entwicklung abhängt. Ausser diesen neun Kanälen muss auch die Haut in einem für geistige Zwecke geeigneten Zustand erhalten werden. Durch mystische Eingebung kam der Mensch zuerst auf den Gedanken, Kleidung anzulegen. Einst haben gewisse Völker ihre Haut bemalt, und Yogis haben ihre Körper mit Asche bedeckt. In alten Zeiten wurde der Körper in Baumrinde gehüllt. Aber hinter all dem war immer das Bedürfnis, die Haut in gutem Zustand zu erhalten.

Von der Reinheit des Körpers hängt die Sensitivität ab. Darum sind Menschen, die keinen Sinn für die körperliche Sauberkeit haben, weniger sensitiv als solche, die darauf achten.

Ausser der Sauberkeit der äusseren Körperteile ist es ebenso wichtig, vielleicht noch wichtiger, auf die Reinheit im Innern des Körpers zu achten. Die Mystiker sind darum vorsichtig mit Essen und Trinken und haben Methoden, auch die inneren Teile des Körpers zu reinigen. Im Orient übernimmt kein Mystiker die Führung eines Schülers, der seinen Körper nicht zuvor für die geistige Entwicklung vorbereitet hat.

Abgesehen von der Bedeutung für die spirituelle und moralische Entwicklung vermag die Sauberkeit des Körpers auch ernsthafte Erkrankungen zu verhüten.

I. 3. Der Atem

Es ist notwendig, dass der Atem frei durch die Lungen, Gefässe und Adern fliesst. Was wir essen und trinken, verstopft jedoch oft die Kanäle, durch die der Atem kreist, um jedes Teilchen des Körpers zu stärken und zu beleben. Alle Hautkrankheiten sind die Folge mangelnder Hautatmung. Der Mystiker fühlt nicht nur die Schwingungen der Musik, sondern auch die Schwingungen des Atems einer anderen Person. Die Haut des Mystikers wird mit der Zeit so feinfühlig und spürt dann die Vibrationen des Atems eines andern. Die Musik berührt sozusagen jedes Teilchen seines Wesens.

Atemübungen bringen nicht das gewünschte Ergebnis. wenn die Atemwege nicht gereinigt sind. Wirbelsäule, Lungen, Gefässe, Adern und der Darm sollten rein gehalten werden. Wenn die Atemwege blockiert sind, fühlt man sich schwer, deprimiert, träge, schläfrig und verwirrt. Der Ausdruck wird stumpf und die Stimme rau, die Bewegungen verlieren in jeder Bewegung Anmut und Schönheit. Bei jeder Tätigkeit zeigt sich Schwäche und Mangel an Lebensgeist. Kraftlosigkeit ist etwas anderes als Mangel an Lebensgeist. Jemand kann körperlich stark sein, und doch fehlt es ihm an Lebensgeist. Die Lehre Christi sagt, dass es der Geist ist, der belebt, das Fleisch aber ist schwach.

I. 4. Äussere und innere Reinigung

Das aus Erde geschaffene Gefäss des Körpers kann mit Wasser und Luft gereinigt werden. Neben den äusseren Waschungen bedarf es auch der inneren Reinigung, um aus dem Leib ein geeignetes Vehikel für das Wirken des Geistes zu machen. Die einzelnen Religionen lehren verschiedene Arten von Reinigung. Sie dienen nicht nur der Sauberkeit des Körpers, sondern sind auch hilfreich, ihn zu einem tauglichen Instrument für den Geist zu machen, um das Leben voll erfahren zu können.

Die äusseren Organe des Körpers werden für die äusseren Aktivitäten gebraucht, während die inneren Instrumente des Geistes sind. Die Faktoren, die dem Geist näher stehen als die körperlichen Organe und die für den Menschen wichtiger sind, sind die im Körper gelegenen Zentren, und je reiner die Atemkanäle sind, desto aktiver werden diese Zentren. Der Atem bedeutet für diese Zentren das gleiche, was die Luft für die Pflanzen bedeutet. Neben den inneren Reinigungen helfen die Atemübungen an sich, die Kanäle des Körpers zu reinigen.

I. 5. Innere Reinigung

Abgesehen von Waschungen ist es notwendig, die Atemwege rein zu halten. Dafür ist es erforderlich, auf das zu achten, was man isst und trinkt. Nahrung, die roh und unverdaulich ist, überlagerte Nahrung, altes und welkes Gemüse, angefaulte Früchte und lange konserviertes Fleisch , - alle derartigen Dinge blockieren nicht nur die Atemwege, ihr Einfluss macht auch den Atem unrein. Die Luft, die an sich rein ist, wird dicht und unrein durch den Kontakt mit den Unreinheiten der Erde, und genauso ist es mit dem Atem. Wenn jemand die Nahrung nicht verdauen kann, oder wenn die Lungen nicht offen und frei sind, ist es nicht verwunderlich, dass auch sein Atem nicht rein ist.

Der Sufi bedenkt im Leben sorgfältig, was er essen und was er trinken sollte. Alkoholische Getränke und solche, die von vergorenen Früchten hergestellt werden, machen selbstverständlich den Atem unrein. Auch das Rauchen hat einen schlechte Wirkung auf den Atem. Wer die mystischen Regeln sorgfältig beachtet, enthält sich auch jeder tierischen Nahrung, selbst der Eier. Weisses Fleisch ist rotem Fleisch vorzuziehen, da das rote Fleisch Bestandteile enthält, die die Atemwege blockieren.

Aus diesem Grunde haben die jüdischen Propheten den Genuss von Schweinefleisch verboten. Fraglos sind dem Reinen alle Dinge rein, aber um rein zu werden, ist es notwendig, die Regeln der Reinheit zu beachten.

Die geistige Entwicklung eines andern Menschen darf man nicht nach dem beurteilen, was man ihn essen und trinken sieht, denn dies hat nicht mit seiner Entwicklung zu tun. Shiva, der grosse Herr der Yogis, ernährte sich von Fischen, und beim christlichen Abendmahl wird Wein als Sakrament gereicht. Daher steht es niemanden zu, seinen Mitmenschen nach dessen Speise und Trank zu beurteilen. Aber jeder, der den geistigen Pfad zu betreten wünscht, sollte die mystischen Regeln beachten, die ihm gewiss einen schnellen Fortschritt ermöglichen. Es muss daran erinnert werden, dass man in erster Linie das geistige Ideal festhalten soll. Was man isst oder trinkt, und was man nicht isst oder trinkt, ist etwas Untergeordnetes. Jede Diskussion darüber erweist sich als überflüssig.

I. 6. Vegetarische Kost

Die Frage der vegetarischen Kost wurde von den Suchern nach philosophischer Wahrheit oft erörtert. Manche Leute schenken dem, was sie essen und trinken, keine Beachtung, während andere ihm mehr Bedeutung als nötig beimessen.

Zwei Erwägungen sprechen gegen den Fleischverzehr: einerseits ist das Fleisch eine Substanz, die den spirituellen Fortschritt hindert, andererseits bedeutet die Härte gegenüber den Tieren einen Verstoss gegen das Sittengesetz. Um von der ersten Erwägung zu sprechen, so ist es zweifellos richtig, dass fleischliche Kost dem Adepten zweierlei Schaden zufügt, weil es erstens im Menschen bis zu einem gewissen Grade die animalische Natur weckt, ausserdem hat es einen Einfluss auf den menschlichen Charakter. Das Wesen des Tieres, dessen Fleisch man isst, hat bestimmt eine Wirkung auf den Charakter. Deshalb verboten die jüdischen Propheten ihren Anhängern den Genuss des Fleisches bestimmter Tiere und Vögel. Im mystischen Sinne verstopft Fleisch die Atemkanäle und die wichtigen psychischen Zentren, die im Menschen wie Geräte der drahtlosen Telegraphie wirken.

Ethisch hat es zweifellos eine verhärtende Wirkung auf das Herz des Menschen, das dazu bestimmt ist, nicht nur mit den Mitmenschen, sondern mit jedem lebenden Geschöpf zu fühlen. Würden alle Völker der Welt zu Vegetariern, so würde es ohne Zweifel keine Kriege mehr geben. Wer vom Töten niederer Geschöpfe zurückschreckt, wird sicherlich nicht dazu neigen, seinen Mitmenschen zu töten.

Indessen hat dies auch eine andere Seite: in allen Erscheinungen der Schöpfung ist Leben vorhanden, auch in den Pflanzen. Wenn man den ihnen zugefügten Schmerz nicht sieht, liegt es daran, dass sie ihn nicht ausdrücken können. Von diesem Standpunkt ausgehend, kann man beobachten, dass Leben vom Leben lebt. Gleichzeitig ist die Schöpfung ein Prozess, in dem sich die niedere Lebensform zur höheren entwickelt, und Leben, das in diesem Prozess der Evolution verbraucht wird, ist nicht eigentlich verloren; es wird im Gegenteil zu einem höheren Bewusstseinszustand gehoben. Es wäre keine Übertreibung zu sagen, dass ein Tier, das der Ernährung des Menschen dient, vom Tierreich zum Menschenreich transformiert wird, was ein natürlicher Evolutionsprozess ist, da das Menschenreich das Ziel der niederen Schöpfung ist. Indessen fördert dieser Gesichtspunkt den Menschen weder ethisch noch physisch in seiner individuellen Entwicklung. Durch den Fleischverzehr gewinnt er nichts, im Gegenteil entwickelt er sich langsamer, als es ihm sonst möglich wäre.

Der Eindruck auf das menschliche Bewusstsein vom Leiden, das er einem Geschöpf zufügt, das den Schmerz ebenso fühlen kann wie er selbst, ist nicht gut. Es stumpft die feine und zarte Einfühlung in allen lebenden Wesen ab. Zwar ist nicht jeder Fleischesser imstande, dieses Thema vom philosophischen Standpunkt aus zu betrachten und dem eigenen Gewissen und dem eines andern eine Antwort zu geben, die erklären würde, wieso er um des eigenen Genusses willen einem anderen Lebewesen Leid zufügen konnte.

Während vieler tausend Jahre hat die Menschheit von fleischlicher Nahrung gelebt, besonders in den kalten Ländern. Körper, die sich seit Tausenden von Jahren aus diesem Grundstoff aufgebaut haben, sind davon so abhängig, dass man sich des Fleisches nicht plötzlich enthalten kann, ohne der Gesundheit zu schaden. Der Mensch ernährt sich von den Stoffen, aus denen er zusammengesetzt ist, und es ist für ihn nicht in jedem Falle leicht, die Fleischnahrung aufzugeben, selbst wenn er sich ihrer Nachteile bewusst ist. Es gibt Wüstenländer, wo meilenweit keine Bäume zu finden sind und die Bewohner nicht leben könnten, wenn sie nicht von Fleisch lebten.

Für die Entwicklung der Menschheit im allgemeinen ist Einheitlichkeit erforderlich. Würden die einen Fleisch essen und die anderen von Pflanzen leben wollen, wäre das gerade so, als würden fleischfressende und pflanzenfressende Tiere im gleichen Wald zusammen hausen. Sicherlich können Menschen mit verschiedenartiger Lebensweise nicht einträchtig miteinander leben. Der Stärkere wird in allen Fällen die Oberhand haben. Zartgefühl des Herzens entspricht nicht dem gleichen Zweck wie Kraft und Macht. Deshalb ist es die Frage, wie vegetarische Kost in der Welt eingeführt werden kann.

Für die auf dem spirituellen Pfad Vorwärtsstrebenden ist es sehr wesentlich, nachdenklich, rücksichtsvoll und gegenüber der ganzen Schöpfung wohlgesinnt zu sein. Wenn sie es fertig bringen, vegetarisch zu leben, wird es ihnen zweifellos sehr hilfreich sein. Dennoch hat der Vegetarier keine Ursache, den Fleischesser mit Geringschätzung zu betrachten und auf seine eigene harmlosere Haltung stolz zu sein. Viele Vegetarier erweisen sich als selbstsüchtig und lieblos gegenüber ihren Mitmenschen, während viele Nichtvegetarier das Gegenteil beweisen.

Wahrlich, die Herzensgüte muss daheim beginnen und sich dann ausweiten, bis sie den geringsten der Schöpfung zu erreichen vermag.

I. 7. Die fünf Elemente des Körpers

Nach mystischer Auffassung ist der Leib aus fünf Elementen aufgebaut: aus Erde, Wasser, Feuer, Luft und Äther. Diese Bezeichnungen dürfen nicht mit den wissenschaftlichen verglichen werden. Es sind mystische Begriffe und sie sollen im mystischen Sinne verstanden werden. Diese fünf Elemente dienen der Erhaltung des Körpers und gleichzeitig reinigen sie ihn.

So ist zum Beispiel Reinigung mit Wasser allein nicht ausreichend, Erde ist ebenso erforderlich. Im Osten gebrauchten die Brahmanen reine Erde, manche auch Asche. Zudem wird oft anstelle von Seife Kichererbsenmehl gebraucht. Der Wissenschaftler kann die Tatsache nicht in Abrede stellen, dass es kein besseres Desinfektionsmittel gibt als Erde an sich. Alle Religionen lehrten in der einen oder anderen Form den Gebrauch des Wassers für jegliche Art von Reinigung. Dass zeigt, dass es sich bei der Wasseranwendung nicht nur um die Reinlichkeit handelt, sondern dass sie auch in der spirituellen Entwicklung hilft. Der Wissenschaftler anerkennt heute, dass es kein besseres Stärkungsmittel gibt als reines Wasser. Dies ist von den Mystikern, die Flüsse heilig nannten und Wasser als Heilmittel verordneten, immer so aufgefasst worden.

So wie die Anwendung von Erde und Wasser den Körper äusserlich säubert und reinigt, so hat sie auch einen reinigenden Einfluss auf das Leibesinnere. Durch das Essen bekömmlicher Nahrung und das Trinken reinen Wassers erhält man nicht nur die notwendige Nahrung, es reinigt auch jedes Teilchen des Körpers. Deshalb sollte der Adept es vermeiden, irgendetwas Unbekömmliches zu essen oder zu trinken. Dies bedeutet nicht eine absolute Enthaltsamkeit von gewissen Speisen oder Getränken, sondern nur dass Sorgfalt im Essen und Trinken angebracht ist.

Ist jemand einmal geistig fortgeschritten, hat nichts eine Bedeutung für ihr, auch nicht was er isst und trinkt, denn er lebt den grössten Teil seines Lebens im Geiste. Für ihn ist der Leib ein Gewand, und er kümmert sich nicht darum, ob es voller Löcher oder geflickt ist. Aber für jemanden, der sich spirituell erst entwickeln will und einen einem bestimmten Prozess folgt, ist solche Beachtung notwendig. Es ist unerlässlich, dass der Leib äusserlich und innerlich rein gehalten wird, damit er ein geeignetes Gefäss für die Offenbarung des Geistes wird.

I. 8. Reinigung

Gesundheit und Inspiration des Menschen hängen beide von der Reinheit des Atems ab. Um diese Reinheit zu bewahren, müssen die Nasenlöcher und alle Atemwege rein gehalten werden. Dies kann durch richtiges Atmen und zweckmässige Reinigung erreicht werden. Wenn man die Nasenlöcher zweimal oder öfter innerhalb 24 Stunden säubert, ist das nicht zu oft. Der Muslim wird angewiesen, solche Reinigung fünf mal am Tag zu machen, jeweils vor dem Gebet. Nicht nur das Reinigen der Nasenlöcher, sondern auch das der Ohren ist notwendig, da ein Teil des Atems durch die Ohren wirkt. Wenn die Ohren nicht gepflegt und gereinigt sind, hört man zuweilen ein Geräusch, das vom Atem herrührt, der nicht reibungslos in der Ohrregion strömen kann.

Auch Kehle und Gaumen sind wichtige Faktoren für das Fliessen des Atems. Sie werden vom Adepten durch Gurgeln rein gehalten. Zu bestimmten Zeiten trinkt er Wasser, um die Gefässe und Kanäle in der Brust zu reinigen, damit der Atem reine Wege für seinen Durchgang findet.

Ein Adept trinkt Wasser, vor dem Zubettgehen und nach dem Aufstehen. Es ist notwendig, dass der Schüler diese Reinigungsvorschriften zunächst befolgt, damit andere dann darin nachfolgen. Die Berücksichtigung der Hygiene ist das erste Erfordernis für die Gesundheit und das Wohlergehen der Allgemeinheit.

I. 9. Nüchternheit

Nüchternheit ist äusserst wichtig auf dem Pfad der spirituellen Entwicklung, besonders während der ersten Stufe, auf der der Körper für die geistige Offenbarung gereinigt werden soll. Alle Drogen stumpfen die Nerven mehr oder weniger ab, und die Zentren, die die Träger der geistigen Offenbarung sind, werden leblos. Obwohl sie zeitweise aktiver zu sein scheinen, so verursacht doch eine übersteigerte Aktivität Erschöpfung. Zentren, die im Zustand des Rausches Sensitivität zeigen, werden schlaff und leblos, wenn die Einwirkung vorbei ist. Fakire und Yogis, die Drogen nehmen, um die Zentren anzuregen, werden von materiellen Dingen für ihre spirituelle Erfahrung abhängig und finden schliesslich ihren scheinbaren Fortschritt verhängnisvoll.

Starkes Rauchen blockiert nicht nur die Atemkanäle in der Brust, sondern auch die Zentren, wodurch die Intuition verwirrt wird. Zweifellos vermittelt das Rauchen ein momentanes Wohlbefinden, da es dem Raucher eine Art Ruhe verschafft, aber das ist nur ein vorübergehendes Wohlbehagen. Rauchen hat nicht nur eine Wirkung auf die Kehle und die Lungen, es blockiert auch die beiden wichtigen Zentren im Herzen und im Kopf, von denen der spirituelle Fortschritt abhängt.

Ein wichtiges Prinzip im geistigen Streben besteht darin, selbstgenügsam zu werden. Der erste Schritt zur Selbstgenügsamkeit liegt darin, den Körper von allen Dingen unabhängig zu machen, die ihm Wohlbehagen und Genuss verschaffen. Die Heiligen aller Zeiten und die Mystiker jeder Richtung haben den Wert der Enthaltsamkeit und des Fastens beachtet, weil der Körper, von dem die Erfahrung des ganzen Lebens abhängt, zuerst durch Reinheit dafür tauglich gemacht werden muss.

I. 10. Fasten

Die Ursache, dass Fasten von denjenigen geübt wird, die in Zurückgezogenheit leben, liegt darin, den Atem durch jede Ader und jedes Gefäss des Körpers strömen zu lassen, was nur möglich gemacht werden kann, wenn keine fremden Substanzen, wie Speisen oder sogar Getränke, im Körper vorhanden sind und die Kanäle blockieren. Wenn der Atem jedes Teilchen des Körpers berührt hat, wird der Körper naturgemäss empfindungsfähiger; die Poren der Haut öffnen sich und lassen die Zentren transparent werden, sodass sie alles zu fühlen vermögen - innerlich und äusserlich - was es zu erfühlen gibt. Dies kann man verstehen, wenn man den Unterschied an Intelligenz und Intuitionsvermögen zwischen einem feinen und einem derben Menschen sieht.

Enthaltsamkeit hilft auch, nicht nur die Gefässe rein zu halten, sondern speichert auch die ganze Energie in jedem Teil des Körpers und besonders in den Zentren, wo sie am notwendigsten ist. Daneben hält die Enthaltsamkeit jedes äussere Element fern.

Dadurch wird es dem Adepten leichter, seinen Körper und die Zentren frei von fremden Elementen zu halten und gleichzeitig zu einem Energiespeicher zu werden, was sich als strahlender Magnetismus kundtut.

Das Gelübde des Zölibats ist ein Vorgeben von Keuschheit, das von Natur aus früher oder später gebrochen werden muss. Wahres Zölibat kann ohne Gelübde. ohne äussere Anzeichen und ohne Zugehörigkeit zu irgendeinem geistigen Stand ausgeübt werden, aber nur für kurze Zeit und zu einem bestimmten Zweck.

Gatha II

II. 1. Die Reinheit des Körpers

Reinheit des Körpers ist wünschenswerter als Körperkraft. Die körperliche Reinheit besteht aus drei Dingen: aus reinem Blut, kräftigen Muskeln und gesunder Haut. Man könnte fragen: „Wie kann ein Mensch stark sein ohne einen reinen Körper?" Darauf möchte ich sagen, dass das wohl möglich ist. Es gibt viele stark und vital aussehende Menschen, deren Fleisch, Blut oder Haut irgendwie nicht in Ordnung sind. Vom spirituellen Gesichtspunkt aus bedeutet Gesundheit nicht einen starken, muskulösen Körper, sondern einen in jeder Hinsicht gesunden Körper.

Der Standard des Mystikers für eine normale Gesundheit unterscheidet sich von dem des heutigen Wissenschaftlers. Den Wissenschaftler interessiert das Gefühlsleben des Menschen nicht; wenn der Körper seinen Vorstellungen entsprechend in Ordnung ist, dann hält er den Menschen für gesund. Vom mystischen Standpunkt aus ist dagegen ein körperlich starker Mensch, dessen Gefühlsleben unter der Körperkraft verschüttet ist, nicht gesund; etwas stimmt mit ihm nicht. Ein Arzt wird viele Menschen für ungesund halten; doch für den Mystiker gibt es noch viel mehr ungesunde Menschen. Ein in den Augen eines Arztes gesunder Mensch braucht dies nicht notwendigerweise auch in den Augen des Mystikers zu sein. Aber eine gute Gesundheit nach der Auffassung des Mystikers bedeutet ebenfalls gute Gesundheit für den Arzt.

Die Krankheit, an der die Menschheit heute ist leidet, ist der Mangel an denjenigen Eigenschaften des Gemüts, die die Gefühle hervorbringen. Im Osten, obwohl die Zeiten sich auch dort geändert haben, lebt noch immer die Erkenntnis dessen, was der Mystiker als gute Gesundheit betrachtet. Man gibt diesen Eigenschaften schöne Namen, wie Rücksicht, Nachdenklichkeit, Milde, Güte, Mitgefühl, Harmoniestreben, Selbstlosigkeit. Fehlen diese Eigenschaften bei einem Menschen, so betrachtet der Mystiker dies als einen Mangel an Gesundheit. Auch ein Tier kann körperlich stark sein. Ist ein Mensch nur stark, so wäre er nicht mehr als ein Tier. Reinheit ist notwendig, zunächst für den Körper und ebenso für das Gemüt (mind). Sie erzeugt im Menschen einen Gesundheitszustand, der allein als wirkliche Gesundheit bezeichnet werden kann.

II. 2. Reinigung

Es liegt im Wesen des Gedächtnisses, einen jeden Eindruck, sei er angenehm oder unangenehm, festzuhalten. Darum hält jemand einen Gedanken im Bewusstsein fest, sei er nun nützlich für ihn oder nicht, ohne zu wissen, was für Folgen er haben wird. Er gleicht einem Kind, dass eine Rassel in der Hand hält und sich damit an den Kopf schlägt, vor Schmerzen weint und doch die Rassel nicht fortwirft. Viele Menschen halten in ihrem Bewusstsein einen Gedanken an Krankheit fest oder den Gedanken an eine Kränkung, die ihnen jemand zugefügt hat, und leiden darunter, ohne zu wissen, was sie leiden macht, oder die Ursache ihres Leidens zu verstehen. Sie fahren fort zu leiden und halten doch in ihrem Gedächtnis die wahre Ursache ihres Leidens fest.

Das Gedächtnis soll unser gehorsamer Diener sein; wenn es zum Herrn wird, dann wird das Leben schwierig. Wer aus seinem Gedächtnis nicht auslöschen kann, was er nicht bewahren möchte, gleicht jemanden, der eine Sparbüchse besitzt, aber den Schlüssel verloren hat. Er kann Geld hineintun, aber es nicht wieder herausnehmen. Alle Fähigkeiten im Menschen werden unschätzbar, wenn er sie nach seinem Willen gebrauchen kann. Wenn aber die Fähigkeiten einen Menschen gebrauchen, dann ist er nicht mehr Herr über sich selbst.

Die Mystiker lehren Konzentration, um den Willen zu üben und ihn fähig zu machen, alle Talente zu gebrauchen. Ein Mensch mit Willenskraft kann sich an das erinnern, woran er sich zu erinnern wünscht, und kann das vergessen, was er vergessen möchte. Alles, was uns im Leben unserer Freiheit beraubt, ist unerwünscht. Das Bewusstsein (mind) muss von allen schlechten Eindrücken des Lebens frei sein, die dem Dasein Ruhe und Frieden nehmen. Durch Konzentration wird man fähig, einen bestimmten, erwünschten Gedanken festzuhalten und alle anderen Gedanken fernzuhalten. Sobald man fähig ist, alle Gedanken auszuschalten, an die man nicht zu denken wünscht, wird es leicht, die Eindrücke von Jahren auszulöschen wenn man sie vergessen möchte. Schlechte Eindrücke, wie alt und intim sie auch sein mögen, sind wie angesammelter Müll, der weggeworfen werden sollte, um das Haus zu säubern.

Das menschliche Herz ist das Heim der Seele, und von diesem Heim hängen das Wohlergehen und der Frieden der Seele ab.

II. 3. Reinheit des Bewusstseins (mind) (1)

Reinheit der Gemüts- und Gedankenkräfte erfordert die Vernichtung aller schlechten Eindrücke, die sich darin angesammelt haben oder im Augenblick empfangen werden. Man kann diese Eindrücke auf fünf Arten vernichten, und die Art wird entsprechend dem zu zerstörenden Eindruck gewählt. Gewisse Eindrücke möchten vom Gemüt abgewaschen werden; andere erfordern, von der Oberfläche des Bewusstseins ausgelöscht zu werden; einige sind wie Staub von den Kleidern abzuschütteln; andere müssen wie Holz im Feuer verbrannt werden, das im Feuer zu Asche wird; wieder andere Eindrücke müssen ertränkt werden, sodass sie niemals wieder an die Oberfläche kommen. Begrabe gewisse Eindrücke wie einen Leichnam; finde jeden Weg der Auslöschung, der für jenen besonderen Eindruck geeignet ist, damit dein Bewusstsein klar wird.

Das Bewusstsein ist nicht nur ein Werkzeug zum Denken und Urteilen, sondern es ist der König unseres Seins. Vom Zustand des Bewusstseins hängen Gesundheit, Glück und Frieden eines jeden im Leben ab.

Nun ist die Frage, was ist zu zerstören und was ist zu bewahren? Sammle und bewahre alles, was schön ist, und vernichte alles, was ohne Schönheit ist. Sammle und bewahre alles, mit dem du übereinstimmst, und vernichte alles, was eine unangenehme Wirkung auf dich hat. Sammle und bewahre alles, was harmonisch ist, und vernichte alles, was Disharmonie in dir hervorruft. Sammle und bewahre alles, was Ruhe bewirkt, und vernichte alles, was den Frieden deines Lebens stört. So wie Staub in ein Uhrwerk dringt und die Uhr zum Stehen bringt, so halten uns die Wirkungen aller Eindrücke, denen es an Schönheit und Harmonie mangelt und die unseren Frieden stören, vom Fortschritt ab.

Das Bewusstsein kann nicht richtig wirken, wenn es durch lähmende Eindrücke daran gehindert wird. Leben ist ein Fortschreiten, und das Aufhören dieses Fortschreitens bedeutet Tod. Misserfolg bedeutet nichts im Leben eines vorwärts schreitenden Menschen. Selbst tausend Misserfolge bedeuten nichts. Er hat Erfolg vor Augen, und der Erfolg ist ihm gewiss, selbst nach tausend Misserfolgen. Der grösste Elend im Leben ist Stillstand, wenn das Leben sich nicht weiter bewegt. Ein sensibler Mensch zieht den Tod einem solchen Leben vor. Es ist wie eine Lähmung der Seele (soul), des Geistes (spirit) und wird immer verursacht durch das Festhalten schlechter Eindrücke im Bewusstsein (mind). Keine Seele ist in Wirklichkeit vom Glück ausgeschlossen, denn das wahre Wesen der Seele ist Glück. Der Mensch bringt selbst das Elend über sich, indem er in seinen Händen die Wolken schlechter Eindrücke festhält, die wie ein Schatten auf seine Seele fallen. Ist ein Mensch einmal imstande, sein Bewusstsein durch welchen Prozess auch immer zu befreien, so beginnt eine neue Kraft seinem Herzen zu entspringen, die ihm einen Weg öffnet, um ihm alle Wünsche zu erfüllen, alle Bedürfnisse zu befriedigen, seinen Pfad von Hindernissen zu räumen und seine Atmosphäre zu reinigen, damit er leben und sich regen kann und alles erreichen, was er zu erreichen wünscht.

II. 4. Reinheit des Bewusstseins (mind) (2)

Die Gesundheit des Körpers wie des Geistes hängt in erster Linie von der Reinheit des Bewusstseins (mind) ab. Der Prozess der geistigen Reinigung ist nicht sehr verschieden von dem zum Reinigen oder Waschen irgendeines Gegenstandes. Wasser, das über einen Gegenstand gegossen wird, wäscht ihn. Ist aber ein Flecken vorhanden, der mit Wasser nicht auszuwaschen ist, muss eine fleckenvertilgende Substanz zu Hilfe genommen werden, um ihn gründlich zu reinigen. Das Wasser, das das Herz wäscht, ist der ständig fliessende Strom der Liebe. Wenn dieser Strom gehemmt ist, wenn sein Weg durch Dinge blockiert wird, die das Herz verschliessen, sodass er nicht mehr strömt, dann kann das Bewusstsein nicht rein bleiben. So wie das Wasser das reinigende und läuternde Element in der physischen Welt ist, so ist es die Liebe auf der höheren Ebene.

Manchmal, wenn es der Liebe schwer fällt, gewisse unangenehme Eindrücke zu überwinden, die ihr Strömen blockieren, können sie durch ein Element fortgewaschen werden, das sie zu zerstören vermag. Das ganze Leben gleicht einem chemischen Prozess, und die Kenntnis dieser Chemie hilft dem Menschen, sein Leben glücklich zu gestalten. Ein freudloser Mensch, der selbst unglücklich ist, kann andere nicht glücklich machen. Der Wohlhabende kann einem anderen in einer Notlage beistehen, nicht der Arme, so gern er auch helfen möchte. Ebenso ist es mit dem Glück, das einen grossen Reichtum darstellt. Der Glückliche kann einen anderen aus seinem Unglück befreien, denn er hat genug für sich selbst und für andere.

Irdische Vergnügen sind nur der Schatten des Glücks wegen ihres vergänglichen Charakters. Wahres Glück liegt in der Liebe, jenem Strom, der der eigenen Seele entspringt. Wer diesem Strom ermöglicht, unter allen Umständen, in noch so schwierigen Lebenslagen zu fliessen, wird ein Glück empfinden, das ihm wirklich gehört, dessen Quelle nicht ausserhalb ist, sondern in seinem Innern. Durch das ständig Ausströmen der Liebe wird er zum göttlichen Brunnen, aus dessen Tiefe ein Strahl emporsteigt, der sich im Zurückfallen über den Brunnen ergiesst und ihn wäscht. Es ist ein göttliches Bad, das wahre Bad im Ganges, dem heiligen Strom. Wenn man einmal den Schlüssel zu diesem Brunnen gefunden hat, wird man immerzu, in jedem Augenblick des Lebens gereinigt. Nichts kann im Bewusstsein bleiben, das den Menschen unglücklich macht. Denn Glück allein ist natürlich und wird durch Wissen und ein natürliches Leben erlangt.

II. 5. Reinigung des Bewusstseins

Um glücklich zu werden, ist es vor allem notwendig, das Bewusstsein (mind) von all dem zu reinigen, was es stört und Disharmonie verursacht. Es sind nicht nur schlechte Eindrücke, die seine Ruhe stören, sondern auch viele Gefühle des Grolls und des Widerstands gegen Dinge, die mit unseren eigenen Vorstellungen nicht übereinstimmen.

Wer ein Geschäft zu führen oder einen Beruf auszuüben hat,

bedarf eines ruhigen Gemüts; am allerwichtigsten aber ist die Ruhe des Gemüts für denjenigen. der sich auf dem spirituellen Pfad befindet. Gebete, Konzentration und Meditation bleiben wirkungslos, wenn das Gemüt nicht von allen störenden Einflüssen gereinigt ist. Darum sind für einen Adepten kein Preis und kein Opfer gross genug, wenn er dadurch die Harmonie in sich selbst bewahren kann.

Der Sufi trachtet danach, die Harmonie mit seiner Umgebung zu bewahren, was manches Opfer verlangt. Es lässt einen ertragen, was man nicht bereitwillig erträgt; es lässt einen übersehen, was man nicht gern übersieht; es lässt einen tolerieren, was man nicht gewohnt ist zu tolerieren, und es lässt einen vergeben und vergessen, was man nie vergessen würde, wäre es nicht um der Harmonie willen. Doch zu welchen Preis auch die Harmonie erreicht wurde, so ist es doch ein guter Handel; denn Harmonie ist das Geheimnis des Glückes. Ohne sie kann ein Mensch in einem Palast von allem Reichtum umgeben leben und doch äussert unglücklich sein.

Zur Harmonie gelangt man, wenn sich in Übereinstimmung mit allen Wesen, allen Dingen, allen Verhältnissen und allen Lebenslagen bringt. Wer dies nicht zu tun imstande ist und dennoch versucht, andere auf Harmonie zu stimmen, wird dabei die Saite zum Reissen bringen. Er gleicht einem Violinisten, der das Cello stimmen möchte. Wenn er mit dem Cellisten in Übereinstimmung sein möchte, muss er seine Geige nach dem Cello stimmen. Jede Seele sucht ihrem Wesen entsprechend ständig nach Harmonie, doch nur wenige wissen, wie sie zu schaffen ist. Wenn jemand sagt „Dieser Lärm so dicht an meinen Ohren macht mich verrückt", kann er dadurch den Lärm nicht verhindern. Er muss wissen, wie er sich diesem Lärm verschliessen kann. Ist er hierzu nicht imstande, so muss er sich an ihn gewöhnen, bis er ihn schliesslich ertragen kann, ja, sich vielleicht darüber erheben kann, sodass keine Disharmonie mehr entsteht.

Häufig versucht man, einer Disharmonie zu entkommen. Aber Disharmonie hat einen bemerkenswerten Zauber. Wenn man ihr im Osten entgehen möchte, begegnet man ihr im Westen. Sie verlässt einen Menschen niemals; wen sie liebt, dem folgt sie. Die beste Art der Disharmonie zu begegnen, besteht in dem Versuch, sie zu harmonisieren. In dem Wissen, dass der Ursprung und das Ziel aller

Dinge in der vollkommenen Harmonie liegen und diesen Gedanken im Bewusstsein bewahrend, können wir der Disharmonie begegnen, die in Wirklichkeit keine Existenz hat, die einem Schatten gleicht und wie ein Schatten im Licht der Sonne verschwinden muss.

Es ist sehr schwer, sich selbst zu entwickeln und gleichzeitig mit unentwickelten Menschen in Harmonie zu bleiben. Es ist, als ob gleichzeitig von oben und von unten an einem gezogen würde. Wenn es irgendetwas gibt, das den Menschen davor bewahren kann, zerrissen zu werden, so besteht es darin, auf alles einzugehen und zu reagieren, was von einem verlangt wird. Diesen Grundsatz lehrt Christus in der Bergpredigt. Die Bergpredigt scheint eine bereitwillige Unterwerfung allem gegenüber zu lehren, aber so darf sie nicht aufgefasst werden. In Wirklichkeit lehrt sie, dass man danach trachten soll, sich mit allen Tönen statt nur mit einem einzigen Ton in Einklang zu bringen. Jede Note ist an ihrem Platz fixiert, und so ist auch jeder Mensch in seinen Ideen und Wegen fixiert. Wer sich aber auf dem spirituellen Pfad befindet, entspricht allen Tönen und ist kein Ton im besonderen. Deshalb darf er mit Recht der Grundton genannt werden, der mit jedem anderen Ton einen Akkord bildet, mit dem er zusammen gespielt wird.

Es gibt keine Schönheit ohne Harmonie; Harmonie ist die Frucht der Liebe. Deshalb gelangt man durch die erreichte Harmonie im Leben zur Vollkommenheit von Liebe, Harmonie und Schönheit.

II. 6. Die Macht des Bewusstseins (mind)

Alles, was auf dem Gemüt (mind) lastet, wie Sorge, Angst oder ein Reuegefühl, stimmt es auf einen tieferen Ton, als ihm zugedacht ist. Wenn irgendetwas das Gemüt bedrückt, kann ein Mensch noch so gelehrt sein, noch so begabt und tüchtig, er wird doch nur wenig verrichten. Lernen hilft einem Gemüt, das nicht am rechten Platze ist, nichts. Man sieht dies bei vielen gut ausgebildeten Menschen, die sehr begabt und tüchtig sind, und dennoch unfähig, irgendetwas Bedeutendes im Leben zu erreichen. So ist es meistens im Leben, selten ist ein Fall, in dem es anders ist.

Alle Angelegenheiten des Lebens werden durch die Kraft des Bewusstseins (mind) vollbracht. Äussere Bedingungen sind nichts als ein Mechanismus, mit dem das Bewusstsein wie ein Ingenieur arbeitet, um alles im Leben Erwünschte hervorzubringen. Wie auch immer die Lebensumstände sein mögen, so ist es die Hauptsache, alles abzuschütteln, was auf dem Gemüt lastet und es so frei zu machen für die Erfüllung seiner Lebensaufgaben.

Oft stehen Menschen hilflos vor einer schwierigen Situation, aber nur wenige halten inne, um darüber nachzudenken, ob nicht nur die Situation schwierig sei, sondern ob es auch eine Schwierigkeit im eigenen Bewusstsein gibt. Man wendet kaum einen Gedanken an diese Frage, denn jedermann fixiert seine Augen ausschliesslich auf die Schwierigkeit der Situation. Es ist, als sähe man eine Mauer vor sich, ohne zu überlegen, ob man nicht einen Hammer in der Hand habe. Wäre man sich der Macht des Geistes (mind) bewusst, könnten nicht nur Mauern, sondern Berge, die sich vor einem erheben, weggeschafft werden.

Viele suchen nach einer Kraft von aussen her, weil sie nicht wissen, dass alle Kraft im Innern verborgen ist. Wenn der Mensch, indem er sein Gemüt von allem Bedrückenden befreit, sich der Kraft bewusst wird, die ihm vom Ursprung aller Wesen als Erbteil zukommt, wird er in sich selber eine gewaltige Macht erkennen. Wer diese Macht meistert, ist der Meister des Lebens.

II. 7. Standard von Gut und Böse

Jedes Gemüt (mind) hat seinen ihm eigenen Standard von Gut und Böse, von Recht und Unrecht. Dieser Standard formt sich aus den Lebenserfahrungen, aus dem, was man sieht und hört; auch hängt er von dem Glauben an eine bestimmte Religion und von der Geburt innerhalb eines bestimmten Volks ab. Was aber wirklich gut oder böse, recht oder unrecht genannt werden kann, ist das, was dem Gemüt ein Wohlgefühl vermittelt oder ihm Unbehagen verursacht. Es ist nicht richtig, obschon es den Anschein hat, dass es das Unbehagen ist, das zum Unrecht tun führt. In Wirklichkeit verursacht das Unrecht tun das Unbehagen, und das rechte Verhalten vermittelt ein Wohlgefühl. Aus diesem Grund allein, dass ein gewisses Verhalten wohltuend wirkt, ist es recht und unrecht, wenn es Unbehagen zur Folge hat.

Nur wenige in der Welt betrachten es auf diese Weise. Wenn jemand, der sein Leben lang Gutes tut, unglücklich ist, wäre es mir lieber, er würde nichts Gutes tun. Sein Gutes Tun ist weder für ihn noch für andere gut. Der starr dem Handeln auferlegte Wertmassstab von Recht und Unrecht, Gut und Böse ist ein künstlicher Massstab, der äusserlich ein ethisches Gesetz zu sein scheint, am Ende aber Degeneration verursacht. Der Massstab für das Handeln muss natürlich und nicht erkünstelt sein. Der Fluch der Gegenwart ist die Künstlichkeit des heutigen Lebens. Dem Mensch muss gelehrt werden, den eigenen Geist (spirit) zu Rate zu ziehen und aus dem eigenen Empfinden zu erkennen, wie man zwischen Recht und Unrecht, Gut und Böse unterscheiden kann. Wenn die Menschheit einmal dieses natürliche Prinzip angenommen hat, wird der grösste Teil des Elends dieser Welt enden.

Dieser falsche, gekünstelte Standard wird heute den Kindern daheim und den jungen Menschen in der Schule beigebracht. Sie beginnen zu lernen, dass unrecht sei, was andere als Unrecht bezeichnen, dass recht sei, was sie in Büchern als Recht lesen; etwas sei gut, weil die Eltern es gut finden, etwas sei böse, weil ihre Freunde es behaupten. Ein in dieser Weise aufgestellter Massstab begräbt den Geist, der allein befugt ist, zwischen Recht und Unrecht, Gut und Böse zu unterscheiden. Von dem Tage an, an dem die Menschen zu der Freiheit gelangt sind, ihren eigenen Wertmassstab aus ihrem eigenen Gefühl heraus zu bilden, werden die Zustände sich bessern.

Für die Suchenden nach der Wahrheit, die auf dem spirituellen Pfad reisen, ist es die erste Aufgabe zu lernen, für sich selbst unter allen Lebensumständen herauszufinden, was gut oder böse, recht oder unrecht ist, nicht aus dem, was ihnen gelehrt oder gesagt wurde, sondern aus ihrem eigenen Empfinden, das in einem feinen Gespür für das, was einem im Leben wirkliches Wohlgefühl verschafft und was Unbehagen verursacht, wahrgenommen werden kann. Das Leben ist nicht dazu geschaffen, um gut und unglücklic zu sein, es ist geschaffen, um glücklich zu sein und dazu muss man gut sein. Kein Glück muss dem Gutsein geopfert werden, sondern dasjenige Gutsein muss als das wahre Gutsein betrachtet werden, das Glück als Ergebnis hat.

II. 8. Der Eindruck von Krankheit und Schwäche auf das Gemüt

Die Wirkung einer jeden Krankheit oder Schwäche macht sich vor allem im Eindruck auf das Gemüt (mind) bemerkbar. Es gibt viele Menschen, die nach einer langwierigen Krankheit, noch so davon beeindruckt sind, dass der Eindruck selbst nach ihrer Genesung noch anhält. Deshalb wird jenen, die jahrelang an einer Krankheit leiden, die Krankheit zur zweiten Natur, zu einem Teil ihrer selbst. Es ist dann nicht mehr die Krankheit, die ihrer Heilung im Wege steht, sondern der ihrem Gemüt eingeprägte Eindruck.

Das gleiche gilt für Schwächen oder Defekte jeder Art. Sehr oft gesteht jemand: „Dies ist mein Fehler, ich kann nichts dagegen tun." Wenn irgendwelche Schwächen oder Fehler vorhanden sind, so bestehen sie einzig im Eindruck. Wenn jemand sagt: „Es gibt Augenblicke, in denen ich meine Selbstbeherrschung verliere", oder ein anderer: „Ich möchte es tolerieren, aber ich kann diese Person nicht ausstehen", dann liegt seine Schwäche an nichts anderem als dem Eindruck, den er in seinem Gemüt hat. Daher besteht die beste Kur einer jeden Krankheit oder Schwäche in deren Verleugnung. Die Bestätigung vertieft den Eindruck, und das Nachdenken darüber macht ihn schlimmer.

Es ist kein Unrecht, seine Krankheit oder Schwäche zu verleugnen, denn es ist keine Lüge, weil sie in Wirklichkeit nicht existiert, sie ist nur ein Schatten. Offenes Eingestehen von etwas Unwirklichem ist schlimmer als ein Lüge. Man muss sie zuerst vor sich selbst verleugnen und dann vor andern.

Der Sufi, dessen Lebensideal die Verwirklichung Gottes und Seiner Vollkommenheit ist, kann, nachdem er sein Ideal erreicht hat, nicht mehr sagen: „Ich kann dies nicht tolerieren, nicht ertragen oder irgendwen nicht ausstehen". Er kann auch nicht sagen, dass er nicht so denken, handeln oder fühlen könne, wie er es für richtig hält. Die Vorstellung des Sufis ist es, sich immer selbst zu suggerieren, wie er gern sein möchte. Findet er aber, dass es ihm nicht gelingt, so zu denken, zu sprechen oder zu handeln, wie er es sich wünscht, soll er daran denken, dass es eine Bedingung des Fortschritts ist, mehrmals zu fallen, ehe er sein Gleichgewicht erlangt, anstatt sich zu sagen: „Es ist meine Schwäche, ich kann nicht anders."

Diejenigen, die der Vollkommenheit der Kraft und Weisheit entgegenschreiten, tun jeden Schritt vorwärts mit neuer Hoffnung und neuem Mut. Schwäche ist für sie eine Geschichte aus der Vergangenheit, sie existiert nicht mehr. Sie erkennen sie nicht als etwas Wirkliches an. Sie können sich selbst nicht so akzeptieren, wie sie nicht sein wollen. Sie schildern sich selbst als das Ideal, das sie sein möchten. Zu gegebener Zeit in ihrem Leben, früher oder später wird es ihnen sicher gelingen, ihr Leben ihrem Ideal entsprechend zu formen.

II. 9. Bewahren eines reinen Bewusstseinszustands

Alles, was existiert, lebt von seinem eigenen Element, entspringt seinem eigenen Element und kehrt zu seinem eigenen Element zurück. So kehrt Erde zu Erde, Wasser zu Wasser, Feuer zu Feuer und Luft zu Luft zurück. Reinigung bedeutet: etwas in seinen ursprünglichen Zustand zu bringen, sodass nichts hinzugefügt ist, nichts Fremdes ihm anhaftet, das nicht dazu gehört. Diese Regeln machen das Verfahren verständlich, durch das Bewusstsein (mind) genährt und gereinigt werden kann.

Das Bewusstsein wird durch Gedanken und Eindrücke genährt, die harmonisch sind, Schönheit schaffen und Befriedigung hervorrufen; denn Harmonie ist das Wesen der Seele, Schönheit ihr Ursprung und ihr Ziel. Harmonie und Schönheit nähren das Bewusstsein, da es aus ihnen erschaffen wurde. Es bedarf deshalb der gleichen Elemente, um das Bewusstsein von allen unerwünschten Gedanken und Eindrücken zu reinigen. Harmonie ist gleichsam das Wasser und Schönheit die Seife: sie reinigen das Bewusstsein von allen Gedanken, denen Harmonie und Schönheit mangeln.

Will man das Bewusstsein reinigen, muss man zuerst fähig sein, die ihm fremden Elemente zu erkennen. So wie alles im Körper fremd ist, was nicht mit ihm übereinstimmt, ihn krank macht, so ist all jenes dem Bewusstsein fremd, was seinen Frieden stört und so beweist, dass es ihm nicht angehört, dazu gehören Kummer, Unruhe, Angst, Sorge und alles, was die Ruhe des Gemüts (mind) stört und es hindert, die Freude und den Frieden zu erleben, nach denen es sich sehnt, und in denen es allein Befriedigung findet.

Es gibt viele, die nicht wissen, wie wichtig es ist, das Bewusstsein in einem reinen und harmonischen Zustand zu erhalten, und die wenigen, die es wissen, finden es schwierig, bessere Bedingungen ins Alltagsleben zu bringen. Vor allem ist es schwierig, die äusseren Pflichten zu erfüllen, den Anforderungen des Lebens gerecht zu werden und doch vollkommene Gemütsruhe zu bewahren. Dazu muss man wissen, wie es von allen äusseren Einflüssen gereinigt werden kann. Das Mittel hierzu kann in wenigen Worten gesagt werden: wirf alles Disharmonische durch die Kraft der Harmonie von dir ab und wasche alles weg, was der Schönheit entbehrt, indem du die grosse Kraft der Schönheit in dir selbst bewahrst.

II. 10. Das Freihalten des Gemüts von unerwünschten Eindrücken

Die beste Art, das Gemüt (mind) von allen unerwünschten Eindrücken freizuhalten, besteht darin, sie überhaupt nicht an sich herankommen zu lassen. Ein Beispiel: Unliebenswürdigkeit ruft bei der Person, gegen die sie gerichtet ist, Unliebenswürdigkeit hervor. Dies liesse sich am ehesten dadurch vermeiden, dass man sich hütet, sich von dieser Stimmung anstecken zu lassen. Alle Empfindungen wie Stolz, Vorurteil, Eifersucht, Intoleranz und Kälte üben einen grossen Einfluss auf den Menschen aus. Im Umgang mit einem unfreundlichen Menschen kann man leicht dessen Impuls aufnehmen, denn in der Regel hält sich der Mensch für berechtigt, Gleiches mit Gleichem zu vergelten: Wort gegen Wort, Stirnrunzeln gegen Stirnrunzeln. Er fühlt sich befriedigt, wenn er sich rühmen kann: „Ich habe es ihm tüchtig zurückgegeben." Aber er weiss nicht, dass, wenn er es nicht zurückgegeben hätte, dies tausendfältig auf den Urheber zurückgefallen wäre.

Der psychologische Gesichtspunkt unterscheidet sich vom allgemeinen darin, dass er ein Wissen enthält, das uns lehrt, nichts in unser Gemüt aufzunehmen, was unangenehm und disharmonisch ist. Wenn man dies versteht, kann man das Gemüt rein halten, doch es erfordert grosse Willenskraft, sich gegen unheilvolle Einflüsse derart zu wappnen, dass sie wie an einer steinernen Mauer abprallen, sie nicht durchdringen.

Die psychologische Wirkung jedes Eindrucks ist, dass er vom

Gemüt festgehalten wird. Alles, was wir tagsüber sehen, übt bewusst oder unbewusst einen Einfluss auf unser Leben aus. Alles Gute oder Schlechte, alles Schöne oder Hässliche bleibt in uns und wirkt in uns weiter. Schönes wie Hässliches treibt seine Blüten. Dies ist die Hauptursache, warum Träume eine Wirkung auf unser Leben ausüben. Der Eindruck, den ein Traum auf uns macht, wirkt sich im Wachzustand aus. Wenn man deshalb stets auf der Hut wäre und ein Übel unbeachtet liesse, anstatt dagegen anzukämpfen, würde es ganz von selbst an uns vorübergehen.

Auf einen Menschen, der allen Einflüssen offen steht, ist kein Verlass, wie gut er auch sein mag. Wer keine Willenskraft hat, kann nicht einmal sich selbst vertrauen. Im Kampf mit einem andern liegt keine Willenskraft, sie zeigt sich im Kampf gegen das eigene Ich. Wer stark genug ist, von seinem Gemüt alle unerwünschten Eindrücke fernzuhalten, wird mit der Zeit Harmonie ausstrahlen und eine Atmosphäre des Friedens schaffen. So wird er selbst glücklich und vermag andern Glück zu bringen.

Gatha III

III. 1. Herzensreinheit (1)

Wirkliche Reinheit kann weder durch äussere Waschungen noch durch das Fernhalten böser Gedanken erreicht werden, sondern indem wir das Herz von allen Empfindungen reinhalten, die den Rhythmus der Gemüts- und Gedankenkräfte (mind) stören und dadurch den Geist im allgemeinen beunruhigen. Gefühle haben eine grössere Kraft als Gedanken. Wenn böse Gedanken Monster sind, so sind böse Gefühle Dämonen. Gefühle wie das Verlangen, jemanden seiner Rechte oder seines Eigentums zu berauben, üben auf den Geist eine sehr beunruhigende Wirkung aus. Die Wirkung ist stärker, ehe das Verlangen in Handlung umgesetzt wird, sie ist geringer während des Handelns, aber danach ist sie am stärksten. Ein Leben, das gerecht und ehrlich gelebt wird, hat innere Kämpfe zu bestehen, fügen wir dem noch Empfindungen zu, die seine Ruhe stören, dann vermehren wir nur unsere Schwierigkeiten im Leben, die dann niemals enden.

Herzensreinheit sollte nicht als Tugend, sondern als eine Notwendigkeit betrachtet werden, - eine Notwendigkeit nicht nur zum Wohl anderer, sondern für unser eigenes Leben. Die Empfindungen, die jene Schwäche des Herzens bewirken, nehmen auch die Kraft von den Augenlidern, sodass der Blick sich senkt, anstatt die Augen sicher gerade aus blicken zu lassen. Nichts in der Welt, wie kostbar und selten es auch sein mag, kann diesen Verlust ausgleichen.

Wir müssen uns vor allem daran erinnern, dass die Seele rein ist und einen Mangel an Reinheit nicht ertragen kann, ohne ruhelos zu werden. Der Geist hat einen bestimmten Ton und einen Rhythmus. Wenn er verstimmt und aus dem Rhythmus geraten ist, könnten ihm die Reichtümer der ganzen Welt gegeben werden, so sind sie doch nichts wert. Reinheit und Friede sind es, wonach die Seele unablässig sucht.

III. 2. Das Reinhalten des Herzens

So wie es natürlich ist, das Eisen rostet und Milch sauer wird, so kann auch das Herz rosten und sein Fühlen, das von Natur aus so rein wie Milch ist, sauer werden. Dann schmeckt einem Menschen nichts mehr in der Welt, und das Leben mit all seiner Schönheit wird für ihn wertlos. Dieser Zustand sollte vermieden werden. Ein Adept (Eingeweihter) muss sein Gemüt (mind) rein vom Rost bewahren.

Das Herz setzt Rost an, wenn ihm erlaubt wird, Groll und Bosheit, Hass und Vorurteil, Rachegefühle und Verachtung gegen irgendjemand zu hegen oder sich Gefühlen der Eifersucht, der Missgunst oder des Neids hinzugeben. Das Herz bedarf beständiger Aufmerksamkeit, damit es rein bleibt, denn dieses Leben der Illusion ist so beschaffen, dass kleine, unwichtige Dinge, ohne den geringsten Wert aus dem äusseren Leben dem Herzen schaden können, so wie ein Tropfen Wasser auf dem Eisen Rost hervorbringt. Ist das Gefühl auf solche Weise einmal sauer geworden, so ist es schwierig, wenn nicht unmöglich, es wieder süss werden zu lassen, so wie saure Milch auch nicht wieder süss gemacht werden kann.

Die Seele hat vom Himmel bereits ihre Vorliebe für Süsses mitgebracht. Erst auf der Erde mag sie vielleicht den Geschmack für Salziges, Saures oder Bitteres entwickeln, doch geht ihr angeborenes Verlangen immer nach Süssem. Was sie am meisten im Leben braucht, ist nicht Zucker, der in gewissem Mass für die physische Gesundheit notwendig sein mag, sondern jene Süsse, die ursprünglich dem Herz zu eigen ist und am meisten für wahres Glück und echtes Wohlergehen notwendig ist.

III. 3. Das Strahlen des Gesichts

Wie das Reinigen eines metallenen Gegenstands einen Glanz hervorbringt, so verhält es sich auch mit der Reinigung des Herzens, vor allem von jeglichem Gefühl, das Demütigung verursacht. Wenn ein Mensch denkt, „ich habe unrecht gehandelt durch eine bestimmte Tat oder indem ich etwas gesagt oder gedacht habe, das mir nicht hätte in den Sinn kommen sollen", verliert er sozusagen eine Strahlung, die selbst durch seinen Gesichtsausdruck hervorschien, und die auf Persisch *ab-e-ru* genannt wird, das bedeutet 'Das Strahlen des Antlitzes'.

Jeder Mensch zeigt seine Herzensverfassung in seinem Gesichtsausdruck. Deshalb ist Unschuld im Ausdruck ein Zeichen von Herzensreinheit. Ein Mensch mag klug, gelehrt, qualifiziert, er mag physisch oder auch geistig stark sein, er kann reich sein, von hohem Rang, doch keines dieser äusseren Dinge hilft ihm, jenes Strahlen des Antlitzes zu bewahren, das nur von der Herzensreinheit abhängt.

Viele wissen es, und einige sprechen es auch aus, dass die Augen alles erzählen können, was im Herzen des Menschen verborgen ist, doch nur wenige wissen um die dahinterliegende Ursache. Die Augen sind sozusagen ein Thermometer des Kopfzentrums. das mit dem Herzzentrum in Verbindung steht. Jeder Eindruck, der auf das Herz einwirkt, ob schön oder hässlich, wird im Kopfzentrum widergespiegelt und entsprechend im Gesicht des Menschen reflektiert, besonders in seinen Augen, die am ausdrucksfähigsten sind.

Es gibt viele gescheite Menschen, aber nur wenige, die weise genannt werden können. Die Gescheiten schmieden Ränke und Pläne gegeneinander und schicken einander böse Gedanken. So verdecken jene hinterlistig und betrügerisch, vergiftet durch ihre Lebensgier, ihre Augen mit der Hülle der Selbstsucht und hindern so das Herz, sein Licht auszustrahlen, das allein den Pfad zu jeder Vollendung im Leben erleuchtet.

Es mag uns schwierig erscheinen, unser Herz von allen schlechten Eindrücken und üblen Gefühlen, von aller Bitterkeit und allen bösen Gedanken frei zu machen, und doch ist es nicht annähernd so schwer wie die Aufgabe, unser tägliches Brot zu verdienen. In unserem Alltagsleben nimmt die Arbeit den Hauptteil des Tages in Anspruch, das Freimachen des Herzens von allen unerwünschten Dingen beansprucht dagegen nur wenige Augenblicke der Stille. Das Verlangen, jeden unerwünschten Eindruck aus dem Herzen zu tilgen, vermag mit der Zeit unser Herz zu reinigen.

III. 4. Unschuld

Für den Mystiker ist Unschuld die wahre Reinheit, denn sie ist ein Zeichen für die Reinheit des Herzens. Die intuitiven Fähigkeiten spielen im Leben des Unschuldigen eine grössere Rolle. Die Leute nennen sie einfältig, doch erweist sich ihre Lauterkeit oft als wohltätiger für das Leben als Weltklugheit. Der Segen der Vorsehung ruht häufiger auf den Unschuldigen als auf den Weltklugen, die jedermann stets zu übervorteilen versuchen und jede günstige Gelegenheit wahrnehmen.

Für den Weltklugen ist es nicht leicht, nach Herzensunschuld zu streben. Sie ist etwas Natürliches und offenbart sich im Aufblühen des Herzens. Sie ist ein Zeichen für das geistige Wachstum einen Menschen. Wenn etwas entwickelt werden kann, so ist es nur dies, dass der Mensch sich der Weltklugheit enthält und erkennt, dass der Selbstsüchtige und Schlaue bei all seiner Befähigung, Vorteile von seinen Mitmenschen zu erlangen, früher oder später doch einem Menschen begegnet, der noch schlauer ist als er. Oft entdeckt der Schlaue mit der Zeit, dass er sich selbst Ketten um seine Füsse gelegt hat.

Niemand hat ohne diese Herzensunschuld einen höheren Grad der Spiritualität erreicht. Unschuld bedeutet nicht Unwissenheit; sie bedeutet vielmehr wissen und doch nicht wissen. Ein unschuldiger Mensch darf nicht mit einem dummen verwechselt werden, denn dieser ist blind, während jener nur die Augen schliesst, wenn er es wünscht. In Wirklichkeit ist es der Weise, der unschuldig wird, wenn er einen gewissen Grad an Weisheit erlangt hat. Zweierlei Menschen zeigen in ihrem Leben kindliche Unschuld: der Törichte, der kindische Züge aufweist, und der Weise, der Herzensunschuld zeigt.

III. 5. Weise den Eindruck von Fehlern und Mängeln zurück

Bei Menschen, die den spirituellen Pfad angetreten haben, besteht im allgemeinen eine Neigung zur Entmutigung, sobald ihr Herz zur Einsicht in die eigenen Fehler und Mängel gelangt. Es erwacht in ihnen das Gefühl, nicht würdig zu sein, sich mit heiligen Dingen zu befassen. Aber dies ist ein grosser Irrtum trotz aller Tugend, die in der Demut liegt. Kommt man zur Einsicht eines Fehlers, so erschafft man aus seinem eigenen Geist heraus diesem Fehler eine Seele. Indem man sich von allem, was gut und schön, spirituell und heilig ist, abwendet, anstatt den Geist dahin zu entwickeln, alle Irrtümer rechtzeitig abzuweisen, wird man empfänglich für das Falsche. Fährt man fort, mit sich unzufrieden zu sein und weitere Irrtümer anzuhäufen, so bewirkt dies im Innern endlose Konflikte. Wer seinen Schwächen gegenüber hilflos wird, macht sich zum Sklaven seiner Irrtümer und empfindet sich schliesslich als gehorsamer Diener seines Widersachers.

Je reiner das Herz wird, desto grösser wird die dem Menschen innewohnende Kraft, und so gross wie seine innere Kraft wird seine Macht über andere. Eines Haares Breite kann Kraft von Schwäche trennen, obwohl zwischen diesen beiden eine so breite Kluft zu bestehen scheint wie zwischen Himmel und Erde.

III. 6. Herzensreinheit (2)

Nur der ist imstande, Zweifel, Arglist, Furcht oder Bosheit vom Herzen eines anderen zu entfernen, dessen Herz schon frei von diesen Dingen ist, oder der sein Herz wenigstens davon befreien kann. Es gibt eine Schwäche und eine Kraft des Herzens. Die Schwäche des Herzens wird durch Empfindungen, wie Zweifel, Arglist, Furcht und Bosheit verursacht. Das Fehlen dieser Empfindungen schafft eine Herzensreinheit, die an sich schon eine Kraft ist. Diese Kraft kann durch Glauben, Hoffnung und Rechtschaffenheit gesteigert werden.

Reinheit weitet das Herz, aber fehlende Reinheit macht engherzig. *Asif*, der mystische Dichter von *Hyderabad*, sagt:

> „Wenn das Herz gross ist,
> kann es das grösste aller Dinge sein."

Nur Reinheit öffnet die Tore des Herzens. Alles, was dieser Reinheit im Wege steht, verschliesst gleichsam das Herz.

Alles, was der Herzensreine denkt, sagt oder tut, mag einfach oder naiv erscheinen, und doch liegt in allem, was er tut, Schönheit und

Charme, denn nichts ist anziehender als das Licht selbst. Alles, was nicht selbst Licht ist, hängt vom Licht ab, damit seine Schönheit offenbar wird. Licht ist Schönheit an sich. Herzensreinheit ist die einzige Bedingung, die den inneren Strom zum Fliessen bringt.

Die Herzensreinen schauen tiefer, wenn sie auch wenig sagen. Es gibt keine Anmassung bei ihnen. Was sie wissen, wissen sie; was sie nicht wissen, das geben sie nicht vor zu wissen. Die Reinen schaffen Reinheit um sich, denn ihnen ist alles rein. Ihre Gegenwart macht alles rein. So wie reines Wasser die beste Stärkung ist, so wirkt auch der Kontakt mit einem herzensreinen Menschen. Wer Herzensreinheit erlangt hat, dem bleibt auf dem spirituellen Pfad nicht mehr viel zu erlangen übrig.

III. 7. Ekstase

Ekstase hängt von Reinheit ab. Der gereinigte Körper verleiht eine Ekstase, die von allen Lebewesen auf der physischen Ebene erfahren wird. Das Herz, geläutert von allen Unreinheiten, empfindet eine noch grössere Ekstase, die auf der inneren Ebene erlebt und auf der äusseren Ebene widergespiegelt wird.

Die meisten Menschen sind sich wenig im Klaren über die Bedeutung der Ekstase. Tatsächlich sind alle Dinge, nach denen der Mensch sucht und mit denen er sich beschäftigt, zumeist angenommene Mittel, um eine Ekstase zu erreichen, sei es durch Essen, Wohlgerüche, Musik oder durch die Schönheit von Farbe und Linie. Keinem Verfahren jedoch gelingt es, eine vollständige Ekstase herbeizuführen, wenn die Herzensreinheit fehlt. Mit anderen Worten: wer reinen Herzens ist, geniesst die Schönheit von Musik, Farbe oder Wohlgeruch tiefer als diejenigen, denen die Herzensreinheit fehlt. Obwohl es scheint, dass die Herzensreinen die Dinge, die Verzückung hervorrufen können, manchmal weniger bedürfen, weil allein die Reinheit des Herzens ihnen jene Ekstase bringt, die andere durch unterschiedliche Mittel zu erlangen suchen.
Amir, der mystische Dichter, sagt:

„Ihre Augen wiesen den Wein,
den sie grossmütig anbot,

> mit den Worten zurück:
> Wir brauchen dich nicht,
> wir sind auf ewig berauscht."

Der Grund, warum die Frommen bisweilen Musik, Kunst, Fröhlichkeit oder Vergnügungen ablehnten, bestand darin, dass sie diese Ekstase schon empfanden, die andere durch den Genuss dieser Dinge zu erlangen suchen. Es heisst keinesfalls, dass die Frommen immer gegen die schönen und freudvollen Dinge des Lebens sind. Es bedeutet nur, dass sie durch das Empfinden der Ekstase, das von innen kommt, reich sind, ohne dafür andere Mittel zu gebrauchen. Doch sind es gerade die Frommen, die fähig sind, Schönheit in all ihren Aspekten voll zu geniessen.
Wie *Hafis* sagt:

> „Wenn die Frommen, das Lied hören würden,
> das ich singe,
> würden sie aufstehen und ungehemmt
> zu tanzen beginnen."

III. 8. Reinigung des Bewusstseins von Angst

Es ist von grosser Bedeutung, dass Bewusstsein (mind) von Angst zu reinigen. Dies kann am besten durch das Analysieren der Ursachen der Angst geschehen. Angst ist die Folge von seit langem angesammelten, ungelösten Problemen. Schaut ein Mensch erst einmal seinem eigenen Problem ins Gesicht, erlangt er den Einblick in die Ursache der Angst. So wie vom Sonnenlicht viele schädliche Keime abgetötet werden, so zerstört das Licht der Intelligenz die Keime der Angst. Angst entsteht, wenn der Mensch zu schwach ist, die Folgen seiner Lebensumstände, seiner Haltung und seiner Taten auf sich zu nehmen. Sobald er die Frage gelöst hat, wie er sich diesen Folgen stellen will, ist die Angst überwunden. Die beste Art, wie man die Furcht vor ein bitteren Pille überwinden kann, besteht darin, die bittere Pille zu schlucken und dabei die Erfahrung zu machen, dass sie nicht so bitter ist, wie er dachte.
Angst entsteht auch, wenn man zu besorgt um seine Gesundheit,

seinen guten Ruf und sein Ansehen ist oder allzu abhängig von den Gefühlen derer, die man liebt; auch wenn man zu viel Rücksicht nimmt auf diejenigen, von denen man abhängig ist oder es sich zu sehr zu Herzen nimmt, was andere über einen sagen. Angst versteck sich oft im Herzen eines Menschen unter dem Gewand der Tugend. Ein furchtsamer Mensch wird dann häufig für einen Gerechten gehalten. Ein furchtsamer Rechttuer ist schlimmer als ein furchtloser Sünder.

Das beste, was ein Mensch tun kann, ist, mit sich selber, mit seiner Angst zu sprechen, sich mit ihr auseinander zu setzen und die Ursachen, auf denen sie beruht, samt den Wurzeln auszureissen. Gewöhnlich fürchtet man sich, an das, was einem Angst einflösst, auch nur zu denken. Aber die Angst überwindet man nur durch die Analyse ihrer Ursachen, dadurch wird sie grundlos.

Von Natur aus besitzt der Mensch eine ungeheure Kraft, die in seinem Herzen verborgen ist. Eine Kraft, die nur darauf wartet, offenbar zu werden. Diese Kraft ist hinter der Angst verborgen. An dem Tag, an dem die Angst verschwindet, offenbart sich diese latente Kraft.

III. 9. Bewahre das Herz frei von Gift

Antipathie wandelt sich in Groll, und Groll wird schliesslich zur Verbitterung. Ein Mensch, der solche Gefühle in seinem Herzen hegt, trägt ein Gift in seinem Herzen, - ein Gift, das die geistigen Fähigkeiten umwölkt und das Gemüt verdunkelt. Wer sein Herz vor Groll bewahrt, hat schon viel erreicht; denn nur in einem reinen Herzen spiegelt sich das göttliche Licht.

Oft schleicht sich dem Menschen ganz unbeabsichtigt ein Gefühl des Grolls ins Herz, ohne dass er sich dessen bewusst ist. Oft ist ein Mensch, der Groll empfindet, ganz unschuldig daran. Sein Herz reflektiert nur den Groll, der aus einem anderen Herzen auf ihn reflektiert wurde. Aus diesem Grunde sollen wir darauf achten, unser Herz von den Eindrücken und Einflüssen anderer frei zu halten.

Die Frage, wie kann der Mensch solche Einflüssen vermeiden, kann so beantwortet werden: Das Herz wird sich von sich aus auf solche Personen und Einflüsse ausrichten, die seiner eigenen

Wesensart verwandt sind. Das entspricht dem Wesen des Herzens. Deshalb ist der Mensch für jeden Eindruck und jeden Einfluss verantwortlich, der sich in ihm widerspiegelt, selbst wenn er von einem anderen kommt. Damit das Herz nur gute Eigenschaften widerspiegelt, muss man es vorbereiten und trainieren, denn nur die Herzensgüte vermag unerwünschte Eindrücke und Gedanken fernzuhalten und nur gute Eindrücke und wünschenswerte Einflüsse widerzuspiegeln.

Eine Übung zur Reinigung des Herzens besteht darin, dass man jeden Morgen und jeden Abend folgende Worte wiederholt:

> Mein besonnenes Ich!
> Mache keinem Menschen Vorwürfe,
> hege keinen Groll gegen irgend jemand,
> führe gegen niemand etwas Böses im Schild,
> sei weise, tolerant, rücksichtsvoll
> höflich und freundlich zu allen.

III. 10. Die wahre Reinigung des Bewusstseins

Die wahre Reinigung des Bewusstseins (mind) besteht darin, dass man es von allen Gedanken und Eindrücken befreit, die wie Keime einer Krankheit in ihm vorhanden sind. Am besten säubert man das Bewusstsein von all dem, in dem man es von jeglichen Gedanken, Gefühlen und Eindrücken leer macht. Rein sein bedeutet natürlich sein. Der Geist (spirit) im Menschen ist seinem ursprünglichen Wesen nach nicht Gedanke, sondern Bewusstsein (mind), nicht Liebe, sondern Herz; denn der Gedanke entstammt dem Bewusstsein und die Liebe entspringt dem Herzen. Um Reinheit zu erlangen, nach der der Mystiker strebt, muss der Mensch imstande sein, seinen Geist von jedem Gedanken und Gefühl zu reinigen, wie tief diese auch seinem Herzen eingeprägt seien.

Der Mystiker geht hierin so weit, dass er sich selbst von seiner Identität reinigt, indem er sie für gewisse Zeit entfernt und etwas anderes an ihren Platz setzt. Der Verlauf der spirituellen Entwicklung hängt vom Anfang bis zum Ende hiervon ab.

Teil VII

Metaphysik
Tasawwuf

Gatha I

1. Glaube (belief)
2. Glaube (faith)
3. Hoffnung
4. Geduld
5. Angst
6. Gerechtigkeit
7. Vernunft
8. Logik
9. Versuchung
10. Toleranz

Gatha II

1. Vergebung
2. Ertragen, Ausdauer (1)
3. Ertragen, Ausdauer (2)
4. Willenskraft
5. Ein Geheimnis bewahren
6. Bewusstsein (mind)
7. Der Gedanke
8. Abhängigkeit von Gott - Tawakul
9. Frömmigkeit
10. Spiritualität

Gatha III

1. Einstellung
2. Mitgefühl
3. Das Wort ‚Sünde'
4. Menschlicher und göttlicher Wille - qadr und qaza
5. Meinung
6. Gewissen
7. Konventionen
8. Leben
9. Das Wort ‚Scham'
10. Toleranz

Gatha I

I. 1. Glaube (belief)

Glaube ist das natürliche Bedürfnis, Wissen aufzunehmen, ohne zu zweifeln. Jede Seele wird mit diesem Bedürfnis geboren, jegliches Wissen aufzunehmen, unabhängig von der Art und Form, in der es ihr geboten wird. Daher ist keine Seele von Geburt an ungläubig. Es gibt ein Wort des Propheten: „Jede Seele wird gläubig geboren, erst die anderen lassen sie ungläubig werden." Dieser Unglaube entsteht aus dem Konflikt zwischen Wissen und Glauben.
Im Glauben gibt es zwei Haltungen: die eine gleicht dem fliessenden Wasser, die andere dem gefrorenen. Manche Gläubigen möchten ihren Glauben unverändert felsenfest bewahren und identifizieren ihr Ego mit ihm. Menschen mit solchen Charakter sind zwar beständig im Glauben, aber unfähig zum Fortschritt. Haben sie zufällig einen rechten Glauben, so besteht keine Gefahr, dass sie ihn aufgeben; im andern Fall aber sind sie ratlos. Diejenigen aber, deren Glaube dem fliessenden Wasser gleicht, gehen vielleicht von einem Bekenntnis zum andern und erscheinen wankelmütig, doch ihr Leben ist in Entwicklung begriffen. Eine Seele, die sich weiter entwickelt, kann nie an einem bestimmten Glauben haften bleiben, - sie muss wechseln und immer wieder wechseln, bis sie zur letzten Wahrheit gelangt. Dem einfachen Menschen ist Beständigkeit im Glauben zuträglicher als Wechsel, da das Wechseln ihn irreführen könnte. Aber für einen intelligenten Menschen ist es natürlich und notwendig, von Glaube zu Glaube zu schreiten, bis er zur endgültigen Einsicht gelangt ist.
    Es gibt vier Arten des Glaubens. Bei der ersten Art gehört man einem Bekenntnis an, weil es allgemein üblich ist. Bei der zweiten Art wird ein Glaube angenommen, weil es der Glaube eines Menschen ist, zu dem man Vertrauen hat. Bei der dritten Art beruht der Glaube auf dem Verstand. Die vierte Art zu glauben besteht in einer Einsicht, deren man so sicher ist, als ob man alles mit eigenen Augen sähe. Diese vier Glaubensarten sind durch die verschiedenen Entwicklungsstufen und Veranlagungen der Menschen bedingt.
    Es gibt ein Wissen, das man durch die Sinne aufnehmen kann,

ein anderes, das nur das Bewusstsein wahrzunehmen vermag, und eines, das nur die Seele erfassen kann. Darum wird naturgemäss derjenige ungläubig, der berühren möchte, was nur wahrgenommen werden kann, oder wahrnehmen möchte, was nur geistig zu erfassen ist. Der Glaube des einen kann in der Tat nie der Glaube eines andern sein. Jeder Glaube ist seinem Träger eigentümlich. Selbst wenn zwei Menschen den gleichen Glauben haben, würde immer noch ein Unterschied im Standpunkt bestehen, und wäre er so klein wie der Unterschied zwischen zwei Rosen. Darum ist es ohne Zweifel unrecht, wenn man versucht, einem andern den eigenen Glauben aufzudrängen. Wer sich dagegen aus Frömmelei oder Überheblichkeit weigert, den Glauben eines andern verstehen zu wollen, verschliesst die Tore seines Herzens, das sonst diesem Wissen Einlass gewährt hätte.

Zwei Neigungen können im Herzen entwickelt werden, entweder alles glauben zu wollen, was vor einem erscheint, oder alles zu verwerfen, was je sich einem präsentiert. Jede dieser Veranlagungen hat ihre Vor- und Nachteile. Der Vorteil glaubender Haltung besteht im Ergreifen jeder sich bietenden Gelegenheit, Wissen zu erwerben, hat aber den Nachteil, dass man dabei häufig die Möglichkeit hat, bereitwillig Irrtümern zu verfallen. Der Vorteil der ablehnenden Haltung ist jedoch nur ein Schutz vor Irrtümern, während ihr Nachteil darin besteht, dass jede Gelegenheit zur Erweiterung des Wissen verloren geht.

Die Natur hat viele Hüllen; ihre Aktivität besteht im Verhüllen und Enthüllen. Es ist natürlich, dass bei jedem Verhüllen und Enthüllen der Glaube des Individuums sich ändern soll. Wenn daher ein Sufi gefragt wird: „Glaubst du an dies oder jenes?", sagt er: „Mein Glaube ist für mich, der deine für dich. Es gibt keinen Glauben, dem ich unabänderlich anhänge, und keinen, den ich unerforscht ablehne." Wenn man dich fragt, welchen Glauben der Sufi lehre, so magst du sagen: „Keinen besonderen Glauben, aber er hilft dem Schüler, seinen eigenen Glauben in sich selbst zu suchen und zu finden.

I. 2. Glaube (faith)

Glaube (faith) kann durch zwei Worte definiert werden: Selbstvertrauen und Zuversicht. Glaube bedeutet nicht Zuversicht ohne Gewissheit oder Selbstvertrauen. Alles im Leben ist von Ewigkeit her für einen bestimmten Zeitpunkt festgelegt. Jede Erfahrung und jede Erkenntnis kommt zu ihrer eigenen Zeit. Ohne Zweifel spielt der freie Wille eine gewisse Rolle, während das Schicksal eine grosse Rolle spielt. Wir bahnen uns den Weg durchs Leben gemäss unseren Erwartungen. Nach Dingen, die wir noch nicht erreicht haben, schauen wir aus in der Hoffnung, sie eines Tages zu erlangen. Ideale, nach denen wir streben, möchten wir eines Tages erreichen. Was aber unseren Erfolg im Streben nach dem Ideal bestimmt, ist der Glaube. Es ist der Glaube, der uns tausendfach verhüllte Dinge enthüllt. Der Glaube vermag Dinge heranziehen. die unerreichbar erscheinen. Er kann die Entfernung zwischen Himmel und Erde, den Unterschied von Leben und Tod überbrücken.

Es gibt einen Glauben, der blind und einen, der nicht blind ist. Glaube ist blind, wenn seine Kraft gering ist und der Verstand ihn nicht trägt; dann kann er blind genannt werden. In Wirklichkeit liegt jedoch alle Macht beim Geist (mind). Jede Erwartung, die wir hegen, wird sicher früher oder später in Erfüllung gehen, vielleicht nicht innerhalb einer gewissen, begrenzten Zeit, wohl aber in der Ewigkeit wird die Erfüllung kommen. Glaube ist die Macht des Geistes; ohne Glauben ist der Geist machtlos.

Wenn der Glaube führt, und der Verstand ihm folgt, ist der Erfolg sicher, aber wenn der Verstand führt, und der Glaube ihm folgt, ist der Erfolg zweifelhaft. Der Glaube bedingt die Geisteshaltung, deren Einfluss sich psychisch auf alle Angelegenheit auswirkt. Die Überzeugung 'mein Freund ist mir treu und wird mir helfen' beeinflusst an sich den Helfer. Ist indessen eine zweifelnde Haltung vorhanden, vielleicht ist mein Freund oder mein Geschäftsführer mir treu, vielleicht auch nicht', so wird die Sache zweifelhaft.

Der Glaube kann eine bessere und schnellere Heilung bewirken als eine Arznei. Sowohl der Erfolg wie die Niederlage im Leben hängen weitgehend vom Glauben ab. Kraft des Glaubens reitet der Mensch Elefanten und zähmt Tiger. Die Grossen auf Erden, die bedeutendsten Leute, wurden eher durch ihren Glauben gross als durch irgend etwas anderes; denn die meisten bedeutenden Menschen waren kühn, und hinter jeder Kühnheit steht der Glaube, sonst nichts.

Der Verstand kann den Glauben stärken, aber was jenseits des Verstandes liegt, kann nur durch den Glauben erreicht werden. Wenn dem Glauben vom Verstand Grenzen gesetzt werden, lähmt dies seine Kraft; ist er jedoch vom Verstand unabhängig, wird er von der Kraft des Ideals emporgehoben, und der Verstand bekommt Spielraum, um das Ideal zu erreichen.

Diejenigen, die an ein Ideal glauben, und jene, die dies nicht tun, sind beide durch den Glauben zu ihrer Auffassung gelangt. Im ersteren Fall war er positiv, im letzteren negativ. Ein Ungläubiger fragte einen Gläubigen: „Falls es keinen Gott gibt, wären dann nicht alle deine Gebete und Erwartungen umsonst?" Der Gläubige antwortete, „Falls es keinen Gott gibt, und falls alle meine Gebete und alles, was ich um Seinetwillen getan habe, verloren ist, dann bin ich in der gleichen Lage wie du; wenn Er aber existiert, dann bin ich im Vorteil." Glaube ist natürlich, und sein Gegenteil ist unnatürlich.

Alle Dinge in dieser künstlichen Welt wurden durch den Glauben geschaffen. So entstand auch die ganze Schöpfung aus dem Glauben des göttlichen Bewusstseins. Wenn also das göttliche Bewusstsein imstande war, aus dem Glauben heraus alles zu erschaffen, so kann sich der Mensch kraft seiner göttlichen Zugehörigkeit zum Ursprung seines Seins erheben.

Denken, Reden und Handeln ohne Glauben sind wie Körper ohne Leben. Alles wird durch den Glauben lebendig, denn der Glaube ist das Leben aller Dinge. Bedenken wir, welche Freude Vertrauen hervorruft, und welch bedrückendes Gefühl der Zweifel auslöst! Wenn ein Mensch einem andern nicht vertraut, hat er sicher auch kein Selbstvertrauen und wird dadurch unglücklich. Es wäre keine Übertreibung zu sagen, dass ein Verlust verursacht durch unangebrachtes Vertrauen besser ist als jeglicher Gewinn auf Grund eines ungerechtfertigten Verdachts.

I. 3. Hoffnung

Die Hoffnung hängt manchmal von dem erhofften Gegenstand ab und manchmal ist sie unabhängig davon. Diese beiden verschiedenen Aspekte der Hoffnung verursachen zwei verschiedene Betrachtungsweisen: die optimistische und die pessimistische. Wenn die abhängige Haltung entwickelt wurde, wird der Mensch zu einem Pessimisten; wenn die Hoffnung ihren Halt in sich selbst ohne Abhängigkeit findet, entwickelt sich Optimismus. Verglichen mit dem Pessimisten mag der Optimist blind erscheinen, und sicherlich ist er es zuweilen. Aber wie Blinde die Fähigkeit entwickeln, Dinge zu verrichten, ohne sie zu sehen, die Sehende nicht zustande bringen, so kann der Optimist zweifellos manches vollbringen. ohne zu wissen wie und warum.

Hoffnung kann nicht Sicherheit oder Gewissheit genannt werden, aber sie ist ein Gefühl, das aus eigener Kraft Sicherheit und Gewissheit hervorbringen kann. Vom Verstand abhängige Hoffnung ist schwach, und je abhängiger sie ist, desto schwächer wird sie. Ohne Zweifel ist Hoffnung, verbunden mit dem Verstand, stark, vielleicht stärker als allein. Aber je stärker der Verstand die Hoffnung stützt, desto abhängiger wird sie von ihm. In vielen Fällen vermag der Verstand den erhofften Gegenstand nicht zu erreichen, und dann sinkt die Hoffnung.

Tatsächlich ist die Hoffnung mehr als eine Fähigkeit oder Eigenschaft. Sie kann der Wesenskern des Lebens genannt werden. Die Weisen und die Törichten, die Reichen und die Armen, die Starken und die Schwachen, sie alle leben in irgendeiner Hoffnung. Die Hoffnung kann das Leben verlängern, während Hoffnungslosigkeit es verkürzen kann. Die Freude, die einem die Hoffnung bringt, ist grösser als die Freude am Besitz des Erhofften. Daher kommt das Sanskritwort, dass *Brahma* bei der Erschaffung der Welt allen Blumen Honig entnahm, und dass dieser Honig die Hoffnung war. Es will ausdrücken, dass aus allem Schönen, Erfreulichen und Beglückenden die Essenz genommen wurde. Diese Essenz ist die Hoffnung.

Die Hoffnung wird durch den Verstand gestärkt, doch ihre Grundlage ist die Geduld; denn es ist möglich, dass ein Mensch trotz aller Verstandesgründe die Hoffnung verliert, weil die Geduld fehlt. Würde ich es dichterisch ausdrücken, so verharren die Felsen in den Wüsten und die Bäume in den Wäldern in Hoffnung, so das wäre das keine Übertreibung; denn in den Augen des Mystikers ist jede Erscheinung des Lebens ein Harren in Hoffnung. Dies tritt noch deutlicher im menschlichen Leben zutage: ein jeder scheint von Tag zu Tag, von Stunde zu Stunde auf etwas zu warten, das er erhofft.

Die Hoffnung zu verlieren, ist schlimmer als der Verlust des Lebens. Solange die Hoffnung dem Menschen zur Seite steht, hat es nichts zu bedeuten, wenn ihm sonst niemand beisteht.

I. 4. Geduld

Geduld kann auch Selbstbeherrschung genannt werden. Man kann sagen, dass Geduld der Wille ist, der die Aktivität des Bewusstsein beherrscht und im Zaum hält. Geduldig zu sein, ist manchmal über alle Massen schwer, denn zum Beherrschen des Bewusstseins (mind) bedarf es grosser Energie. Wir können uns die Geduld als einen Damm vorstellen, gegen den die Flut anstürmt. Der Damm muss fest sein, um den Anprall der Wogen widerstehen zu können. Genauso ist es mit der Geduld.

Es gibt vier verschiedene Arten von Geduld, - im Handeln, im Denken, im Reden und in der Art des Fühlens. Auch gibt es zweierlei Vorgänge der Geduld. Der eine besteht darin, der Aktivität eines anderen standzuhalten, der andere darin, der eigenen Aktivität standzuhalten. Der Aktivität eines anderen nicht zu widerstehen, ist ein Akt der ersten Art, sich selbst zu beherrschen, wenn man eine gewisse Sache sagen oder tun möchte, ist eine Geduldsübung der zweiten Art. Die härteste Geduldsprobe besteht aber darin, auf etwas warten zu müssen, das man sofort haben will.

Das Symbol der Geduld ist das Kreuz. Die vertikale Linie zeigt Tätigkeit an, die horizontale Beherrschung. Geduld ist das Erste und das Letzte, was der Heilige und Weise lernen muss. Je mehr man zu ertragen lernt, umso mehr hat man zu ertragen, so ist das Leben. Doch in Wirklichkeit ist Geduld nie verschwendet, sie gewinnt immer etwas Grosses, selbst wenn sie dem Anschein nach verliert. Der Geduldige scheint manchmal der Unterlegene zu sein, aber in Wirklichkeit gehört ihm der Sieg. Auf dem Weg der Meisterschaft, wie auf dem Weg der Entsagung spielt die Geduld die allergrösste Rolle.

Jede Fähigkeit hat die Tendenz, ihre Tätigkeit mehr und mehr zu beschleunigen. Alle Aktivität beginnt mit einem produktiven Rhythmus. Wenn sie zunimmt, wird der Rhythmus progressiv, und wenn sie sich noch weiter steigert, wird er schliesslich destruktiv. Diese drei Rhythmen heissen im Sanskrit *sattva, rajas und tamas*. Der produktive und der progressive Zustand lässt sich nur durch Beherrschung bewahren; Mangel an Beherrschung lässt den destruktiven Zustand beginnen. Einzig der Wille hat die Kraft, jede Tätigkeit des Körpers oder des Geistes zu beherrschen. Wenn jemand geht, wünscht er, schneller zu gehen, wenn er spricht, möchte er rascher sprechen. Es liegt im Wesen der Aktivität, nach Beschleunigung zu streben, und wenn man die Beschleunigung duldet, wird sich bald das zerstörerische Element einstellen. Je stärker die Selbstbeherrschung in einem Menschen wird, umso stärker wird er selber, und in dem Masse, wie er sie verliert, wird er schwächer.

Es besteht kein Zweifel daran, dass die Geduld oftmals eine Kreuzigung zu sein scheint, aber man sollte sich daran erinnern, dass der Kreuzigung immer die Auferstehung folgt. Oft erscheint einem die Geduld wie ein Auslöschen des Selbst, und das ist wahr, sie ist Selbstauslöschung. Doch damit ist nichts verloren, denn durch die Übung der Selbstbeherrschung wird eine viel grössere Kraft gewonnen. Persische Dichter haben die Geduld 'Tod' genannt. Zweifellos ist sie dem Anschein nach ein Tod, weil sie die Aktivität zum Anhalten veranlasst, in Wirklichkeit aber ist sie ein grösseres Leben.

I. 5. Angst

Die Mystiker führen die Angst auf eine Einwirkung des Erdelementes zurück, die verursacht, dass der Körper starr wird, sobald ein Mensch Angst empfindet. Nach den Lehren der Metaphysik wird die Angst durch einen Mangel an Licht verursacht. Je mehr Licht im Herzen ist, desto furchtloser wird es. Eine Sure des Koran unterstreicht dies, in der es heisst: „Es gibt keine Angst im Bewusstsein des Meisters."

Angst entsteht aus der Fremdartigkeit eines Gegenstandes oder aus der Unwissenheit des Ängstlichen. In einem Vers eines Marathi-Dichters heisst es:

„Es ist das Selbst, das aus sich selbst
den Gegenstand der Furcht erschafft,
die Angst entsteht aus dem Selbst."

Jede Haltung dem Leben gegenüber findet einen Widerhall, die Haltung aber bildet sich durch die Erwartung. Wenn jemand Liebe von seinem Mitmenschen erwartet, wird er geliebt werden, und wenn jemand Schaden vom andern erwartet, wird ihm Schaden zugefügt werden. Wenn jemand Angst vor einem Hund hat, wird er in dem Hund das Verlangen wecken, ihn zu beissen. Wir können dies ganz klar in der niederen Schöpfung beobachten, wo jedes Tier vor dem anderen Angst hat. Die Erwartung der Gefahr flösst ihm mehr Angst ein als die Vorstellung von der Grösse und Kraft des anderen Tieres. Vieles im Leben kann zustande kommen, nicht weil wir es uns wünschen oder uns darauf konzentrieren, sondern weil wir uns vor ihnen fürchten, das bezieht sich sowohl auf Objekte wie auf Lebensumstände.

Unser Gemüt (mind) von Furcht zu befreien, bedeutet Licht in ein dunklen Raum zu bringen. So wie es Licht braucht, um einen dunklen Raum zu erhellen, so ist das Licht der Seele notwendig, um die Gedanken der Furcht zum Verschwinden zu bringen.

Dank der Feinheit und Sensitivität seines Wesens ist der Mensch für Eindrücke empfänglicher als jedes andere Lebewesen, aber gleichzeitig ist allein der Mensch fähig, die Angst zu überwinden, weil in ihm eine Fackel ist, die ihm den Weg aus der Dunkelheit zeigen kann. Der Mensch fürchtet alles, was ihn in irgendeiner Form verletzen oder ihm schaden könnte, und mehr als alles andere fürchtet er das, was er den Tod nennt. Wie bei jedem furchterregenden Objekt oder Zustand die Angst durch Unwissenheit verursacht wird, so ist selbst die Todesangst eine Folge seiner Unwissenheit. Der Mensch fürchtet sich, wenn er ins Wasser fällt, wo ein so hilfloses Geschöpf wie der Fisch sich sicher fühlt. Es ist nicht nur die Tatsache, dass der Mensch unfähig ist, im Wasser zu bleiben, die ihm Angst einflösst, sondern dass das Wasser eine für ihn fremde

Welt ist; er weiss nicht, was darin ist. Viele sind im Wasser aus Angst vor dem Wasser gestorben, ehe sie tatsächlich versunken sind.

Dieses Leben der Namen und Formen wird daher von den Mystikern *Maya* - Illusion oder Täuschung - genannt, die jeweils zu dem gemacht werden kann, was wir aus ihr zu machen wünschen. Wenn jemand die Welt fürchtet, erschreckt sie ihn. Aber wenn jemand sein Herz von aller Furcht reinigt, dann verwandelt sich die ganze Welt der Illusion in eine einzige Vision der erhabenen Allgegenwart Gottes.

I. 6. Gerechtigkeit

Gerechtigkeit ist eine Fähigkeit des Bewusstseins (mind), die die Dinge abwägt. Verbunden mit ihr ist eine Fähigkeit, die erkennt, ob die Dinge an ihrem rechten und geeigneten Platz sind. Dazu gehört auf die Kraft, alles von zwei Seiten her zu betrachten, von der vollständigen wie von der unvollständigen her. Diese Fähigkeit wird vom Licht der Intelligenz erhellt. Je mehr Intelligenz vorhanden ist, desto grösser ist die Gerechtigkeit. Es ist im allgemeinen der Mangel an Intelligenz, der Ungerechtigkeit schafft.

Die Entwicklung des Egos verdunkelt diese Fähigkeit oft, auf dieselbe Art, wie Wolken die Sonne verdunkeln. Darum mangelt es einem selbstsüchtigen Menschen, wie klug er auch sein mag, an reiner Intelligenz, und er ist darum zur Gerechtigkeit im wahren Sinne unfähig. Es ist oft ein persönliches Gefühl, eine persönliche Zu- oder Abneigung, die die Gewichte falsch in die Waagschalen der Gerechtigkeit legt, um der persönlichen Voreingenommenheit zu genügen. Darum ist oftmals ein Mensch. der sich seines Gerechtigkeitssinnes rühmt, in Wirklichkeit ungerechter als jemand, der keinen solchen Anspruch erhebt. Ein gerechter Mensch kann notfalls gegen seine eigenen Interessen entscheiden. Nur wenn das persönliche Vorurteil entfällt, kann eine gerechte Entscheidung getroffen werden.

In die Waagschalen der Gerechtigkeit legt der Mensch Gewichte aus dem Vorrat seines Wissens, und es sind somit seine eigenen Ideen über den Wert der Dinge, die die Schalen belasten und im Gleichgewicht halten. Aber die Ansichten ändern sich mit jedem Schritt in der Entwicklung. Was heute gerecht oder ungerecht scheint, kann morgen ganz anders sein. Was ein Mensch zu einer Zeit seines Lebens als falsch bezeichnet, kann zu einer anderen Zeit richtig sein. Ebenso ist es mit dem, was er in gewissen Perioden seiner Entwicklung als gerecht betrachtet.

Daher ist es kein Wunder, wenn die Propheten, Reformer und Dichter sich in ihren Schriften so oft selbst widersprochen haben. Man kann in allen Schriften der Welt Widersprüche finden, und es bedarf einer vollen Entwicklung dieser Fähigkeit, um einen vollkommenen Überblick zu bekommen.

I. 7. Vernunft

Vernunft (reason) ist eine Fähigkeit, die aus sich selbst auf jede Frage, die man stellt, eine Antwort gibt. Es ist ein Vorrat an Wissen von Namen und Formen, Grundsätzen und Empfindungen vorhanden, aus dem die Antwort emporsteigt. Das wird Vernunft genannt.

Dieser Vorrat an Wissen ist bei den einzelnen Menschen verschieden, weshalb es öfters vorkommt, dass zwei Menschen nicht übereinstimmen und doch beide einen guten Grund haben, für das, was sie sagen. Dies zeigt, dass der Grund nicht ausserhalb von einem selbst liegt. Er liegt in einem selbst, und auf jeder Stufe der Entwicklung ändert sich das Denken. Die Antwort auf eine bestimmte Frage, die jemand von innen her in diesem Monat erhält, kann im nächsten Monat anders lauten.

Jeder Gegenstand und jeder Zustand weist auf eine Ursache, und je tiefer man den Gegenstand oder den Zustand durchdringt, desto mehr wird man gewahr, dass es eine Ursache hinter der Ursache gibt, und dass ein Zustand viele Ursachen haben kann, je nach der Tiefe, die man zu berühren vermag. Wenn von Gerechtigkeit und Ungerechtigkeit, von richtig und falsch die Rede ist, macht man seine eigenen Gründe geltend, ist man aber unfähig, auch die Gründe der anderen zu verstehen, bleibt jedes Wissen unvollständig.

Die Wirkung, die verschiedene Namen und Formen hervorbringen, ist eine Illusion. Ebenso ist die Vernunft, die eine Schöpfung des Bewusstseins (mind) ist, eine Illusion, wenn man sie mit der höchsten Wirklichkeit vergleicht. Diese Wirklichkeit steht über Vernunft. Wenn die Vernunft der Wirklichkeit folgt, ist sie hilfreich, wenn aber die Wirklichkeit von der Vernunft verhüllt wird, ist sie eine Illusion. Wer die zahlreichen Hüllen der Vernunft durchdringt, gelangt zur Tiefe des Wissens. Wer sich aber an dem ersten Grund, den er berührt, festklammert, bleibt dabei, und es gibt keinen Fortschritt für ihn.

I. 8. Logik

Die Logik ist eine Stütze, deren sich der Verstand zu seiner Stärkung bedient. Man kann die Logik auch als ein Bollwerk des Verstandes bezeichnen. Die analytische Fähigkeit des Verstandes (mind) sucht nach etwas Substanziellem, um die Beweisgründe klar und bündig zu formulieren. Mit anderen Worten kann die Logik auch bevollmächtigter Verstand genannt werden, oder Verstand, der durch das Denken anderer unterstützt wird.

Die Logik verfügt über ein weiteres Feld als der Verstand, weil der Bereich des Verstands sich nur auf das Bewusstsein eines Individuums bezieht, während der Bereich der Logik weiter geht, da er das Denken vieler Individuen umfasst, die über den gleichen Gegenstand nachgedacht haben. Die Logik steht im Wissen um einen Grad höher als der Verstand. Wenn jemand einen Grund angibt und ein anderer sagt, dass dieser Grund der Logik entbehre, heisst das, dass er im Denken anderer, die über den gleichen Gegenstand nachgedacht haben, keine Stütze findet.

Einerseits kann man von der Logik sagen, dass sie ein konkretes und reales Wissen ist, und doch ist sie andererseits ein äusserst beschränktes und armseliges Wissen. Sie ist durch Namen und Formen beschränkt, die sich ständig verändern. Sie ist armselig, weil sie auf Dinge gründet, die der Veränderung unterliegen.

Wenn die Logik dazu beiträgt, das Wissen von Namen, Formen und Bedingungen zu festigen, ist sie von grossem Nutzen. Wenn sie jedoch den Fortschritt der Seele hemmt, der sich auf einem anderen Pfad vollzieht, wird sie zu einem grossen Hindernis. Mit anderen Worten kann man sagen, dass derjenige, der Logik besitzt, einen gut geschulten Geist hat. Wer aber von der Logik besessen ist, ist verloren.

I. 9. Versuchung

Die Versuchung ist eine Illusion des Augenblicks. Die Schönheit eines Objekts verdeckt die Augen der Vernunft. sodass der Mensch von der Bahn, der er folgt, um zu dem ersehnten Ziel - was immer es sei - zu gelangen, aufgehalten oder abgedrängt wird. Was daher für einen Menschen Versuchung bedeutet, braucht es für einen anderen nicht zu sein. Das gleiche Objekt, das für den einen eine Versuchung ist, kann für einen anderen das Ziel sein. Man kann vernünftigerweise nicht klarlegen: „Dies ist eine Versuchung und das nicht." In Wirklichkeit ist alles eine Versuchung und nichts ist eine Versuchung. Weder das Objekt oder die Handlung machen die Versuchung aus, sondern die Situation. Um die Versuchung, der man begegnet, zu erkennen, ist es ratsam, sich das Ziel vor Augen zu halten, das man erreichen möchte, und sich immer zu überlegen, ehe man einen Schritt in irgendeiner Richtung tut, ob er einen zum Erreichen des Gewünschten hilft oder hindert.

Es gibt drei Arten der Versuchung. Die erste ist diejenige, die laut herausschreit, was sie ist und sich klar zu erkennen gibt. Die zweite Form ist diejenige, in der die Versuchung sich verhüllt und dem Auge des Menschen ihr Ziel verbirgt, sodass er seine Bestimmung plötzlich vergisst. In der dritten Form scheint die Versuchung zunächst ein grösserer Gewinn zu sein als das gewünschte Objekt. In solchem Falle hilft die Vernunft zweifellos, doch kann sie es nicht durchgreifend tun, denn wie die Versuchung gehört auch sie der äusseren Welt an. Es gibt nur eines, was der Versuchung die Waage zu halten vermag, das ist die Intuitionsfähigkeit. Wenn diese Fähigkeit wirklich entwickelt ist, dann steht sie dem Menschen in allen Schwierigkeiten bei.

Wenn man sein Ziel erreichen möchte, muss man eine starke Festung gegen die Versuchung errichten. Das zu erreichende Objekt sollte man vor sich sehen und hinter sich die vorantreibende Kraft der Intuition fühlen. Je weiter wir gehen, desto grösser werden die Versuchungen. Selbst nach dem Erreichen des Ziels, hält die Versuchung noch an, bereit, das Erreichte wegzuschnappen, wie dies in der Sage von Orpheus so gut dargelegt ist. Es ist nicht notwendig, so vorsichtig zu sein, dass man darum schüchtern wird. aber man sollte auch nicht so anmassend sein, dass man sich selber bei jedem Schritt zu Torheiten verleitet. Wir müssen das Gleichgewicht wahren und auf dem geraden Weg bleiben, den Blick fest auf das gewünschte Ziel gerichtet.

I. 10. Toleranz

Toleranz ist die erste Lektion der Moral, die nächste besteht in der Vergebung. Ein Mensch, der aus Furcht, aus Stolz, um der Ehre willen oder unter dem Zwang der Verhältnisse tolerant gegenüber anderen ist, kennt die Toleranz nicht. Toleranz besteht im Beherrschen der Regung des Widerstands durch den Willen. In einer Toleranz, die ausgeübt wird, weil die Umstände einen dazu zwingen, liegt kein Verdienst; denn Toleranz bedeutet eine Betrachtungsweise, bei der man die Fehler eines anderen übersieht und der eigenen Regung des Widerstands nicht nachgibt.

Ein gedankenloser Mensch ist gewöhnlich intolerant, wenn indessen ein nachdenklicher Mensch intolerant ist, zeigt dies seine Schwäche; er hat wohl Einsicht, aber keine Selbstbeherrschung. Im Falle des Gedankenlosen bedeutet es nicht viel für ihn, weil er sich seines Fehlers nicht bewusst ist. Der nachdenkliche Mensch ist jedoch zu bedauern, wenn er sich aus Mangel an Willen nicht beherrschen kann.

Die Aktivitäten des weltlichen Lebens verursachen viele Störungen und haben ständig eine zermürbende Wirkung auf eine sensible Seele. Wenn man daher in seinem Wesen keine Toleranz entwickelt, ist man im Leben immer wieder Störungen ausgesetzt. In der Welt leben wollen und dabei durch ihre Aktivitäten verstimmt werden, ist gleichbedeutend, als wollte man im Meer schwimmen und ständig seine Wellen bekämpfen. Dieses von so viel ständig wirkender Geschäftigkeit erfüllte Leben in der Welt hat vieles an sich, was man gering schätzen kann, wenn man zur Geringschätzung neigt; zugleich aber gibt es vieles zu bewundern, sowie man sein Gesicht von links nach rechts wendet.

In unserer eigenen Macht liegt es, ob wir den Anblick der Unvollkommenheit oder die Schau der Vollkommenheit wählen; der Unterschied liegt nur im Aufwärts- oder Abwärtsschauen. Durch eine leichte Änderung der Einstellung in der Betrachtung des Lebens kann man die Welt zum Himmel oder zur Hölle machen.

Und je toleranter man wird, desto stärker wird man darin. Der Tolerante ist nachdenklich, und in dem Masse wie das Denken toleranter wird, wird man wiederum toleranter. Die Worte Christi „Widerstehet nicht dem Bösen" lehren Toleranz.

Gatha II

II. 1. Vergebung

Man sagt 'vergeben und vergessen', und das ist sehr bezeichnend für den Vorgang des Vergebens. Es ist unmöglich zu verzeihen, wenn man nicht vergessen kann. Was den Menschen abhält, seinem Mitmenschen zu verzeihen, ist der Umstand, dass er sich den Fehler des anderen ständig vor Augen hält. Es ist geradeso, als stäche er sich mit einem feinen Dorn ins Herz und behielte ihn darin, und mit dem Dorn auch den Schmerz. Man kann es sich auch unter dem Bild vorstellen, dass man einen Tropfen Gift ins Herz fallen lässt und ihn zurückbehält, bis das ganze Herz vergiftet ist.

Wahrlich, gesegnet sind die Harmlosen, die die Fehler anderer nicht wahrnehmen; noch grösseres Ansehen gebührt den reifen Seelen, die einen Fehler wohl erkennen, ihn aber vergeben und vergessen. Wie wahr sind die Worte Christi: „Wer unter euch ohne Schuld ist, der werfe den ersten Stein." Die Begrenzungen des menschlichen Lebens lassen den Menschen schuldig werden, den einen mehr, den anderen weniger; aber es gibt keine Seele ohne Schuld, wie Christus sagt: „Nennt mich nicht gut."

Vergebung ist ein Strom der Liebe, der auf seinem Weg alle Unreinheiten hinwegspült. Dadurch, dass der Mensch diesen Quell der Liebe in seinem Herzen nie versiegen lässt, wird es ihm möglich zu verzeihen, wie gross das Vergehen seines Mitmenschen auch zu sein scheint. Wer nicht verzeihen kann, verschliesst sein Herz. Ein Zeichen der Spiritualität besteht darin, dass es nichts gibt, dass man nicht verzeihen, kein Vergehen, dass man nicht vergessen kann. Denk nicht, dass ein Mensch, der gestern ein Unrecht beging, dieses auch heute begehen müsse. Das Leben lehrt uns ständig, und es ist möglich, dass ein Sünder in einem Augenblick zu einem Heiligen wird.

Zuweilen ist es schwer zu verzeihen, so wie es schwer ist, den Dorn zu entfernen, der tief ins Herz eingedrungen ist. Doch der Schmerz, den man empfindet, wenn man den tief im Herzen steckenden Dorn herauszieht, ist besser, als dass man den Dorn ständig im Herzen bewahrt. Der heftige Schmerz eines Augenblicks ist besser als das ständige leise Stechen. Frag den, der vergeben hat, welche Erleichterung das Vergeben schafft. Worte können nie das Empfinden des Herzens in dem Augenblick beschreiben, nachdem man mit der Vergebung die Bitterkeit aus dem Herzen verbannt hat, und wenn dann Liebe uns erfüllt und wie warmes Blut unser ganzes Wesen durchströmt.

II. 2. Ertragen (1)

Das menschliche Wesen ist physisch und geistig so beschaffen, dass es nur einen gewissen Grad der hörbaren und sichtbaren Vibrationen ertragen kann. Daher lenken Geräusche sein Bewusstsein (mind) ab, und grelle Farben haben eine unangenehme Wirkung. Alles, was man Lärm nennt, ist jenseits der Belastungsgrenze. Im allgemeinen sprechen ihn Pastellfarben mehr an, denn die Vibrationen sanfter Farben beruhigen und verlangen keine Ausdauer.

Aber die Atmosphäre verlangt die grösste Kraft im Ertragen. Jemand kann Farbe und Geräusch aushalten, aber es ist schwer, eine nicht geistesverwandte Atmosphäre zu ertragen. Der Mensch zieht es vor, eher schwer erträgliche Farben oder Geräusche auszuhalten als die Persönlichkeit eines andern, weil die menschliche Geschäftigkeit eine unangenehmere Wirkung hat als Farbe oder Geräusch. Ein Mensch braucht weder zu reden noch zu handeln, um eine beunruhigende Wirkung auf andere auszuüben. Wenn sein Bewusstsein (mind) in einem unruhigen Zustand ist, hat er eine beunruhigende Wirkung auf andere, auch ohne zu reden oder zu handeln.

Wenn es etwas gibt, dass sehr schwer zu ertragen ist, dann ist es der Mensch. Und doch verlangt die Seele so sehr nach der Verbindung mit Menschen. Würde jemand in einem Wald leben, wo ihm keine Menschenseele begegnet, würde er sich nach wenigen Monaten, sobald seine Laune in gewissem Masse befriedigt ist, nach dem Anblick eines menschlichen Gesichts sehnen. Bäume und Pflanzen, Tiere und Vögel genügen ihm nicht. Dies zeigt, dass Gleiches nicht nur Gleiches anzieht, sondern auch des Gleichen bedarf. Der Mensch nimmt im Leben eine sonderbare Stellung ein. Er fühlt sich unbehaglich unter Seinesgleichen und unglücklich ohne Seinesgleichen und weiss nicht, welche Richtung am besten einzuschlagen ist.

Um die richtige Haltung zu erlangen, übt sich der Sufi daher im Ertragen. Denn wenn man den Teufel nicht aushalten kann, wird man den Engel auch nicht ertragen. Wenn der Mensch auf Erden nicht glücklich ist. wird er es auch nicht im Himmel sein. Einem Menschen ohne Ausdauer werden selbst im Paradies seine Bedürfnisse nicht erfüllt werden. Obwohl es zuweilen schwierig ist, etwas zu ertragen, so wird doch jemand, der sich keine Mühe zum Ertragen geben will, dann immer etwas auszuhalten haben. Die Welt ist so, wie sie ist, sie kann nicht geändert werden.

Wenn wir sie anders haben möchten, müssen wir uns selbst ändern. Wenn wir empfänglich werden für unangenehme Eindrücke und beunruhigende Einflüsse, dann wird nicht nur die menschliche Geschäftigkeit um uns herum, sondern schon die Bewegung der Blätter uns Unbehagen bereiten. Für einen unglücklichen Menschen ist ein Hochsommertag schlimmer als eine dunkle Nacht. Alles scheint düster und erbärmlich zu sein, und er selbst ist melancholisch. Diese Neigung entwickelt sich, wenn man sich nicht bemüht, etwas zu ertragen, sondern jeder Situation aus dem Wege geht, die Ausharren von einem verlangt. Auf allen Lebenswegen ist dem Menschen, der etwas ertragen kann, Erfolg beschieden, während ihm ohne diese Eigenschaft der Erfolg trotz aller Befähigung fern bleibt.

Mit Ertragen meine ich nicht, dass man alle Dinge und Wesen, die einem gefallen oder missfallen, lieben und bewundern soll. Ertragen bedeutet fähig sein, standzuhalten, zu tolerieren, zu übersehen, was nicht in Übereinstimmung mit der eigenen Denkweise ist. Alle Unstimmigkeiten zwischen Freunden, Familien, Nationen sind die Folge mangelnden Ertragens. Würde dieser Geist der Duldsamkeit sich vom Einzelnen aus verbreiten, würde er mit der Zeit zum Geist der Menge, und die Zustände würden bedeutend besser werden, als sie es gegenwärtig sind.

II. 3. Ausdauer (2)

Dauerhaftigkeit macht Dinge wertvoll, und Ausdauer macht Menschen gross. Gold und Silber sind nicht notwendigerweise schöner als zarte und duftende Blumen, die in ihrer Farbe, ihrem Duft und ihrer Feinheit Gold und Silber weit überlegen sind. Warum sind dann Blumen Gold- und Silbermünzen unterlegen? - Weil Gold und Silber dauerhaft sind, während Blumen diese Eigenschaft nicht haben. In dieser sich stets wandelnden Welt voller Empfindlichkeiten ist Ausdauer sehr selten zu finden.

Ein Mensch ohne die Fähigkeit zum Ertragen leidet Tag und Nacht, denn das Leben kann mit den Meereswellen verglichen werden, die unaufhörlich gegen etwas Festes schlagen. Wer dafür empfänglich ist, von der ständigen Bewegung des Lebens umhergetrieben zu werden, findet niemals Ruhe. Ein Sprichwort sagt, 'Es gibt keinen Frieden für den Böswilligen', - es sollte wirklich heissen ‚für den Schwachen', weil Bosheit eine Steigerung von Schwachheit ist.

Ertragen können ist eine Übung zur Stärkung der Willenskraft. Die Beschaffenheit des Lebens wird immer gleich bleiben; es ist der Mensch, der sich ändern kann. Aber im allgemeinen wünschen sich die Menschen ein ruhiges Leben, weil sie selbst verstört sind. Es ist wie bei einer Seereise, auf der der Mensch sich eine ruhige See wünscht, anstatt sein Schiff so stark zu bauen, dass es auf den Wellen fährt und allen Stürmen standhalten kann.

Alle grossen Menschen der Welt, was auch ihre Lebensaufgabe sein mochte, haben ihre Grösse durch diese eine Eigenschaft der Ausdauer bewiesen. Die ausdauernde Persönlichkeit gleicht einem Schiff, das Stürme und Winde unter allen Umständen aushalten kann sich selbst und andern zur Rettung. Solche gesegneten Persönlichkeiten, die die Kraft Gottes bezeugen, sind Retter der Menschheit genannt worden.

II. 4. Willenskraft

Die Willenskraft ist keine mentale Kraft, aber sie erscheint in Form einer mentalen Kraft. Das Bewusstsein lässt einer Lampe gleich - das Licht des Willens ausstrahlen. Willenskraft ist kurz gesagt - Seelenkraft. Je mehr man sich daher seines Ursprungs bewusst ist, desto stärker entwickelt man die Willenskraft. Zweifellos ist das Bewusstsein ein Werkzeug der Willenskraft, ebenso sind es die Sinne. Wenn diese Werkzeuge nicht gesund und gut entwickelt sind, kann die Willenskraft nicht richtig wirken. Sie ist dann wie ein stumpfes Schwert in der Hand eines tüchtigen Kriegers. Darum werden in der Sufi-Schulung Übungen gegeben, um sowohl das Bewusstsein wie die Sinne zu geeigneten Werkzeugen für die Arbeit der Willenskraft zu machen.

So wie Pflanze aus der Erde spriesst, doch vom Regen, der vom Himmel fällt, genährt wird, so entspringt die Willenskraft aus dem Innern, doch wird sie durch die äusseren Aktivitäten entwickelt. Man muss bedenken, dass das innere Leben sich im äusseren spiegelt, wie umgekehrt auch dass äussere Leben sich im inneren spiegelt; beide Teile des Lebens sind voneinander abhängig.

Die Willenskraft gleicht einer Lebensbatterie, und so schwierig es ist, mit einem starken Mechanismus umzugehen, und so gefährlich es ist, mit einer Batterie von gewaltiger Kraft zu arbeiten, so schwierig und gefährlich ist es, die Willenskraft zu entwickeln und mit ihr zu arbeiten. In erster Linie wirkt die Macht verblendend, Schönheit dagegen ist offenbarend. Aus dem Machtbewusstsein können falsche, ungerechte und unvernünftige Neigungen entstehen, und man kann sich selbst zerstören, wenn man ihnen nachgibt. Christus hat einen Hinweis darauf gegeben, indem er sagt: „Wer zum Schwert greift, wird durch das Schwert umkommen." Damit ist jedoch nicht gemeint, dass man die Willenskraft nicht entwickeln soll. Es bedeutet nur, dass man sich Wissen und Kraft, um sie zu beherrschen, aneignen muss, ehe man daran geht, sie zu entwickeln, und ferner Wissen und klare Einsicht, um sie richtig zu gebrauchen, wenn sie einmal entwickelt ist.

Die Willenskraft im Menschen ist Gottes Geheimnis, und in diesem Geheimnis ist Gottes mächtige Kraft verborgen. Im Orient, wo mystische Gedanken im allgemeinen verbreitet sind, sagt man daher stets: „Wir wissen nicht, was hinter dieser begrenzten menschlichen Gestalt verborgen ist." Dies veranlasst sie, in jedem Menschen, dem sie begegnen, das Verborgene zu achten und zu berücksichtigen. Hafis sagt:

„Lass dich nicht zum Narren halten
vom Flickengewand des Derwisch.
Du weisst nicht, ob hinter dem geflickten Ärmel
nicht ein mächtiger Arm verborgen ist."

Was wir Wunder nennen, ist eine Auswirkung derselben Kraft. Nur kann das, was über der menschlichen Begrenztheit steht, nicht mehr natürlich genannt werden, es ist übernatürlich. Das Wunder wird daher nicht vom Menschen, sondern vom Übermenschen vollbracht, der im Religiösen der göttliche Mensch genannt wird. Der Mensch in seiner Selbstsucht steht tiefer. Wenn er das Selbst überwindet, steht er höher. Darum ist das Recht, die Willenskraft zu entwickeln, ein Recht des Höherstehenden. Der Unterschied zwischen dem, was man weisse und schwarze Magie nennt, liegt nur im Gebrauch, den der tiefer oder der höher stehende Mensch von der gleichen Kraft macht. Es ist geradeso, wie du mit der gleichen Kraft des Arms einen Menschen töten oder ihm das Leben retten kannst. Beides geschieht durch die gleiche Kraft.

Kein besserer Gebrauch kann von der Willenskraft gemacht werden als der zur Selbstbeherrschung, zur Beherrschung des Körpers und zur Beherrschung des Bewusstseins (mind). Wer seinen Körper beherrscht, wird auch sein Bewusstsein beherrschen; wer sein Bewusstsein beherrscht, auch den Körper. Der beste Gebrauch, den man von der Willenskraft machen kann, besteht darin, sich ihrer zur Selbstdisziplin zu bedienen gegen Gier, Zorn und alle Eigenschaften, die in der menschlichen Natur als seine grossen Feinde sind. Mit anderen Worten, durch die Willenskraft muss man eine Stärke aufbauen, um mit sich selbst zu kämpfen, gegen jenen Teil des eigenen Wesens, der einem zuwider ist. Es kommt selten vor, dass ein Mensch auf der Erde lebt, der so denkt, spricht und handelt, wie er es tun möchte. Wenn jemand das vermag, ist er zweifellos ein Meister. Könnte man sich - vom Wunder Wirken abgesehen - dazu bringen, seinem eigenen Willen zu gehorchen, würde man sich sicher zu grosser Höhe erheben.

Auf dem spirituellen Pfad entspricht die Entwicklung der Willenskraft der Hochschulausbildung. Die moralische Erziehung entspricht der Schule, die ihr vorausgeht. Aber nachdem die Willenskraft entwickelt ist, kommt eine andere Aufgabe, eine Pflicht, die man Gott und der Menschheit gegenüber zu erfüllen hat, indem man die so entwickelte Willenskraft anwendet.

II. 5. Ein Geheimnis bewahren

Die Fähigkeit, ein Geheimnis zu bewahren, entspricht dem Verdauungsvermögen des Bewusstseins. Wer ein Geheimnis nicht bewahren kann, gleicht einem Menschen, der seine Nahrung nicht verdauen kann. So wie Verdauungsschwäche eine Krankheit des Körpers ist, so ist das Ausplaudern eines Geheimnisses eine Erkrankung des Bewusstseins (mind). Das Bewusstsein ist ein fruchtbarer Boden: alles, was wir vor uns sehen, sind Produkte des Bewusstseins, von ihm erschaffen und hervorgebracht. Daher erweist sich ein Bewusstsein, das ein Geheimnis in sich aufnehmen und bewahren kann, als fruchtbares Land; ein Bewusstsein dagegen, dass ein Geheimnis nicht bei sich behalten kann, gleicht einer öden Wüste. Wer im Leben etwas vollbracht hat, hat es durch diese Kraft, die Kraft zu schweigen, vollbracht. Wer sein Leben vergeudet hat, hat es aus Mangel an dieser Fähigkeit vergeudet; bei aller Intelligenz, Gelehrsamkeit und Güte, die diese Menschen vielleicht besassen, erwiesen sie sich doch als oberflächlich. Je mehr man vom Geheimnis des Lebens weiss, desto mehr ist man geneigt, dieses Geheimnis zu bewahren. Und je mehr man das geheim hält, was man weiss, desto mehr offenbart sich einem das Geheimnis des Lebens.

Man hält natürlich alles geheim, was böse, hässlich und unangenehm ist, während man ebenso natürlich geneigt ist, alles das offen zu legen, was gut, wertvoll und schön ist. Doch auch dies, wenn still bewahrt, erweist sich mit der Zeit wie das Wunder eines in der Erde verborgenen Samens, der spriesst, wenn seine Stunde gekommen ist und seine Blätter, Blüten und Früchte entfaltet. Die Sufis haben manchmal den entgegengesetzten Weg eingeschlagen: all das Gute, dass sie taten, hielten sie geheim, ihre Fehler dagegen liessen sie wissen. In Persien gibt es eine Sufirichtung, *rind* genannt, die noch immer nach diesem Grundsatz leben. Es gibt einen Ausspruch der *rind*: Sei ein Liebender in deinem Innern, nach aussen aber werde gleichmütig; so ziemt. es sich, doch dies ist selten zu sehen in der Welt.

Wenn ein Mensch einen gewissen Grad spirituellen Fortschritts erlangt hat, wenn er die Fehler und Schwächen anderer als seine eigenen Fehler und Schwächen betrachtet, wenn er sich in die Lage eines andern zu versetzen vermag, wenn er im andern sich selbst sieht, dann fühlt er sich geneigt, den Fehler des andern, als wäre es sein eigener, vor der Welt zu verbergen.

Zu allen Zeiten hat man vom 'heiligen Wort' gesprochen, und dieses Wort wurde immer als ein grosses Geheimnis betrachtet. Das Geheimnis liegt in der Neigung, ein Geheimnis zu bewahren. Es liegt nicht in jedermanns Macht, ein Geheimnis zu bewahren. Denn das Geheimnis ist schwerer, als einen Elefanten zu heben. Der Charakterschwache wird von der schweren Last eines Geheimnisses zu Boden gedrückt. Wer diese Kraft nicht entwickelt hat, dessen Herz wird vom Geheimnis sozusagen erdrückt, und Erleichterung wird ihm erst dann, wenn er sich von dem Geheimnis befreit hat. Bis dahin leidet er darunter.

Man muss auch bedenken, dass die Kraft des Körpers nichts ist verglichen mit der Kraft des Bewusstseins (mind). Die Kraft dessen, der ein Geheimnis bewahrt, ist grösser als die Kraft eines Riesen, der Berge versetzt. Alles, was man zurückhält, bleibt erhalten, alles, was man preisgibt, wird verstreut.

II. 6. Bewusstsein (mind)

Das Bewusstsein entwickelt sich im Menschen zur Fülle, obwohl es in einer primitiven Stufe bereits in allen verschiedenen Aspekten der Schöpfung existiert. Das Wort 'Mensch' stammt vom Sanskritwort 'manas', das Bewusstsein bedeutet. Viele Psychologen haben angenommen, dass nur der Mensch ein Bewusstsein besitzt und dass das Tier kein Bewusstsein habe. Dem ist aber nicht so, selbst die Pflanzen haben ein Bewusstsein. Wo Gefühl vorhanden ist, da gibt es auch Bewusstsein.

Es gibt keinen Unterschied zwischen Herz und Bewusstsein, obwohl 'Herz' mehr ausdrückt als 'Bewusstsein'. Das Herz ist die Tiefe, die Oberfläche wird Bewusstsein genannt. Einfach ausgedrückt: die Tiefe des Bewusstseins ist das Herz, und die Oberfläche des Herzens ist das Bewusstsein. Das Bewusstsein ist ein Empfangsgerät für alles, dem es ausgesetzt wird. Es gleicht einem fotografischen Film, darum prägen sich ihm alle Zustände - glückliche wie unglückliche -, alle Taten, gute wie böse, alles Schöne und alles Unschöne, ein. Der erste Eindruck entsteht auf der Oberfläche, wird er im Bewusstsein bewahrt, gelangt er zur Tiefe des Herzens. Wie beim Entwickeln des fotografischen Films wird dadurch der Eindruck klar und tief eingeprägt. Aber der Film ist nicht kreativ, das Herz ist kreativ. Darum wird jeder Eindruck, der einmal das Herz erreicht hat, zu einem Samen in fruchtbarem Boden. Das Herz bringt alles wieder hervor, was es empfangen hat.

Es gereicht daher dem nörgelnden Menschen sehr zum Nachteil, dass er in allem, was er sieht, Fehler zu finden sucht, denn wenn er unfähig ist, unerwünschte empfangene Eindrücke sofort wieder abzuwerfen, was nicht immer so leicht ist, so wird er zu gegebener Zeit das Empfangene wieder reproduzieren. Es liegt in der menschlichen Natur, dass einem alles Böse in einem andern schlimmer erscheint, als es ist, dass man aber, wenn man selber das Gleiche tut, immer einen Grund hat, um sein Fehlverhalten zu verteidigen. Es ist als würde man durch die blosse Gewohnheit des Nörgelns an allem teilhaben, was einem am andern missfällt.

Für den Weisen, der sich über die gewöhnlichen Schwächen des menschlichen Lebens erhoben hat, macht es wenig aus, wenn er ein Fehlverhalten sieht, denn er ist derjenige, der nicht kritisiert. Die Weisen übersehen in der Regel alles, was unerwünscht erscheint, und dieses Verhalten des Übersehens hält die unerwünschten Eindrücke davon ab, in ihr Herz zu dringen. Der Mensch wie auch das Tier haben das natürliche Bestreben, das Herz vor Schmerz und Leid zu bewahren, aber das ist das äussere Herz. Wenn der Mensch nur wüsste, welchen Schaden sein Wesen dadurch erleidet, dass er jeden unerwünschten Eindruck ins Herz hineinlässt, so würde auch er das oben erwähnte Verhalten des Übersehens der Weisen annehmen.

II. 7. Der Gedanke

Der Gedanke ist eine Welle des Bewusstseins (mind). Der Unterschied zwischen dem Gedanken und der Imagination besteht darin, dass der Gedanke eine mit Absicht gelenkte Geistestätigkeit ist, während die Imagination eine Aktivität ist, die nicht zielgerichtet ist, sondern gleich den Wellen des Meeres mechanisch auftaucht. Sie hat daher eine geringere Kraft als der Gedanke. Zweifellos hat auch die Imagination eines Menschen mit starken Gemüts- und Gedankenkräften (mind) einen Einfluss und eine Wirkung; jedoch ein bewusst gelenkter Gedanke verbindet sich mit der Willenskraft, deshalb ist seine Macht so gross.

Ein klares Bewusstsein (mind) kann einen klaren Gedanken haben, darum hängt die Klarheit der Gedanken von der Reinheit und dem Wachsein der Zentren ab. Wenn die Organe des Körpers und besonders der Zentren nicht in einem reinen und normalen Zustand sind, dann ist einem der eigene Gedanke nicht klar und noch weniger der eines anderen Menschen. In Wirklichkeit ist der Mensch von Natur aus ein Gedankenleser; wenn er dies nicht vermag, ist etwas in seinem Körper und Bewusstsein nicht in Ordnung. Wem der eigene Gedanke klar ist, für den wird auch der Gedanke eines andern klar. Wer sich selbst nicht kennt, der kennt auch die anderen nicht.

Der Gedanke eines Menschen kann mit einem Gummiball verglichen werden. Er kann zu irgendeinem Punkt geworfen werden, den man zu treffen wünscht, aber es besteht auch die Möglichkeit, dass der so gelenkte Gedanke zurückprallt und den Werfer trifft. Ein Gedanke der Liebe, einem andern zugesandt, wird zurückkehren und einem selbst Liebe bringen. Das gleiche gilt vom Gedanken des Hasses.

Der Gedanke hängt vom Bewusstsein ab, so wie die Pflanze von der Erde abhängt, in die sie gesät wurde. Früchte und Blumen werden in der einen Bodenart süss und duftend, in einer andern fehlt ihnen die Süsse und der Duft. Deshalb erkennen die Weisen die Mentalität eines Menschen aus dessen Gedanken, sie wissen, aus welcher Art Boden sie entstammen.

So wie Wasser in der Tiefe der Erde gefunden wird, so ist die Liebe in der Tiefe eines jeden Herzens verborgen. Der Unterschiede besteht nur darin, dass das Wasser an einem Ort sich tief unter der Erde befindet, während es an einem andern ganz nahe an der Oberfläche zu finden ist. Und wie dieses Wasser die Erde fruchtbar macht, so lässt die Liebe den Grund, den wir Gemüt (mind) nennen, zu fruchtbaren Boden werden. Jeder Gedanke aus fruchtbaren und blühenden Boden muss irgendeine Frucht hervorbringen. Das Leben eines liebevollen Menschen ist wie ein Garten. Wenn es aber andererseits ein unfruchtbarer Boden ist, kannst du nichts von ihm erwarten als vulkanische Ausbrüche, - der Vulkan, der sich selbst und seine Umgebung zerstört. Jedes Element zerstörerischer Art in Form eines Dinges oder eines Wesens muss notwendigerweise zuerst sich selbst zerstören.

Um den Gedanken fruchtbar zu machen, bedarf es geistiger Kultur, vor allem die Zubereitung des Bodens. Die innere Kultur der Sufis beginnt mit dem Umgraben dieses Bodens. Mit dem Zikar ist ein Bearbeitungsprozess gemeint. Aber es geht nicht nur um die Übung, es gilt, sie im Leben zu leben. Dieses Umgraben des Bodens kann Rücksichtnahme genannt werden. Ständige Rücksichtnahme kultiviert den geistigen Boden. Dann muss man diesen Boden bewässern, und zwar mit dem Wasser der Liebe, die geschenkt und empfangen wird nach dem Prinzip: gib viel und verlange wenig. Wenn aus einem so kultivierten und bewässerten Boden Gedankenpflanzen aufkeimen, werden sie sicher süsse Früchte und duftende Blüten hervorbringen.

II. 8. Tawakul - Abhängigkeit von Gott

Abhängigkeit ist Natur und Unabhängigkeit ist Geist (spirit). Der unabhängige Geist wird durch die Manifestation abhängig. Wenn der Eine zu vielen wird, bemüht sich ein jeder Teil des Einen, weil begrenzt, sich von den andern Teilen helfen zu lassen, denn jeder Teil empfindet sich selbst als unvollkommen. Daher sind wir menschlichen Wesen, wie reich wir auch sein mögen, in Wirklichkeit arm wegen unserer Abhängigkeit von andern. Die spirituelle Sichtweise macht uns dessen bewusst, während die materielle Sichtweise den Menschen verblendet, der dann gegenüber seinen Mitmenschen Unabhängigkeit und Gleichgültigkeit zeigt. Stolz, Überheblichkeit und Eitelkeit sind die Folgen dieser Unwissenheit. Aber es gibt Augenblicke, in denen selbst ein König von einem ganz unbedeutenden Menschen abhängig ist. Manchmal bedarf man gerade der Hilfe eines Menschen, über den man sich erhaben glaubte und auf den man immer mit Geringschätzung herabgeschaut hat.

Ebenso wie das Individuum vom Individuum abhängig ist, sind Nationen und Rassen voneinander abhängig. So wie kein Einzelner sagen kann: „Ich kann ohne andere Menschen fertig werden", so kann auch keine Nation sagen: „Wir können glücklich leben, während andere Nationen im Unglück sind."

Aber der Einzelne wie die Menge hängen doch alle von Gott ab, in Dem wir alle Eins sind. Wer von Dingen der Erde abhängig ist, hängt sicher von vergänglichen Dingen ab und muss sie eines Tages - früher oder später - verlieren. Daher bleibt uns nur eine Abhängigkeit - Gott -, der nicht vergänglich ist, Der, der immer ist und immer sein wird. Saadi sagte: „Wer nur von Dir abhängig ist, wird nie enttäuscht werden."

Zweifellos ist es äusserst schwierig, sich von Gott abhängig zu fühlen. Für den Durchschnittsmenschen, der sich nie eine Vorstellung von der Existenz eines solchen Wesens wie Gott gemacht hat, Ihn nie gekannt, nie gesehen hat, sondern nur in der Kirche gehört hat, dass im Himmel jemand sei, den man Gott nennt, ist es schwierig, sich völlig von Ihm abhängig zu fühlen. Ein Mensch kann hoffen, dass es einen Gott gibt, dass seine Wünsche erfüllt werden, wenn er sich auf Ihn verlässt; er kann sich vorstellen, dass jemand da sein könne, den die Menschen Gott nennen, aber auch für ihn ist es schwierig, sich ganz von Gott abhängig zu fühlen. Für sie hat der Prophet gesagt: „Binde dein Kamel an und vertraue auf Gott." Zu Daniel wurde nicht gesagt: „Nimm dein Schwert und geh unter die Löwen." Der eine stellt sich Gott vor, ein anderer verwirklicht Gott; zwischen beiden besteht ein Unterschied.

Wer sich Gott vorstellt, kann hoffen, aber er kann nicht sicher sein. Wer Gott verwirklicht, befindet sich von Angesicht zu Angesicht mit seinem Herrn. Er ist es, der sich unbeirrbar auf Gott verlässt. Es handelt sich darum, ob man sich an der Oberfläche des Wassers abmüht oder mutig in die Tiefe taucht und den Meeresgrund berührt.

Es gibt keine grössere Prüfung für den Menschen als die Abhängigkeit von Gott. Wie viel Geduld braucht es, welches Mass an Glauben ist erforderlich, um inmitten der Welt der Illusionen zu leben und sich doch der Existenz Gottes bewusst zu sein. Um dies zu können, muss der Mensch fähig werden, alles was Leben heisst, in Tod zu umzuwandeln und in dem, was im allgemeinen Tod genannt wird, in jenem Tod das wahren Leben zu erkennen. Hier liegt die Lösung des Problems von Schein und Sein.

II. 9. Frömmigkeit

Unter Frömmigkeit verstehen die Menschen oft Orthodoxie, ein frommes Auftreten oder grosses Gutsein. Wirkliche Frömmigkeit bedeutet Reinheit. Frömmigkeit ist ein gesunder Geisteszustand. Ein Mensch mit gesundem Gemüt (mind) ist wirklich fromm. Fromm ist der Geist, der sich nicht ängstigt, der über den Sorgen und Beunruhigungen des Lebens steht, der Vorwürfe erträgt und der durch seine tief innere Freude selbst dem Körper das Gefühl der Leichtigkeit verleiht. Der Fromme fühlt sich gehoben; denn Frömmigkeit bedeutet Reinheit von allen irdischen Dingen und Zuständen, die den Menschen abwärts ziehen. Wenn der Mensch sich körperlich leicht und im Herzen freudig fühlt, wird seine Seele erhoben, - das ist ein Zeichen der Frömmigkeit. Ist aber dieses Gefühl in einem Menschen nicht vorhanden, ist alles Gute in ihm nutzlos, sein Wissen ohne Wert, seine Religion, seine Gebete sind vergebens.

Religion, Gebet oder Meditation sind Methoden, um die innere Freude, die des Menschen göttliches Erbteil ist, an die Oberfläche zu bringen. Die Sufis brauchen andere Worte als die Orthodoxen, um ihre spirituellen Gedanken auszudrücken. Anstatt einen Menschen fromm zu nennen, sagen sie von ihm, er sei *Khuanda Pishani*, die lächelnde Stirn. Das bedeutet, dass seine Stirn lächelt, selbst wenn seine Lippen nicht lächeln. Wie wahr ist es doch, dass, ehe man weint oder lacht, die Augenbrauen das Kommende ankündigen. Das ist mit dem Wort ‚Ausdruck' gemeint. Es gibt eine innere Freude, eine göttliche Empfindung, die wie ein Wasserstrahl in einem Springbrunnen aufsteigt und sich in vielen Formen zeigt, - im Lächeln, in Tränen, in Worten, im Schweigen. Der Mensch drückt sie in Tanz und Gesang aus; seine Stimme, seine Sprache, seine Gebärde, all das wird zum Ausdruck seiner Frömmigkeit.

Hafis spottet über die langgesichtigen Frömmler, die vor lauter Rechtgläubigkeit sauertöpfisch geworden sind und Singen und Tanzen mit Verachtung betrachten:

> „Wenn die Frommen meine Lieder hörten,
> würden sie aufspringen und zu tanzen beginnen".

Dann fährt er fort und sagt:

„In der Trunkenheit sagt Hafis manchmal Dinge,
die er nicht hätte sagen sollen.
O du Frommer, ich bitte dich, dies zu übersehen."

Die Frömmigkeit des Sufis ist himmlische Freude, die der wahre Schatz der Seele ist, und es kommt nicht darauf an, ob sie auf religiöse oder unreligiöse Weise erlangt wird, wenn sie nur erlangt wird. Sie ist das, was dem Sufi am wertvollsten ist.

II. 10. Spiritualität

Es ist sehr belustigend zu sehen, wie viele verschiedenen Bedeutungen die Menschen mit dem Wort 'spirituell' verbinden. Einige halten Spiritualität für grosse Güte, einige meinen damit Melancholie, für einige bedeutet sie ein elendes Leben, andere denken, Spiritualität habe mit der Verbindung mit Geistern zu tun, oder betrachten sie als eine Art von Wundertätigkeit und Zauberkunst. Jede gute oder schlechte Kraft, solange sie eine Kraft darstellt, wird oft für eine spirituelle Kraft gehalten. Schliesslich verbinden viele den Gedanken der Spiritualität mit einer religiösen Autorität. Dabei ist sie doch das allereinfachste, wenn man sich bemüht, sie als das sich Erheben über die Vielfältigkeit zu verstehen. Spiritualität ist das Gegenteil von Materialismus. Wer nur Materie kennt, ist materiell. Wer sich auch des Geistes bewusst wird, ist spirituell.

Wer denkt, 'Ich bin mein Körper' und nicht weiter blickt, ist materiell. Er könnte genau so gut sagen, 'Ich bin mein Gewand', und wenn das Gewand abgetragen ist, könnte er sagen, 'Ich bin tot'. Wer sich des Geistes bewusst ist, für den ist der Körper ein Gewand, und so wie man beim Ablegen seines Gewands nicht stirbt, so wird die geistbewusste Seele auch beim Tod ihres Körpers nicht sterben. Es ist der spirituelle Mensch, der mit der Zeit Unsterblichkeit erlangen wird. Er braucht nicht viel zu studieren, um sich selbst zu beweisen, dass er Geist ist, denn ein Studium wird ihn niemals überzeugen. Der Geist muss sich seiner selbst bewusst werden. Die Seele ist ihr eigener Zeuge, nichts anderes vermag die Seele ihres eigenen Wesens gewahr werden lassen.

Die ganze Arbeit des Sufis, die er einen inneren Kult nennt, besteht in der Vergegenwärtigung der Seele. Sie wird dadurch vergegenwärtigt, dass sie sich über die Materie erhebt, doch ist es die Bedingung, dass man sie nur erkennen kann, indem man durch die Materie hindurchgeht. So wie der Brunnen notwendig ist, um das Wasser steigen zu lassen, so ist der physische Körper für die Selbsterkenntnis der Seele notwendig. Das Wasser, das still in der Tiefe des Brunnens ist, erlebt sich selbst steigend und in sich zurükkfallend, und darin liegt seine Freude. Das gleiche Bild gilt für den Zustand von Geist und Seele. Es ist die Seele, die als Geist aufwärts strebt und in sein eigenes Sein fällt. Die Erkenntnis des Geistes in dieser Freude kann allein Spiritualität genannt werden.

Gatha III

III. 1. Einstellung

Das Wesentlichste im Leben ist die Einstellung. Nicht die Lebensumstände verändern unser Leben, unser Glück oder Unglück hängen am meisten von unserer Einstellung dem Leben gegenüber ab. Mit einer mitfühlenden Einstellung ist man imstande, sowohl mit sympathischen wie mit unsympathischen Menschen Mitgefühl zu empfinden. Es hängt nicht davon ab, ob die Menschen es verdienen oder nicht, sondern weitgehend von der Einstellung, mit der sie gesehen werden.

Für jemanden, der vom Unrecht beeindruckt ist, gibt es mehr Unrecht in der Welt und weniger Recht. Je mehr er mit dieser Einstellung das Leben betrachtet, desto mehr Unrecht sieht er; schliesslich erscheint ihm alles schlecht zu sein. Es ist eine Art von innerer Erregung gegenüber etwas Unrechtem, dem ein Mensch im Leben begegnet war, das ihn in nun in allem das Unrecht sehen lässt. Wer seine Lippen einmal mit heisser Milch verbrannt hat, wird sogar Buttermilch abkühlen, ehe er davon trinkt. Das menschliche Gemüt (mind) gleicht einem Kompass, der, einmal falsch eingestellt, stets eine falsche Stellung zeigt, wie man ihn auch halten mag. Genauso verhält sich ein misstrauischer Mensch. Wer zunächst nur seinem Feind misstraut, wird als nächstes an seinem Freund Zweifel haben, bis er schliesslich seinen nächsten und liebsten Freunden im Leben misstraut. Er kann sein Gemüt nicht mehr veranlassen, irgendjemanden zu vertrauen. Man könnte sich ihm in der besten Absicht nähern, man könnte ihm auf alle Arten Sympathie bekunden, er würde dennoch denken: „Vielleicht ist in dieser Sympathie eine Feindseligkeit verborgen." Im allgemeinen steht es um die Menschen so, dass ihre Einstellung fixiert wird. Dies ist recht allgemein so, nicht etwa eine Ausnahme. Wer aber vertraut, wird jedermann unter allen Umständen vertrauen. Wer Ideale hat und das Gute sieht, wird das Gute sehen und es idealisieren, selbst in jemandem, der es nicht verdient.

Ohne Zweifel ist eine positive fixierte Einstellung der negativen vorzuziehen, aber am wünschenswertesten wäre es, eine unfixierte, bewegliche Einstellung zu haben. Man sollte frei seine Meinung über jemanden bilden können oder den Umständen gemäss eine gewisse Arbeitsmethode annehmen können, ohne seine Einstellung Vorurteilen unterwerfen zu müssen, die man im Unterbewusstsein hat. Man sollte fähig sein, etwas annehmen oder ablehnen zu können, etwas gern oder ungern zu haben, etwas zu wählen oder aufzugeben. Güte ist besser als Bosheit, aber Freisein steht höher als Güte. Mit Freisein ist nicht nur die Freiheit von äusseren Einflüssen gemeint, sondern auch die Freiheit von gewissen inneren Einflüssen, die unser Leben beherrschen können und es oft in allen Bedingungen elend und unglücklich machen.

Die Einstellung wird hoch und weit, wenn man das Leben von einem höheren Standpunkt aus betrachtet. Wenn der Standpunkt nicht hoch ist, wird der Blickwinkel des Menschen eingeschränkt. Der Mensch wird in seiner Ansicht über das Leben eng, und in seinen Gefühlen, Gedanken, Worten und Taten drückt sich das gleichermassen aus. Warum stellt man sich Gott im Himmel vor? Warum nicht auf der Erde, wo Gott doch überall ist? Die Ursache liegt darin, dass das ganze Universum aus der Sicht Gottes wie ein kleines Samenkorn erscheint, geradeso wie jemand, der in einem Ballon fliegt und aus der Höhe hinabschaut, die ganze Stadt in seinem Gesichtskreis hat, steht er aber auf der Erde, vermag er kaum über seine vier Wände hinausschauen, die die ganze Welt vor seinen Augen verdecken.

Was bedeutet es, spirituell oder göttlich zu werden? Es heisst, das Leben von einem höheren Standpunkt aus zu betrachten. Es ist dieser höhere Ausblick auf das Leben, der die Seele veredelt. Durch diesen weiten Ausblick über das Leben wird die spirituelle verwirklicht.

III. 2. Mitgefühl

Mitgefühl ist das Erwachen des Liebeselements, das sich im Menschen regt, wenn er einen Mitmenschen in der gleichen Situation sieht, in der er sich in seinem Leben selbst einmal befunden hat. Ein Mensch, der nie Schmerz erfahren hat, kann mit anderen, die Schmerzen erleiden, nicht mitfühlen. Ebenso kann jemand für einen andern Mitgefühl empfinden, dessen Ehre oder Ansehen verletzt wurde. Wer selbst keine Ehre oder kein Ansehen hat, würde sich nicht darum kümmern, weil er nicht weiss, was sie bedeuten und was es heisst, sie zu verlieren. Ein Reicher, der sein Vermögen verloren hat, kann von jemanden, der selbst nie Geld besessen hat, verlacht werden. Teilnahme wird er bei dem finden, der selbst reich ist, und noch mehr bei jemanden, der reich war und sein Geld verloren hat.

Häufig glauben junge Menschen, dass sie ihre Mutter lieben und ihre Eltern verstehen, aber sie können deren Liebe erst dann völlig ermessen, wenn sie selbst Eltern sind. Oft halten Menschen ihre Freunde für unfreundlich, ja grausam, wenn sie kein Mitgefühl von ihnen empfangen, denn sie wissen nicht, dass für Mitgefühl nicht nur ein warmes Herz erforderlich ist, sondern auch die eigene Erfahrung, die sie erinnert und mitfühlend werden lässt. Mitgefühl ist mehr als Liebe und Zuneigung, denn es ist das Wissen um einen gewissen Schmerz, der in einem lebendigen Herz Anteilnahme erweckt.

Jener Mensch lebt, dessen Herz lebendig ist, und nur das Herz lebt, das zum Mitgefühl erwacht ist. Ein Herz ohne Mitgefühl ist schlechter als ein Stein; denn ein Stein kann nützlich sein, aber ein gefühlloses Herz erweckt Abneigung. Der Mensch ist physisch und geistig sehr aktiv, ist sein Herz jedoch nicht auf Mitgefühl gestimmt, kann seine geistige und physische Tätigkeit eine verkehrte Richtung nehmen, die zur Disharmonie und Zerstörung führt.

Liebe, Zuneigung und Mitgefühl ohne Weisheit mögen unfruchtbar sein. So hört z. B. ein Mensch seinen Freund vor Schmerzen weinen und weint voller Mitgefühl mit ihm und vergrössert so seinen Schmerz. Mitgefühl ist nur dann von Nutzen, wenn es die Situation des Menschen, mit dem man fühlt, nicht verschlimmert, sondern verbessert. Das Mitgefühl muss im Innern sein und braucht sich nach aussen nicht nur als Empfindung zu äussern, sondern als helfende Tat, um den Zustand des Leidenden zu verbessern.

Viele Eigenschaften im menschlichen Herzen werden göttlich genannt, aber unter ihnen ist keine grösser und edler als das Mitgefühl, durch das Gott sich in menschlicher Form manifestiert.

III. 3. Das Wort ‚Sünde'

Viele fragen sich, ob Sünde eine Haltung oder eine Tat, eine Situation oder ein Ergebnis sei, und die Antwort ist, dass dies alles zusammen entweder eine Tugend oder eine Sünde ausmacht. Das Fehlen einer dieser Faktoren macht sie unvollständig, aber alle zusammen machen erst eine vollständige Tugend oder Sünde aus.

Nun fragt es sich, woher sie stammt, welches ihre Quelle ist? Die Antwort lautet, dass ihr Ursprung im falschen Denken liegt. Falsches Handeln kommt vom falschen Denken, und falsches Denken kommt vom falschen Fühlen. Doch ist es schwierig, zwischen falschem und richtigem Fühlen zu unterscheiden. Ich möchte das Wort kurz so definieren: jede Haltung, jedes Wort oder jede Tat, die uns das erwartete Ergebnis vorenthält, - das Ergebnis, das nicht nur vom Verstand (mind) erwartet wird, sondern auch von der Seele, kann Sünde genannt werden. Das, was einem den Frieden, die Freiheit, das Glück, die Gemütsruhe und eine ständig zunehmende Willenskraft raubt, kann Sünde genannt werden, was auch immer der Vorgang sein mag. Es mag ein Handeln sein, das alle Orthodoxen Tugend nennen, und doch kann es keine Tugend sein. Warum wird eine Tugend ‚Tugend' genannt? - Weil sie glücklich macht, nicht weil sie in einem bestimmten Handeln besteht, sondern weil sie uns das bringt, wonach unser ganzes Wesen verlangt. Sie bringt Freiheit, sie bringt einen Hauch von Glück, sie vermittelt durch einen gewissen Druck auf die Psyche eine zunehmende Willenskraft, darum wird sie Tugend genannt. Darum kann kein Mensch auf der ganzen Welt einen anderen Menschen beurteilen, sei er ihm in der Entwicklung überlegen oder unterlegen; der Mensch selbst ist der beste Richter seines Tun.

In den Botschaften der Vergangenheit war es notwendig, der Welt gewisse Standardtugenden als Gesetz aufzustellen, erlassen von den Propheten Gottes, aber in dieser Zeit ist das nicht nötig. Die Sufibotschaft bringt der Welt kein Gesetz, das einfach sagt, was richtig oder falsch ist, sondern es ist der Grundsatz der Botschaft im Geiste derjenigen, die sie empfangen, den Sinn für die Erkenntnis von richtig und falsch zu wecken, die sie zum Meister über ihr Schicksal macht. Durch ihre Verwirklichung kann ihr Fortschritt auf dem geistigen Pfad viel grösser werden, verglichen mit denen, die während der Zeit der Propheten in ihrer Lebensführung von dem Gesetz der Propheten abhängig waren, das die Priester ausführten. Dies bringt die Sufibotschaft nicht. Sie bringt den Geist der Freiheit, einen Hauch von Glück, die Freude gesteigerter Willenskraft, die für jene eine Freiheit erschliesst, die selbst den Unterschied zwischen richtig und falsch erkennen können, wodurch die Entwicklung der Menschheit einen Schritt weitergebracht wird gegenüber dem vorhergehenden.

Nach einer gewissen Zeit wird das gleiche Prinzip, das die Sufibotschaft der Welt gebracht hat, einen Höhepunkt erreichen und als Gesetz zwischen den Nationen erscheinen, denn die Botschaft ist wie eine Saat. Jetzt sehen wir die Frucht und die Blätter noch nicht, jetzt sehen wir nur die Saat, die versteckt unter dem Staub auf der Erde liegt. Aber mit der Zeit wird sich der Baum mit seinen Früchten und Blättern zeigen. Wenn die Nationen das göttliche Gesetz und das Gesetz der Zeit erkennen werden, dann wird die Menschheit nicht länger durch Gesetze regiert werden, die von einigen Intellektuellen für ihre Bequemlichkeit geschaffen wurden und die sie für richtig halten, sondern das Gesetz wird die göttliche Weisung erkennen, die ständig in jeder Seele wirkt, sie auf dem Pfad leitet und ihr den Weg zu ihrer Bestimmung zeigt. Wenn diese Zeit kommt, wird kein Bedürfnis für so viele ‚Gesetze und entsprechend den Gesetzen für so viele Juristen, so viele Gerichte, immer mehr Gefängnisse und zahllose Gefangene mehr bestehen. Es wird keine Notwendigkeit mehr für strenge Gesetze und schwere Strafen geben.

Wenn man nur sehen könnte, dass unter hundert Menschen, die von Gerichten verurteilt werden, kaum einer schuldig und für sein Vergehen verantwortlich ist. Wenn es einen Verantwortlichen gibt, so sind es alle Menschen. Warum arbeiten wir nicht alle daran, warum helfen wir ihnen nicht, das Licht in ihrer Seele anzuzünden, das ihnen ihren Weg deutlich zeigen würde? Nicht nur der Geistliche, der Priester sollte für die Entwicklung eines jeden Einzelnen verantwortlich sein. Wir alle müssen einem jeden Bruder und Schwester sein. In der Verwirklichung der Brüder- und Schwesterlichkeit in der Vaterschaft Gottes müssen wir es als unsere Pflicht, als unsere heilige Aufgabe betrachten, in unserem Bruder, unserer Schwester mit Liebe, Respekt, Bescheidenheit und Demut jene Kraft des Verstehens für das, was wirklich zu seinem Besten ist, was ihm wirklich nützen kann, zu wecken. Dies ist nicht die Aufgabe eines Einzelnen, es ist die Aufgabe eines jeden Menschen. Wenn jeder von uns seinen Teil an der Arbeit für die Botschaft in Betracht zieht und es durch das eigene Beispiel in der Welt zeigen würde, würden wir eine grosse Pflicht gegenüber Gott und der Menschheit erfüllen.

III. 4. Menschlicher und göttlicher Wille - Qadr und Qaza

Die Frage, was menschlicher und was göttlicher Wille ist, kann von zwei Standpunkten aus betrachtet werden: von dem der Weisheit und von dem der letzten Wahrheit. Wenn Worte etwas erklären können, so ist dies nur vom ersteren Standpunkt aus der Fall. Der letztere lässt keine Worte zu, denn die absolute Wahrheit kennt keine Dualität, sondern nur das E i n e.

Vom Standpunkt der Weisheit aus gibt es einen Schwächeren und einen Stärkeren, und der eine muss sich der Macht des anderen unterwerfen. Dies erkennt man in allen Aspekten der Schöpfung. Der kleine Fisch wird vom grösseren gefressen, aber auch der kleine Fisch lebt von noch kleineren Fischen. So gibt es kein Wesen in dieser Welt, das so stark ist, dass es nicht einem noch stärkeren begegnete. Und niemand auf der Welt ist so schwach, dass es nicht noch einen schwächeren gäbe.

Doch es gibt noch etwas anderes zu bedenken: es sind dies die Hindernisse und Widerstände, die sich einem strebenden Menschen mit guten Willen gleich Mauern entgegenstellen und ihm bei jedem Wunsch, etwas zu unternehmen und zu erreichen, den Weg versperren. Diese Erfahrung hat den Menschen veranlasst zu sagen: „Der Mensch denkt, und Gott lenkt."

Die Hindu-Philosophen haben diese beiden grossen Kräfte, von denen die eine gleichsam der Schöpferwille und die andere die Macht der Zerstörung ist, die Namen *Brahma* (Schöpfer) und *Shiva* (Zerstörer) gegeben. Und das Wunderbarste in dieser Schöpfung und Zerstörung besteht darin, dass das, was Brahma in tausend Jahren erschaffen hat, Shiva in einem einzigen Augenblick zerstört. Da Gott allmächtig ist, erblicken die Weisen die Hand Gottes in der grösseren Macht, die sich entweder in einer einzelnen Persönlichkeit oder durch gewisse Verhältnisse oder Situationen offenbart, und anstatt all zu sehr gegen die Schwierigkeiten im Leben anzukämpfen und über unvermeidbare Verluste zu klagen, ergeben sie sich in den Willen Gottes.

Kurz gesagt, alles was ein Mensch plant und wünscht, dass es sich erfüllen möge, entspringt gewöhnlich seinem persönlichen Willen. Wird sein Wille dann von dem Willen aller anderen unterstützt, mit denen er auf dem Weg zum Erreichen eines bestimmten Ziels in Berührung kommt, so bedeutet dies, dass Gott ihm hilft. Da nun jeder Wille in die Richtung seines Willens geht, so wird dieser gestärkt, und so kommt es, dass ein solcher Mensch Dinge vollbringen kann, die vielleicht tausend andere nicht zu vollbringen vermögen. Ein anderer dagegen findet bei seinen Ideen und Wünschen von allen Seiten Widerstände. Alles scheint fehlzuschlagen, und doch treibt ihn ein innerer Drang auf den Weg zum Erreichen seines Ziels. Auch er wird durch Gottes Hand geführt und auf seinem Pfad vorwärts gedrängt, und trotz aller scheinbaren Hindernisse zu Beginn seines Strebens, ist doch alles gut, was gut endet.

Die heiligen Seelen, die es als ihre Religion betrachten, nach Gottes Wohlgefallen zu suchen und sich in Seinen Willen zu ergeben, sind wahrhaft gesegnet. Ihr Wesen ist allen angenehm, gewissenhaft unterlassen sie alles, was andere verletzen könnte. Geschieht es einmal, dass sie aus Versehen jemanden gekränkt haben, dann haben sie das Gefühl, Gott selbst gekränkt zu haben, nach dessen Wohlgefallen sie doch ständig streben, weil das Glück ihres Lebens einzig darin besteht. Sie achten auf jeden Menschen, auf alle Situationen und Verhältnisse, und durch diese genaue Beobachtung des Lebens schulen sie ihr Herz, geradeso wie ein Musikliebhaber seine Ohren mit der Zeit so schult, dass er zwischen einem jeden richtigen und falschen Ton unterscheiden kann. So fangen sie an, bei jedem Wunsch, der sich in ihrem Herzen regt, zu erkennen, ob er mit Gottes Willen im Einklang ist. Manchmal spüren sie es augenblicklich, manchmal erkennen sie es auf halbem Weg und gelegentlich erst nach beendigtem Kampf. Doch selbst dann, wenn sie am Ende sind, wird ihnen ihre Bereitschaft, sich in den Willen Gottes zu ergeben, zum Trost, selbst angesichts einer Enttäuschung.

Das Geheimnis, den Willen Gottes erkennen zu können, besteht in der Entwicklung der Fähigkeit, die Harmonie zu erspüren; denn Harmonie ist Schönheit, und Schönheit ist Harmonie. Der Schönheitsliebende wird im Laufe seiner Entwicklung immer mehr nach Harmonie suchen, und indem er ständig versucht, die Harmonie zu bewahren, wird er sein Herz mit dem Willen Gottes in Einklang bringen.

III. 5. Meinung

Eine Meinung ist das Ergebnis des Denkens. Sie ist ein Ausdruck der Fähigkeit, zu erwägen und zu urteilen, und sie entspricht der Entwicklung des individuellen Denkvermögens (mind). Meinungen prallen aufeinander, wenn zwei Menschen mit unterschiedlicher Entwicklungsstufe ihre Ansichten äussern. Darum sind die Weisen zurückhaltend im Äussern ihrer Ansichten, während es dem Törichten leicht fällt. Der Narr ist nur zu gern bereit, seine Meinung ungefragt kundzutun. In früheren Zeiten gehörte es zur guten Erziehung, den Kindern zu lehren, mit dem Äussern ihrer Meinung zurückhaltend zu sein.

Sehr oft setzt man sich, indem man seine Ansicht oder genauer, seine Meinung über andere Menschen ausspricht, selbst dem Urteil der anderen aus. Sobald ein Mensch seine Meinung ausgesprochen hat, wissen alle anderen, vor allem jene, die ein Gespür dafür haben, welche Grundhaltung er im Leben vertritt. Dies heisst nicht, dass man keine Meinung haben soll. Das würde soviel heissen wie, dem Menschen das Denken zu verbieten. Wo es ein Denkvermögen gibt, wird es auch eine Meinung geben.

Geschieht es einem intelligenten Menschen nicht häufig, dass er sobald er eine Meinung geäussert hat, erkennt, wie töricht es war, sie kundzutun? Oft spricht man aus Nervosität, Mangel an Selbstbeherrschung oder Geduld seine Meinung aus. Jene Meinung ist wertvoll, um die gebeten wird. Wenn jemand gefragt hat: „Bitte, sag mir, was du davon hältst?" - dann wird die Meinungsäusserung zur Antwort auf die Bitte.

Manchmal ist die eigene Meinung nur die Stimme des Stolzes, und manchmal ist sie durch Vorliebe oder Ablehnung gefärbt, oder es fehlt die Sachkenntnis. Deshalb fragt sich der Weise, ob er genügend Wissen über das Thema besitzt, zu dem er seine Meinung äussert. Wenn man berücksichtigt, dass man oftmals nicht weiss, welche Wirkung eine Meinungsäusserung auf den Hörer hat, welche wünschenswerte oder unerwünschte Reaktion sie auslösen kann, würde man sicher mehr darüber nachdenken, ehe man sie äussert.

In der Sufi-Terminologie gibt es eine Redewendung, *'dakhl dar makulat'*, was bedeutet 'Einmischung beim Sachverständigen'. Als Krankenschwester dem Chirurgen während seiner Arbeit Anweisungen geben, als Gerichtsschreiber dem Richter, während er einen Fall behandelt, als Musikstudent den Komponisten sagen, wie er eine bestimmte Komposition schreiben soll; all dies ist mit jenem einem Satz gemeint. Wenn man bedenkt, welches Studium, wie viel Übung und Erfahrung es erfordert, um in jedweder Art von Arbeit ein gründliches Wissen zu erlangen, und man sich auch bewusst wäre, wie viel ein Mensch, der ein gewisses Alter erreicht hat, durchzumachen und zu lernen hatte, dann wäre man sicher zurückhaltender im Urteil dem Sachverständigen und dem Alter gegenüber.

Ohne Zweifel gibt es Menschen mit einem Bewusstsein (mind), die von Kindheit an jene Brillanz besitzen, die ein anderer in seinem ganzen Leben nicht erreichen kann, und es gibt Genies, die schon in der Jugend Fähigkeiten besitzen, die bei Fachleuten kaum gefunden werden können. Aber selbst solche begabten Seelen bedürfen der Zurückhaltung. Ich habe solche Vielversprechenden gesehen, die trotz all ihrer Energie, ihres Enthusiasmus und Wissens behutsamen Schrittes durchs Leben gingen und immer wieder innehielten, um nicht das Falsche anstatt des Richtigen zu tun.

Was ist Sufismus? - Es ist Weisheit. Weisheit zu erlernen bei jedem Schritt aus dem Lebensweg ist die einzige Aufgabe des Sufi.

III. 6. Gewissen

Das Gewissen registriert nicht nur unsere im Leben gewonnenen Erfahrungen und Eindrücke, sondern es ist auch eine lebendige Stimme des Herzens, die alles, was im Herzen ist, sozusagen im Licht der Gerechtigkeit tanzen lässt. Deshalb ist das Gewissen eine Welt im Menschen, - eine Welt so voller Leben wie die, in der wir leben, sogar noch lebendiger als diese; denn die Welt des Gewissens ist unvergänglich, die äussere Welt dagegen ist vergänglich. Die Worte 'verbergen' oder 'verdecken' in bezug auf bestimmte Dinge gelten nur für unser begrenztes Verstehen. Tatsächlich kann nichts verdeckt oder verborgen sein, da das Leben aus Ursache und Wirkung besteht. Jede äussere Erfahrung hat ihre Wirkung im Innern, jede innere Erfahrung hat ihre Wirkung auf das äussere Leben. Im Koran heisst es: „Ihre Hände und Füsse werden von ihren Taten zeugen." Vom metaphysischen Standpunkt aus kann dieser Gedanke so erklärt werden: Jede äussere Handlung hat eine innere Wirkung, und jede innere Handlung hat ein äussere Wirkung.

Je feiner ein Mensch ist, desto feiner ist auch sein Gewissen; ein grobes Wesen lässt auch das Gewissen unempfindlich werden. Aus diesem Grunde ist ein Mensch gewissenhafter in seinem Tun als ein anderer, der eine bereut seine Fehler und Schwächen tiefer als ein anderer. Doch das Merkwürdigste, was man bei den Lebensgesetzen beobachten kann, ist, dass der Schöpfungsplan dahingeht, den Gewissenhaften für sein Unrecht Tun strenger zur Rechenschaft zu ziehen als den gewöhnlichen Menschen, der nie überlegt, was er sagt oder tut. Es könnte scheinen, als ob selbst Gott sein Unrecht Tun übersähe. Vom metaphysischen Gesichtspunkt aus ist Gott in der Seele eines Gewissenhaften erwacht, während er in der Seele eines anderen noch schlummert und den Geschehnissen keine besondere Beachtung schenkt.

Würden wir unser eigenes Gewissen beobachten, so würden wir nicht länger nach Wundern dürsten; denn es gibt kein grösseres Wunder, als was sich in unserem Innern abspielt, wo Ursache und Wirkung einer jeden Lebenserfahrung Gestalt annimmt und sich unseren Blicken auf die verschiedenste Weise offenbart. Ein reines Gewissen verleiht die Kraft eines Löwen, ein schuldiges Gewissen dagegen kann einen Löwen in einen Hasen verwandeln.

Doch wer ist in unserem Gewissen der Richter? In den Sphären des Gewissens begegnen sich die menschliche Seele und der Geist Gottes und werden eins. Für die vollerwachte Seele kommt daher das Jüngste Gericht nicht erst nach dem Tod, für sie ist jeder Tag ein Tag des Gerichts.

Ohne Zweifel ist das Empfinden für Recht und Unrecht für jedes Bewusstsein verschieden. Was für den einen Recht bedeutet, kann für den anderen Unrecht sein und umgekehrt. Das Gesetz des Handelns ist zu komplex, um in Worten ausgedrückt zu werden. Jeder Schritt vorwärts gibt eine gewisse Handlungsfreiheit, und je weiter jemand auf dem Pfad der Wahrheit voranschreitet, desto grösser wird seine Freiheit mit jedem Schritt.

Doch kein Individuum lebt sein Leben innerhalb der vier Wände seines persönlichen Selbst. Jeder Mensch ist mit tausend Banden mit den anderen verbunden, seien sie ihm bekannt oder unbekannt. Deshalb hat die Seele nicht nur auf sich selbst zu achten, sondern auf alles Seiende; denn jede Seele ist ein Teil des ganzen Schöpfungsplans. Das Gewissen ist die Prüfung, das jener inneren Harmonie Ausdruck verleihen kann in allem, was jemand denkt, sagt oder tut, und so die Seele auf den rechten Ton gestimmt hält.

III.7. Konventionen

Gesellschaftliche Formen sind ohne Zweifel vom Menschen gemacht, wie Kunst vom Menschen gemacht wird. Doch wie die Kunst die Vollendung der Natur ist, so liegt in den Konventionen die Vollendung der Zivilisation. Gesellschaftliche Formen sind nicht ererbt, sondern erworben, doch die Neigung zu guten Umgangsformen ist wohl ererbt. Kinder aus Familien, in denen man seit Generation auf gute Umgangsformen wert legt, werden mit einer Neigung dazu geboren. Es ist für sie natürlich, sie zu erlernen, auch empfinden sie sie nicht als wesensfremd.

Doch sollte ohne Zweifel jegliche Übertreibung im Guten wie im Bösen vermieden werden. Die Natur hat soweit geholfen, bis die Seele auf der Erde geboren wird. Dann setzt die Erziehung ein, in der die Erfüllung der Lebensaufgabe liegt. Konventionen sind nicht das Ziel. Doch bildet das, was die Zivilisation ausmacht, eine Brücke, die mit der Lebensaufgabe verbunden ist. Konventionen verlieren ihren Wert, wie dies alle Dinge tun, wenn ihnen die Aufrichtigkeit fehlt, denn Aufrichtigkeit ist die Seele jeder Tugend.

Nun erhebt sich die Frage: Was sind Konventionen? – Sie bestehen aus Regeln der Umgangsformen, die im Leben für die Bequemlichkeit und das Wohlergehen der Menschen gebraucht werden. Alles, was vom Menschen geschaffen wird, ist so unvollkommen wie er selbst. Wollte man deshalb versuchen, die Mängel der gesellschaftlichen Formen zu finden, könnte man sie zu allen Zeiten der Weltgeschichte finden. Doch sind zu allen Zeiten die zivilisiertesten Menschen auch die konventionellsten gewesen.

Zu Zeiten der Aristokratie nahm die Konventionalität in allen Teilen der Welt zu und wurde zum Hauptanliegen der Erziehung. Als sich die Revolte gegen den Geist der Aristokratie erhob, wurde alles – Gutes und Schlechtes -, was die Aristokratie ausmachte, verdammt. Welche Richtung die Reformbestrebungen der Menschen auch einschlagen mögen, können sie doch nicht frei sein von Konventionen und dabei Fortschritte machen. Die beides kann nicht getrennt werden. Was getan werden kann, ist, die eine Form der Konventionalität zu zerbrechen und eine andere Form aufzubauen, - die erste Form Konventionalität nennen und die nächste Freiheit, - es kommt alles aufs Gleiche heraus.

Dabei muss in Betracht gezogen werden, dass Freiheit das Ziel der Seele ist. Wenn man sich über die Konventionen erheben kann, ohne sie zu beeinträchtigen, um die Luft der Freiheit zu atmen, wäre dies die wahre Demokratie. Demokratie ohne Kultur kann sehr wohl Anarchie genannt werden.

Doch gibt es zwei Gesetze, die vertieft betrachtet, nützlich sein könne, um ein richtiges Leben zu führen. Das eine besteht darin, danach zu streben, Schönheit, Komfort, Glück und Frieden für sich selbst im Leben zu erlangen; das andere darin, diese Dinge mit anderen zu teilen, - und hier kommt das Bedürfnis nach Konventionen. Wer ein Sklave der Konventionen ist, wird zu deren Gefangenen. Wer sie meistert, wird zum Herrscher in jenem Königreich, von dem in der Bibel gesagt wird: „Gesegnet sind die Sanftmütigen, denn sie werden das Erdreich besitzen."

III. 8. Leben

Das Leben, das wir kennen, ist unser eigenes Leben, deshalb stehen die Natur und das Wesen des ewigen Lebens über dem Erkenntnisvermögen des Menschen. Damit ist nicht gemeint, dass der Mensch nicht imstande ist, das tiefere Leben zu erkennen, sondern nur, dass sein Wissen vom Leben auf der Kenntnis seines eigenen Lebens beruht. Der Unterschied zwischen dem Leben, dass der Allgemeinheit bekannt ist und dem unbekannten Leben, ist der zwischen Illusion und Wirklichkeit. Der Mensch spottet über den

Gedanken, dass alles äussere Leben Illusion sei. Erst wenn er in seine Tiefen dringt und Vergleiche zieht, versteht er, dass dieses der Veränderung, der Geburt und dem Tod unterworfene Leben ein Leben und doch kein Leben ist. Es gleicht der Luftblase im Meer. Die Luftblase i s t , und doch Wirklichkeit mit dem Meer verglichen ist sie nicht. Doch können wir nicht sagen, dass sie nicht ist; denn sie taucht wieder in dasselbe Meer ein, aus dem sie aufgestiegen war. Sie verschwindet nicht, sondern kehrt zu ihrem eigenen Ursprung und ihrem eigenen Wesen zurück.

Die Art unseres eigenen Lebens kann besser verstanden werden, wenn wir sein Geheimnis kennen. Diese Kenntnis ermöglicht es uns, es auf die beste Weise zu leben. Doch meistens wird der Mensch in seinem Streben und seiner Gier, dem Leben so viele Vorteile wie möglich abzuringen, steht schliesslich infolge seiner Unkenntnis als Verlierer da. Um das Geheimnis des Lebens zu erkennen, muss man das Gesetz der Schöpfung, der Erhaltung und der Zerstörung verstehen. Wir müssen verstehen lernen, dass allem Erschaffenen die Zerstörung bestimmt ist. Um es vor der vorzeitigen Zerstörung zu bewahren, müssen wir das Gesetz der Erhaltung ergründen. In unserer Ungeduld und Begierde, ein ins Auge gefasstes Ziel zu erreichen, wollen wir schneller, also noch vor der Zeit, ans Ziel gelangen und führen so die Zerstörung herbei, die mit tieferem Wissen hinausgeschoben werden könnte. Durch dieses Wissen entwickelt der Mensch Geduld. Sehr oft ist ein Mangel an Geduld die Ursache der Zerstörung. Ein ungeduldiger Mensch versucht zu schnell, zum Höhepunkt zu gelangen und verursacht dadurch die Zerstörung. Mit Geduld und Kontrolle der Aktivität vermag man dagegen lebenserhaltend zu wirken und das Beste daraus zu machen. In der Mythologie der Hindus ist *Vishnu* der Erhalter, mit anderen Worten der Herrscher des Lebens.

Die Wissenschaft unserer Zeit ist in Schritten zu tieferer Erkenntnis gelangt, die sie befähigt, die Materie zum grössten Nutzen des Menschen zu beherrschen, mehr als je zuvor in der Geschichte der Menschheit. Wenn der Mensch gleichermassen schrittweise tiefere Erkenntnis vom spirituellen Standpunkt aus in allem, was er tut und erreichen möchte, anwenden würde, bliebe der Erfolg sicher nicht aus.

Dies gilt für alles menschliche Tun, auch für Kleinigkeiten. Auch vom Essen und Trinken hat der Mensch nur dann den richtigen Nutzen, wenn er den Rhythmus einhält. Wer seinen Appetit gierig vor der Zeit befriedigt, wir immer Verdauungsschwierigkeiten haben. Das gleiche gilt auch im Geschäfts- und Berufsleben, in der Industrie, im Studium, in der Meditation, bei allen Angelegenheiten des Lebens, sei es in Dingen des Herzens oder des Kopfes. Immer ist es notwendig, sein Handeln zu kontrollieren und bewusst zu lenken und es stufenweise seinem Höhepunkt entgegen zu führen.

III. 9. Das Wort ‚Scham'

Das Wort ‚Scham' ist in allen Sprachen gebräuchlich, und mehr oder weniger hat es bei den verschiedenen Völkern die gleiche Bedeutung. Die Frage, was der eigentliche Sinn des Wortes sei, könnte so beantwortet werden: Scham bedeutet Mangel. Das Gefühl, das einem irgendetwas fehlt zu dem, was man als sein Ideal ansieht, erzeugt das Empfinden, was man Scham nennt. Dieses Gefühl wird auch hervorgerufen, wenn man bei einem anderen einen solchen Mangel wahrnimmt, und wieder bezeichnet man es mit dem Wort Scham. Es ist interessant, dass es im Persischen ein Wort *kham* gibt mit der Bedeutung von ‚töricht', aber die wirkliche Bedeutung ist Mangel.

Die Frage erhebt sich, ob die Vorstellung von Scham angeboren oder erworben ist. Hier weicht der Standpunkt des Mystikers von der Auffassung der modernen Psychologie ab. Während die Psychologie behauptet, dass sie erworben sei, sagt der Sufi, dass sie angeboren ist. Das Erwachen dieses Gefühls beim Kind ist beachtenswert und für den Sehenden von grossem Interesse. Betrachten wir es vom metaphysischen oder vom spirituellen Standpunkt aus, eröffnet es ein weites Feld an Gedanken. Man erkennt beim Nachdenken über dieses Empfinden eines Mangels, dass die Seele des Menschen von Natur aus vollkommen ist, dass irdische Leben mit seinen Begrenzungen jedoch unvollkommen ist. Deshalb sieht die Seele ständig Unvollkommenheit an sich selbst und bei anderen und ist unglücklich darüber.

Die Seele, die die Unzulänglichkeiten bei anderen sieht, wird ungehalten über die anderen. Darum wird ihre Unzufriedenheit kein Ende nehmen, denn es wird immer einen Mangel in diesem begrenzten Leben geben. Für die Seele, die diesen Mangel bei sich selber sieht, wird es jedoch eine Gelegenheit geben, sich das Fehlende zu erringen. Aber je weiter sie auf dem Pfad voranschreitet, desto mehr wird sie erkennen, was ihr noch fehlt.

Je edler eine Seele ist, umso stärker wird ihr Schamgefühl sein, denn dieses Empfinden ist in ihr erwacht. Ein Mangel an geistigem Adel zeigt sich im Mangel an Schamgefühl. Es gibt Menschen, die gegen dieses Gefühl ankämpfen, wodurch es mit der Zeit abstumpft, was sie vorübergehend glücklicher machen kann. Trotzdem ist die Begrenzung vorhanden. Das Schamgefühl ist ein Kanal, der zu jenem Ziel führt, das Vollkommenheit heisst. Allerdings je wacher dieses Gefühl im Menschen wird, desto unbefriedigter wird er sich fühlen; denn das wahre Glück liegt in der Verwirklichung der Vollkommenheit. Der Mensch mit entwickeltem Schamgefühl ist letzten Endes nicht der Verlierer, trotz des scheinbaren Vorteils, der dem schamlosen zuteil wird. Im praktischen Leben inmitten der Welt bewegt sich und handelt der Schamlose scheinbar ungehemmter, während es für den Menschen mit entwickelten Schamgefühl schwieriger ist.

Das Schamgefühl im Herzen des Menschen gleicht der Perle in einer Muschel. So lange sie in der Perle verborgen ist, wird die nicht ihren Preis finden, aber sie ist trotzdem eine Perle. Was für einen Preis sie auch erzielen mag, so ist der Marktplatz doch nicht der richtige Ort für sie. Ihr wahrer Platz ist die Krone des Königs. So mag ein Mensch mit wertvollen, lebendigen Eigenschaften nicht immer richtig gewürdigt werden, das Leben kann ihm mehr Schwierigkeiten bringen, und doch werden seine Qualitäten manchmal nach ihrem richtigen Wert geschätzt. Selbst wenn dies nicht der Fall wäre, ist es doch kein Verlust, denn Schönheit in jeder Form steht über jedem Preis.

Wo lernt der Mensch Tugend? - Er lernt sie durch diese Gefühl der Scham. Und wie entwickelt sich im Menschen die Tugend? – Es ist wiederum durch dieses Gefühl. Dieses Gefühl wirkt oft wie ein scharfes Messer auf das Herz, aber es schleift das Herz zu einem Diamanten. Hierdurch gelangen wir zu der Erkenntnis, dass das Gefühl das Kostbarste im Leben ist. Stumpft es ab, so ist es, als ob der Mensch, der das Salz der Erde ist, seinen Wohlgeschmack verloren hätte, und es gibt nichts, was es ersetzen könnte. Zu allen Zeiten der Weltgeschichte, wo immer eine Zivilisation ihren Höhepunkt erreicht hatte, war dieses Gefühl allgemein verbreitet. Die Feinheit der menschlichen Gefühle, dieser höchste Aspekt der Kultur, ist ein Zeichen, dass eine Zivilisation ihren Höhepunkt erreicht hat.

Die Heiligen sind von jeher mit diesem Gefühl der Scham vor Gott getreten. Es veranlasste den Propheten Mohammed sich mit einem Umhang zu verhüllen, wenn er sich Gott in Gedanken nahte. Das gleiche Gefühl lässt den Menschen bescheiden werden. Alle verschiedenen Gebetsformen entspringen dieser inneren Haltung es Menschen Gott, dem Vollkommenen, gegenüber.

III. 10. Toleranz

Toleranz ist ein Zeichen der entwickelten Seele. Der Beweis ihrer Entwicklung offenbart sich im Grad ihrer Toleranz. Das Leben der niederen Schöpfung zeigt einen Mangel an Toleranz. Der Hang der Vögel und anderen Tiere, sich untereinander zu bekämpfen, ist ein Beweis dafür, dass Unduldsamkeit ihnen angeboren ist. Ein psychologisches Studium der Wesensart der niederen Geschöpfe zeigt, dass mit fortschreitender Entwicklung dieser Hang zur Unduldsamkeit abnimmt. Das Element der Liebe, dass sich in ihnen entwickelt, bringt sie näher zu einander, sodass sie Herden und Rudel bilden. Die Neigung zur Intoleranz zeigt sich im Menschen manchmal in einer noch ausgeprägteren Form. Dies liegt daran, dass die Verantwortung im menschlichen Leben grösser ist und ihm viele Schwierigkeiten bringt, und weil er in viel grösseren Gemeinschaften als nur in Herden oder Rudeln lebt.

In dieser Neigung ist ein Geheimnis verborgen, dessen Tiefe nur der Mystiker ergründen kann. Er, der Gott in den Dingen und ausser den Dingen erschaut, in der Einheit und in der Mannigfaltigkeit, er weiss, dass Er es ist, der sich Seiner Einheit bewusst ist, der keine Zweiheit kennt, den es stört und erregt, und Der sich dagegen auflehnt, dass einer neben Ihm bestehen sollte. Dies ist der Grund, warum Vögel und viele andere Tiere, die Neigung haben ihre eigene Art zu bekämpfen. Dasselbe findet sich unter den Menschen. Die Eifersucht, die unter Menschen des gleichen Berufs und der gleichen gesellschaftlichen Stellung besteht, zeigt das es in der Natur des Egos liegt, seine Mitgeschöpfe und vor allem Seinesgleichen zu bekämpfen.

Man mag tausend Gründe für die Intoleranz angeben, aber die innere Ursache ist in allen ihren Aspekten die gleiche. Die Sufis nennen sie *kibria,* was Stolz bedeutet, und zwar der Stolz des Einen, dem Stolz allein zukommt.

Mit zunehmender spiritueller Entwicklung scheint der Mensch diese natürliche Neigung zur Intoleranz zu überwinden, weil er beginnt, ausser sich selbst und dem Mitmenschen Gott zu sehen und sich mit dem Mitmenschen in Gott zu vereinen. Durch die Liebe und Hingabe eines Dritten werden oft zwei Menschen vereint. So lieben sich die Kinder einer Familie untereinander in dem Bewusstsein, dass sie von denselben Eltern abstammen. Die Menschen einer Nation stehen sich näher in dem Gedanken, dass sie derselben Nation angehören. Wenn nun zwei Menschen einander tolerieren in dem Bewusstsein, dass Gott ihrer beider Schöpfer und Erhalter ist, dann haben sie einen hohen Grad der Entwicklung erreicht, weil sie einen jeden tolerieren können, gleich welchem Land oder welcher Rasse er auch angehören mag, oder wie sein Name oder sein Äusseres ist.

Für die noch höher entwickelte Seele ist Toleranz etwas Natürliches, weil sie realisiert hat, dass der andere Mensch nicht von ihr getrennt ist, sondern sie selbst ist. Die Getrenntheit besteht nur an der Oberfläche, in der Tiefe des Lebens ist sie und der Andere eins.

Darum kann Toleranz nicht dadurch erlernt werden, weil man sie einfach als einem guten Grundsatz befolgen möchte. Sie wird erlernt in der Liebe zu Gott, durch Selbsterkenntnis und einem Verständnis für die Wahrheit des Lebens. Man braucht nicht mehr zu fragen, ob ein Mensch, den man für spirituell hält, es auch wirklich ist. Sobald dieser sagt, „Ich kann alles tolerieren", ist dies ein Beweis für seine Spiritualität.

Worterklärungen

ab-e-ruh	das Strahlen des Gesichts
adab	Respekt, Achtung
ahankar	der unwissende Zustand des Selbst
akasha	Raum, Gefäss
akhlaq Allah	die Art Gottes
alif	die Ziffer 1
Allah	Gott
ammarah	die tiefste Stufe des Ego
anandamayakosh	der Körper der Freude
annamayakosh	der irdische Körper
bast	Ausdehnung
bhavasagara	Existenz, der Ozean des Lebens
bindu	Punkt
bodhisattva	der werdende Buddha
buraq	Tier des Himmels
buzurgi	Ehrwürdigkeit
chakra	spirituelles Zentrum
chama	Fächer aus Pferdehaaren
dakhl dar ma'qulat	Einmischung bei einem Experten
dharma	heilige Pflicht
dhikr	siehe *zikar*
dilazari	Sympathie
fikar	mit dem Atem verbundener Gedanke
garuda	Vogel auf dem der Gott Narayana ritt
ghairat	Ehre oder Stolz
halim	Zartheit des Gefühls
hatha yoga	physischer Yoga
hauz-e-kauthar	zweite Himmelsquelle
haya	Bescheidenheit
hosh ba dam	sei dir deines Atems bewusst

hu	der ewige Klang
ida	die linke Seite, Yoga-Terminus
ilmi adab	das Wissen um *adab* - Respekt
ilm-e-rabbani	Wissen vom göttlichen Geheimnis
iman	Glaube
inkisar	Demut
jelal	die rechte Seite, männlich, kreativ
jemal	die linke Seite, weiblich, empfänglich
kabir	gross
kam sukhun	Wortkargheit
kamna kalpariksha	Wunschbaum
karma	das Ergebnis vergangener Taten
karobi	ein ägyptisches Symbol
kashf	Einsicht
kasif	Dichte
kemal	Vollkommenheit
khamroh,	uneingeweiht, unerfahren
khwanda peshani	die lächelnde Stirn
khatir	Rücksichtnahme
khulq	Freundlichkeit, Anmut
kibria	das Ego, Eitelkeit, Stolz
kotah kalam	Mässigung im Reden
kumkum	rotes Pulver
kundalini	Schlange, kosmische Energie
latif	fein
lawwamah	das Ego, Befriedigung der Eitelkeit
manas	Bewusstsein, Gemüt (mind)
manomayakosh	der Körper des Bewusstseins
mantra yoga	Meditation, Kontemplation
mantram	ein heiliges Wort
matanat	Ernsthaftigkeit
maya	kosmische Illusion

meraj	der Traum des Propheten Mohammed
mithya	Falschheit, Unwahrheit
miqna	Schleier
murid	Schüler
murshid	spiritueller Lehrer
mu'tabar	Selbstrespekt, sein Wort halten
mutmaina	das Ego, das die menschliche Stufe erreicht hat
nafs	das Ego
nafsi garm	lebendiger Atem
nayat	Meditation
nazr ba kadam	beobachte deine Schritte, siehe auch *hosh ba dam*
nazr	Einfluss durch bösen Blick
pani	Wasser
pasi anfas	Atem
pingala	die rechte Seite, Yoga-Terminus
prana	Vitalität des Atems
pranamayakosh	Ätherkörper
puja	Hindu-Form der Anbetung
qabz	Zusammenziehung
qadr	freier Wille
qaza	göttlicher Wille
rajas	aktiver Rhythmus
raml	Astrologie
Rind	Sufi-Richtung in Persien
safa	rein
salim	Harmonie
sama	Hören, Musikveranstaltung
samadhi	Meditation
sangam	in Einigkeit zusammenkommen
satva	Geist, konstruktiver Rhythmus
saqi	der Weinschenk

shudra	unterste Kaste in Indien
sjaqq-e-sadr	das Öffnen der Brust des Propheten Mohammed
sushumna	der zentrale Strahl der Sonne
tamas	destruktiver Rhythmus
taran	schwimmen
tat tvam asi	wie Du bist, so bin Ich
tawakkul	Abhängigkeit von Gott
tawazu'	Gastfreundschaft, Teilen mit anderen
trimurti	Dreieinigkeit
trishul	Dreizack
vairagya	Gleichmut, Gelassenheit
vijnanamayakosh	Körper der Weisheit
viparit karna	der eigenen Natur entgegen handeln
wafah	Loyalität
wazifa	heiliges Wort
yashmak	Gesichtsschleier
yima Jamsheid	Weinglas, aus dem Jamsheid trank
zardash	Goldscheibe hinter dem Kopf eines Königs
zikar	Übung mit Wiederholung des Gottesnamen

Anfragen für Informationen über die von Hazrat Inayat Khan gegründete Internationale Sufi-Bewegung können an folgende Adresse geschickt werden:

General Secretariat of the Sufi Movement
Anna Paulownastr. 78
NL-2518 BJ Den Haag / Holland
Tel.: 0031-703-46 15 97
Fax: 0031-703-61 48 64
E-Mail: sufiap@knoware.nl

oder direkt an den Verlag.

„Sufismus ist die Weisheit von der Einheit im Geiste"

Werke von und über Hazrat Inayat Khan
(1882 - 1927)

Gayan - Vadan - Nirtan - Aphorismen
384 S., Leinen, € 18.40

Musik und kosmische Harmonie
112 S., br., € 12.27

Wanderer auf dem inneren Pfad
128 S., TB, € 8.18

Vom Glück der Harmonie
128 S., TB, € 7.15

Gebet – Atem der Seele
88 S., TB, € 9.20

Naturmeditationen
92 S., 9 Farbillustrationen, br., € 13.29

Irdisches Glück und himmlische Glückseligkeit
Sufi-Erzählungen, Symbole und Gleichnisse
117 S., Leinen, € 13,29

Sufi-Weisheiten - Aphorismen
65 S., Leinen, € 11.24

Friedensgebet
Mit Worten von Meistern, Dichtern und Denkern
52 S., br., € 7.15

Ein Sufi-Brevier
131 S., Leinen, € 14,31

Hidayat Inayat-Khan, „Es war einmal...-
Erinnerungen an meine geliebten Eltern"
88 S., 29 Abb., br., € 14.31

Hidayat Inayat-Khan, „Eine Fackel in der Dunkelheit"
144 S., 3 Abb., br., € 12.27

Dr. H. J. Witteveen, „Universaler Sufismus"
200 S., 25 Abb., br., € 18.40

Weitere Bücher aus dem Verlag Heilbronn

Eduard Baltzer „Pythagoras - Der Weise von Samos"
Ein Lebensbild
180 S., br., DM 22.-

„Die Goldenen Verse des Pythagoras -
Lebensregeln zur Meditation"
Eine Einführung von Inge von Wedemeyer
64 S., br., DM 14.-

„Die Goldene Mitte"
Kostbare Texte der Menschheit
Serie mit Kostproben aus den Schriften
von Dichtern, Weisen und Mystikern
16 S., jedes Heft DM 3.,

Verlag Heilbronn
Postfach 3641, D-74026 Heilbronn